環境コンシャスでお得
リノベとリフォームのツールボックス

JN083310

Green
Renovation

CHAPTER 0

はじめに

　エコハウスは、住み手にとって大変に有益な住宅です。

　冬暖かく、家の各所で温度ムラがなく快適であって、ヒートショックの心配などなく、健康保持に都合が良いと言えます。光熱水費が安くなって、お財布によいことは言うまでもありません。特に今日のような低金利時代であれば、家に投資することは、銀行にお金をただ預けておくよりお得になる勘定です。さらに、家が長持ちするものになれば、経済性はもっと高まり、浮いたお金をさまざまなことに使うこともできます。そして、エネルギーを使わないので災害時にも安心感があり、地球温暖化を防ぐことにも貢献できるのです。

　よいことずくめなので、新築される住宅の環境性能はどんどんと向上しています。たとえば、ハウスメーカーの某社では2022年度に新築した物件の9割以上がZEH、ゼッチと言われるCO_2を出さないで暮らせる家だったそうです。新築住宅においてエコハウスはもはや当たり前なのです。

　けれども、既築の住宅に住んでいる人々は、このエコハウスがもたらすさまざまな恩恵にあずかることはできないのでしょうか。いや、できる、というのが本書の内容です。

住み手皆が本書の読者

　本書が伝えていることは、既築の住宅でもうまく取り組めば、エコ度を上げ、快適性を高めることは十分にできる、ということです。

　つまり、本書は、すでに建築されて久しい住宅に住んでいらっしゃる方々が、コストパフォーマンスよく環境性能を上げて、快適な住まいを手に入れる方法を説明しています。このグリーン・リノベーションは一戸建ての持ち家の方が容易に取り組めるものであることは言うまでもありません。一戸建て持ち家の住み手の皆様にはぜひ読んでいただいて、活用をしていただければと思います。

　また、住まいのボリュームゾーンは、必ずしも一戸建て持ち家ではありません。分譲の集合住宅、そして賃貸の住宅、特に賃貸集合住宅のストックは膨大で、そこに住んでいらっしゃる方々も多くいます。そこで、本書では、集合住宅でも取り組めるグリーン・リフォームの紹介にも力を入れていて、特に賃貸住宅でもできる簡単で効果的なリフォームもたくさん収めました。なお本書では、買い替えなどで済み、本格的な工事が不要な簡単な修繕はリフォーム、工事などが必要な大きな修繕をリノベーションと表記しています。

　本書を読んでもらいたいのは、したがって全ての住み手であります。いろいろな立場にある住み手の方々にお役に立つよう、技術的な内容に正確を期するとともに、表現は平易を心掛けました。切り口もさまざまに設けて、実践的に活用しやすくするための工夫もしています。

　さらに、本書の読者は住み手のみに限られません。特に賃貸住宅の場合は、住み手が行えることの範囲に法的にも契約的にも制約があるため、賃貸物件の性能向上に当たって大家さんの出番が多くあります。賃貸オーナーの方々にも読んでいただきたいのが本書です。というのも、賃貸住宅は今後も数多く建てられるでしょうし、その環境性能は徐々

に向上するでしょう。そうなると、既築物件の魅力は相対的に低下せざるを得ません。そこで、手持ちの物件については、ほかの普通の既築物件より魅力を持たせるべく、グリーン・リフォームやグリーン・リノベーションを施して貸家市場で競争力を高める必要が出てきます。賃貸オーナーの方々には本書をぜひ読んでいただきたいと思います。

また、住み手や賃貸オーナーという読者に加えて、個々の住宅の改修の方向付けに係わるチェック業務（インスペクション）を担う専門家にも本書を読んでいただければと願っています。グリーン・リノベーションやグリーン・リフォームにすでに取り組んだ住み手がどんな悩みや満足を感じたかなどが理解できて、日常のお仕事を通じたお客様の満足度をいっそう高めることにつながるに違いありません。そうした意味で、将来のプロを目指す建築系の学生にも役立つでしょう。

参照しやすい実用書を目指した

想定した読者像から分かるように、本書は実行に役立つ、実用書になることを目指しました。

実地に役立つよう、本書はさまざまな切り口からの情報を提供しています。その流れに簡単に触れてみましょう。

最初に、理想の家とはどのような性能のものなのだろうかを紹介しています。この理想の家と現実の家とを比べつつどのような問題を抱えているのかを説明し、目指すべき方向を明らかにしています。

本書は、第二に、住まいの環境性能を上げていくうえで有用なさまざまな技術や着眼点を克明に収めました。どんなお住まいでも役立つ知恵が必ず見つかるものと自負しています。この部分は、リノベやリフォームの目的別に、簡単なものから比較的に手の込んだものへと順番を設けて掲載することにより、読者のニーズに合わせた取捨選択が容易になるよう工夫しています。

　本書では、第三に、いくつかの具体的な住宅を取り上げて、どのように改修が積み重ねられていき、どのような成果を収めていったかを実証的に紹介し、第四には、もっと目を広げてグリーン・リノベーションやリフォームをどのように実行していくのが一般的には効果的なのか、という「取り組み戦略」のようなことを提案しています。

　さらに、すでに述べたとおり、分譲集合住宅でのグリーン・リフォーム、賃貸住宅でのリフォームにもページを割きました。最後に、グリーン・リノベーションやリフォームを後押しする政策を説明してその利用のコツを論じています。

　本書は、エコハウス、エコ賃貸の住み手であり、オーナーである小林が、広い範囲の住み手の多様なニーズに応えられるよう、それぞれの分野の専門家である著者の各氏、すなわち、建築設計の篠さん、節水を中心とした設備の豊貞さん、省エネの大庭さんに呼び掛けて執筆してもらったもので、多くの改修実例を見学、検討した結果に裏付けられています。加えて、理想の住宅を追求するOMソーラー株式会社、高い性能の窓サッシなどを対象に事業を展開するYKK　AP株式会社、そして既存住宅の断熱改修の施工会社である株式会社マツナガの各社にも執筆に参加していただいたので、製品情報にも富んだものになっています。

　読者の皆様が、本書にヒントを見出していただき、快適・安全で地球とも仲良くなれる生活を無理なく実現されるよう願っています。

小林 光

東京大学　先端科学技術研究センター 研究顧問
　　　　　教養学部 客員教授

本書の執筆者

著者

篠 節子 しの・せつこ

篠 計画工房 代表 一級建築士

日本女子大学家政学部住居学科卒業。アルセッド建築研究所にて文化施設・福祉施設・診療所・住宅等の設計及びまちづくりに従事。2009年篠計画工房を開設し、設計活動と共に持続可能な社会のまちづくり・住まい・暮らし方について調査・啓蒙活動を行っている。JIA環境行動ラボ内に伝統的工法のすまいWGを立ち上げ次世代に継承する為の伝統的工法の住宅の調査研究活動、建築士会連合会環境部会副部会長として省エネ性能に関する調査、東京建築士会環境委員会委員長としての建築環境の活動等に携わっている。

大庭みゆき おおば・みゆき

博士（工学）、人間環境学修士

九州大学大学院人間環境学府修士課程（専門は環境教育）卒、九州大学大学院工学府博士課程（専門は伝熱工学）卒。一般財団法人 省エネルギーセンター勤務を経て1998年に独立し、株式会社 環境エネルギー総合研究所を設立。以降、「生活者の視点でフィナンシャルにエネルギーを考える」をモットーに、家庭を中心としたエネルギー関連調査、省エネアドバイスを行っている。環境ビジネスウィメン第3期メンバーほか。著書には「エコ嬢sに学ぶ 楽しいエコライフのすすめ ～エコライフプランナーを目指して～」石油産業新聞社、等

豊貞佳奈子 とよさだ・かなこ

福岡女子大学 国際文理学部環境学科教授 学長補佐・女性リーダーシップセンター長
一級建築士、博士（工学）

日本女子大学家政学部住居学科卒業。1994年TOTO株式会社入社。同社在籍中に、関東学院大学、明治大学、早稲田大学の客員研究員や慶応義塾大学SFC研究所上席所員などを兼任。同社ESG推進部環境研究グループリーダー、研究担当部長を経て、2015年に福岡女子大学に着任。学校のトイレ研究会会長、北九州市環境影響評価審査会委員、福岡市環境影響評価審査会委員、福津市環境審議会副会長、古賀市総合政策検証会議副委員長等を務める。2023年1月に（公財）日本建築衛生管理教育センター会長表彰受賞。

小林 光 こばやし・ひかる

東京大学 先端科学技術研究センター 研究顧問 教養学部 客員教授
博士（工学）

1949年東京生まれ。1973年慶應義塾大学経済学部卒。環境庁に入り、2011年、事務次官を最後に退官。社会人として、フランスの都市計画の大学院に留学、東大都市工学科で修士、博士を取得。環境まちづくり、環境と共生する経済づくりを主に担当。退官後、慶應大学、東京大学、シカゴのノースセントラル・カレッジなどで教壇に立つ。自治体や企業の環境取り組みへ助言する傍ら、自ら環境企業を立ち上げ、3軒のエコハウスのオーナーとしてエコを実践。21年末より、八ヶ岳麓と東京との2拠点生活。

寄稿・参画 （書籍内掲載順）

村田昌樹 むらた・まさき

OMソーラー株式会社 取締役マーケティング部部長

1963年静岡県浜松市生まれ。1990年OMソーラー協会（現・OMソーラー株式会社）入社。住宅会社や一般の方に対してエコハウスを提案するとともに、日本建築学会地球環境本委員会環境ライフスタイル普及小委員会委員、浜松市環境学習指導員、環境省環境カウンセラーとして、小学校から大学まで延べ100校、1万人に環境にやさしい家づくりと暮らしの授業を実施。

OMソーラー
株式会社

石井喜大 いしい・よしひろ

YKK AP株式会社 YKK APアメリカ社 営業企画部長
（執筆時：リノベーション本部営業推進室長）

1982年神奈川県横浜市生まれ。2004年YKKAP株式会社入社。2014年からリノベーション事業を担当。社会問題であるストック住宅の有効活用を実現するため、戸建性能向上リノベーション実証ＰＪ等の企画を立案・推進。現在は営業企画責任者として米国勤務。

YKK AP
株式会社

松永潤一郎 まつなが・じゅんいちろう

株式会社マツナガ 代表取締役

商社勤務を経て2004（株）マツナガの代表取締役就任。二級建築士、北海道大学大学院博士後期課程修了見込み。パッシブ技術研究会設立代表世話人、東京ビルダーズネットワーク事務局長など業界団体の活動にも参画。また、自立循環型住宅設計ガイドライン講習会講師や住宅省エネルギー施工技術講習会講師など業界発展のために様々な活動も行う。「熱をデザインする」をテーマに、省エネ、エコ、快適な住環境といった温熱環境を専門とした研究開発と建築材料の販売・施工を行い新しい価値の創造に取り組んでいる。

株式会社
マツナガ

CHAPTER 1

現実の家 理想の家、
違いが分かる着眼点

執筆
小林 光

　私たち日本人の暮らしの根拠地——住宅の現実はお寒いものです。単に貧弱だ、という比喩的な意味ではなく、冬などに本当に寒くて、いろいろな問題が起きているのです。

　まずは、家の広さの統計を見てみましょう。

　一戸建ての場合の居住室の面積を居住1人当たりで見ると、2018年の直近の調査（住宅・土地統計調査）では、畳15.8畳に相当する広さがある、ということになっていて、これは1993年の同じ数値が11.6畳であったことに比べ、36％もの増加でした。もっとも、この数値は、居住人数がすう勢的に減ってきたことに強く影響されていて、実際の一戸建ての家の延べ床面積が大きくなったわけではありません。93年

と18年とを比較すると、トイレなどを含めた延べ床は119㎡が127㎡へと7％の増加になっています。ただし、集合住宅の場合を見ると、その一人当たり居住室面積は残念ながらとても狭く、18年の直近調査でも11.2畳分であって、93年の一戸建てレベル並みにとどまっています。

ちなみに、一戸建てと共同住宅を平均して見た延べ床面積は100㎡に近く、イギリスやフランス、ドイツなどの同様の統計数値と比べてほぼ同じ、と言われています。

これら統計数値から見ると、一戸建てでは、一人当たりで見て増加しつつある居住室面積をどう使うか、そして共同住宅では、土地が狭い都会地の事情を反映した狭い居住室面積をどう使うか、といった課題を抱えている、と、言えましょう。こうした中で、住み心地を高めようと私たちはいろいろな工夫をしているのです。

図1は、実際に住んでいる住宅への不満を見た調査の結果です。

ここに見るように、狭い、ということに関しては、最初からそう覚悟して新築したり、賃貸の契約をしたりしているので、存外、不満の中身となっていません。駅からの距離や通勤通学、買い物の利便性、日当たりなども同じで、住宅の選択の段階で十分に考慮され、覚悟されているので、これまたあまり不満の種にはなっていません。

他方で、不満が集まっているのは何でしょう。

外がうるさい、部屋が寒い、窓が結露し、窓枠が濡れたりカビが生えたりする、といった家の環境に関する問題なのです。また、家自体の安全性や家の中の環境である、段差などの安全性にも強い不満が向けられています。最近は円安やウクライナの戦争などによって電気や燃料の価格が上がり、家の冷暖房のお金がちょっと前よりも3割くらい高くなっているのが実感ですが、光熱水費の割高感を反映して、省エネ性能にも不満が向けられています。

つまり、家がどのような機能を果たしてくれるかが大事なのです。

住宅の各要素に対する評価 不満率／全国 （図1）

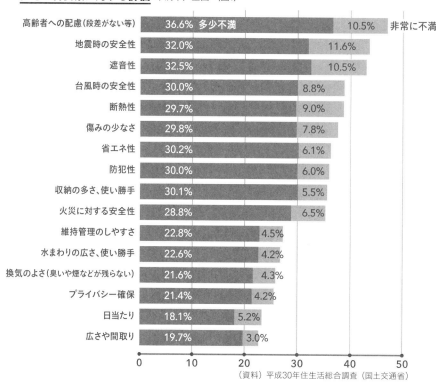

要素	多少不満	非常に不満
高齢者への配慮（段差がない等）	36.6%	10.5%
地震時の安全性	32.0%	11.6%
遮音性	32.5%	10.5%
台風時の安全性	30.0%	8.8%
断熱性	29.7%	9.0%
傷みの少なさ	29.8%	7.8%
省エネ性	30.2%	6.1%
防犯性	30.0%	6.0%
収納の多さ、使い勝手	30.1%	5.5%
火災に対する安全性	28.8%	6.5%
維持管理のしやすさ	22.8%	4.5%
水まわりの広さ、使い勝手	22.6%	4.2%
換気のよさ（臭いや煙などが残らない）	21.6%	4.3%
プライバシー確保	21.4%	4.2%
日当たり	18.1%	5.2%
広さや間取り	19.7%	3.0%

（資料）平成30年住生活総合調査（国土交通省）

　家の環境に関する不満は、私たちこの本の著者から見ても、けっしてわがままとか不当なものとは思えません。なぜなら、これらの不満を放置していると、実際に困ったことがたくさん起きてくるからです。

　うるさい家では安眠できずにストレスがたまり、病気にも対抗できないでしょう。カビが生えるような環境では、いろいろなアレルギーになっても仕方ありません。部屋ごとに室温が違い、寒いお風呂やお手洗いに入ると脳血管障害などにもなりやすいでしょう。家の室温と救急搬送の相関関係について既にいろいろな研究が行われていますが、寒い家、あるいは外の暑さが中に伝わりやすい家では、冬の脳血

管障害、夏の熱中症などの健康被害が起きやすくなってしまいます。CHAPTER3の105ページでは、循環器疾患での死者数が冬に大きく増加することも指摘させていただきました。

　私どもが言いたいことは、家の環境に関する不満は、放置せずに、それらがなくなるように手当をすべきだ、ということです。

　そして、それはできるのです。

　この本には、家の環境をよくして楽しく健やかで、そしてお財布にも良い暮らしをするためのテクニックが網羅されています。本の題名が「ツールボックス」と名付けられていますとおり、リノベやリフォームで手を加えることのできる場所や、導入する機器などがそれぞれに紹介されているCHAPTER（章）や索引もありますので、頭から読み通さなくとも、アイデアを簡単に手に入れられます。

　その話に入る前に、まず家の理想像とはどんなものなのかについて考えてみようと思います。

現実の家 理想の家、
違いが分かる着眼点

執筆
村田昌樹

地球にも住み手にも
やさしい家とは

　理想の家とは、まずは住み手にやさしいことが第一ですが、そのことが他人や周りの環境に負担を掛けるようでは「理想」とはいえません。私たちは家の中だけで暮らしているわけではありません。自宅の近隣といった身近な世界から、地球環境全体というスケールにおいても、おたがいを気づかった家づくりが大切です。そして、多くの人がこうした家を選択することが、結果としてわが家を取り巻く環境にもよい影響を与えるのです。

　ここでは理想の家を考えるにあたり、最初に一軒の家として備えるべき要素や、それを実現する方法について皆さんと一緒に考えていくことにします。

　家はもともと、外界の脅威から身を守る場所として発生したものです。しかし昔の家づくりでは、現在ほど建築技術や建築材料は発達していませんでした。当時は遠方から材料を取り寄せることもなく、身

近な材料を家づくりに利用していました。そういったなか、少しでも住みやすい家にするために、人々はその土地の気候や周辺環境を熟知したうえで、さまざまな工夫を重ねてきました。それが地域独特の家の形や家並みの風景となり、今でも人々を魅了しています。その土地の気候や周辺環境、そして建築材料の特性を理解することは、現在においても家づくりの基本です。

また、昔は家が農業や商業などの生業と結びついた役割や、冠婚葬祭の場としての役割を担ってきましたが、現在では、これらの機能は家の外部で行なわれるようになりました。家は家族が心地よい暮らしを実現する場所であることを第一の目的とされています。

以上のような家の機能や歴史を振り返ると、よい家であるためのキーワードは「安全性」「快適性」「経済性」といえましょう。

これらはどれか一つが突出しているだけでは不十分ですし、それぞれを切り離して考えることも難しいのですが、ここでは順番に説明をしていきます。

家の各機能を考える

安全な家

安全性を考えるとき、まず考えなければいけないのは、自然の脅威に対する安全です。地震や台風などの自然災害に対しては、揺れや風圧に耐えられる構造の強さが求められます。構造的な強度を保つためには、柱や壁をバランスよく配置することが必要で、これは新築時だけではなく、増改築においても同様です。

こうした外部に原因がある自然災害の対策に加えて、家具の転倒や高所からの物の落下、段差や階段などでの転倒や転落の危険など、家の中に原因がある日常災害の対策も必要です。これらは地震や水害、火災などにおける二次災害を軽減するための対策にもなります。高齢化に伴う日常生活動作の低下、生活行動範囲の縮小などに対応する家づくりとして、介護しやすいような構造や設備の整備、バリアフリー化などの配慮も大切です。

　また、床の段差などのバリアフリーに加えて、冬の住宅内の温度差によるヒートショック対策も重要なポイントです。ヒートショック対策としては、建物全体の断熱性能を高めることと、室内にできる限り温度差をつくらないような空調の計画が必要です。建物の断熱性能を高めることの効果は、災害時に電気やガスの供給が止まった際に暑さ寒さをしのぎやすいという恩恵もあるため、防災対策としても有効です。

快適な家

　こうした安全性が担保されたうえで考えたいのが快適性です。豊かな暮らしのためには心身ともに快適な空間であることが求められます。快適と感じるポイントは個人差もありますが、30年、50年と長期にわたり使用する住宅は、ある時期は子育てがテーマであったり、ある時期は高齢化、介護がテーマであったりします。また、家族団らんの形や家族間のプライバシーの配慮にも変化がありますので、柔軟さを備えたプランであることも快適な暮らしにとっては大切です。ただし、どういった状況においても快適さには共通の条件があります。それは「明るさ」「清潔さ」「暖かさ・涼しさ」です。

　明るさのためには太陽の光を取り込む工夫が大切です。窓や天窓を利用して光を取り込み、壁や天井の仕上げを工夫することで光を室内に行き渡らせることができます。太陽の光は明るさとともに熱を届け、

生き物の成長促進や殺菌の効果もあります。一方で、照明機器は光の数、強さ、位置を自由にコントロールできますので、食事や読書に適した照明、休憩に向いた穏やかなほの暗さ、睡眠にふさわしい暗さなど、生活行動に適した明暗を考慮した計画が可能です。

　清潔さを維持することは見た目の快適性はもちろんですが、健康面においても大切です。住宅は日常生活を営む場所ですので、日々発生するゴミ、湿気、カビ、ホコリ、ダニやハエなど不潔な環境になる要素がたくさんあります。その対策としては、換気や採光をよくすること、耐水性や防汚性など掃除がしやすい仕上げの採用があります。そのうえで、住み手自身による定期的な清掃やメンテナンスによって清潔な空間を維持できます。

　建物内の暖かさと涼しさについては、日本では歴史的には夏の蒸し暑さに対する対策が重視されてきましたが、国内のほとんどの地域において冬の寒さ対策も必要です。もちろん、自然は必ずしも脅威ばかりではなく、太陽の暖かさや初夏の心地よい風など、家を快適にするための力も持っています。これらの条件のなかで取り入れたくないものをできる限り遮り、欲しいものを上手に取り込むための工夫も家づくりにおいては大切です。こうした自然との上手な応答を考える設計手法をパッシブデザインと呼びます。パッシブデザインの設計においては、建物の断熱や、日射の取り入れ方、通風の計画などを考えるため、その土地の気候条件、日照時間や季節風、湿度など地域ごとの気候特性を理解することが必要です。

　そして、暖かさや涼しさといった温度とあわせて考えなければいけないのが、家の中の換気です。換気というと台所やトイレのような"においの排気"というイメージを持つ人も多いと思いますが、室内には人間から発生する熱、水蒸気、二酸化炭素もこもります。さらに家具や日用品などから発生する揮発性化合物などによって、閉めきった状態

では空気は汚れる一方です。そこで、現代のような気密性が高い住宅においては、2時間に1回は家の中の空気をすべて入れ替えられる換気設備の設置が義務付けられています。ただし、換気では暖冷房で快適にした部屋の熱も外に捨ててしまうため、暖冷房と換気を同時に考えることも快適化と省エネの両立においては必要です。

　室内の快適化のためには、庭の役割も小さくありません。庭は観賞用として利用したり、趣味や収納などの実用に利用されますが、建物にとってはもっとも身近な自然環境であるため、室内の温熱環境に大きな影響を及ぼします。樹種の選定や配置が、効果的な採光や遮光、通風促進の役割を果たします。また、塀やフェンスは外部から暮らしを守るものですが、高いブロック塀は地震の際の倒壊の危険や、外部からの死角をつくることで、かえって侵入者の入り口になりやすいといった安全上の課題もあります。日頃から植栽の手入れを楽しみ、庭先で近隣の住民と和やかなコミュニケーションがとられているような環境は防犯効果も高まるといわれています。庭のあり方にも、安全性や快適性を高めるための方法がありますので、建物の計画とあわせて考えることをお勧めします。

経済的な家

　安全で快適な家であればそのためのコストがいくら高くてもよいというわけではありません。人の暮らしにはいろいろなコストがかかるので、家への支払いもその機能に見合った合理的なものであることが望まれます。家の経済性については、どうしても建築時の金額に意識がいきがちですが、家にかかる総費用は、建設費のイニシャルコスト、暮らし始めてから継続的にかかる電気、ガス、水道などのランニングコスト、建物や設備の維持管理にかかるメンテナンスコストの合計です。30年、50年といった年月では、ランニングコストやメンテナンス

コストの比重も大きくなりますので、この点にも配慮した設備や素材の選定が大切です。最近は特に、エネルギーの値上がりが著しいので、ランニングコストに注意することがますます重要になっています。

ランニングコストについては、まずは建物の断熱性能を考え、そのうえで太陽エネルギーを上手に活用することで、快適さと省エネを両立させることが可能になります。メンテナンスコストについては、手入れをしやすい素材選びはもちろんですが、住み手自身が定期的に掃除を行うことでもコスト低下に大きく貢献します。住まいに対する要求も、家族の成長やライフスタイルの変化によって変わってきます。そういった変化に対応できるように、長期的に使用するスケルトン（構造や配線・配管など）と、短期的に変化があるインフィル（内装、間仕切り、設備機器など）を切り離した家づくりも、家を長く快適に使用するための考え方のひとつです。

家は使用期間が長いので、その経済性は長期的な視点で考えるべきものです。偏った投資や節約は、結果的に経済的なメリットにつながらないこともありますので、総合的かつ長期的な視点でバランスよく考えることが大事です。

三つの機能を高い性能で兼ね備える

ここまでは家としてまずは備えておくべきことを挙げてきました。次に、より快適で光熱費も掛からないエコハウスについて紹介します。

現在では、快適性と省エネを両立させるために、建物本体の省エネ性能を高めたうえで、省エネ性能が高い設備や太陽光発電のように自らが"エネルギーを創る"設備の導入も一般的になっています。家庭

で消費するエネルギーを大幅に削減する家づくり[*1] が注目され始めています。

(図1)

　このように省エネを追求するうえでも、まず優先して考えなければいけないのは温熱環境です。「冬は寒いからトイレや洗面所には行きたくない」「夏の夜、寝苦しくて何度も目が覚める」というような家ではけっして快適とはいえません。理想的な家づくりのためには、リビングに降り注ぐ暖かい光や、家の中を通り抜ける爽やかな風だけをイメージするのではなく、冬の脱衣所やトイレの寒さ、夏の西日による寝室の暑さへの対策も必要です。現在では設計の段階で光熱費や室温の変化を予測するシミュレーションの技術も進化してきました。家の役割が生活の質を向上させることにあるとすれば、温熱環境は最重要項目のひとつです。特に昨今話題にのぼるようになった室内での熱中症やヒートショック[*2] などは、家づくりや暖冷房の方法が大きく影響しています。

　たとえば、冬には暖房が効いた部屋から寒い脱衣所に移動して服を脱ぎ、寒い浴室に入って熱い湯船につかる。そして、また寒い脱衣所へ、といった行動で、わずか1時間足らずの間に血圧は急激な上昇と下降を繰り返します。また、夜中に33℃前後の布団の中から、10℃以下のトイレに行くときや、朝、冷え切った部屋で布団から出るときにも大きな温度差にさらされます。寝室の室温については、「布団をかぶれば平気」と考える人もいるようですが、冷気が肺を冷やし体温を下

*1　住まいの断熱性・省エネ性能を上げること、そして太陽光発電などでエネルギーを創ることにより、年間の一次消費エネルギー量（空調・給湯・照明・換気）の収支をプラスマイナス「ゼロ」にする住宅を指し、「ZEH（ネット・ゼロ・エネルギー・ハウス）」という。
*2　急激な温度の変化に血圧が変動して、心筋梗塞や脳梗塞を発症してしまうこと。

げるというリスクがあります。一方で、温熱環境のよい家に転居することでアレルギー性鼻炎、高血圧、アトピー性皮膚炎、気管支喘息、糖尿病、心疾患といった疾病の改善が見られるという調査結果[*3]などもあり、住宅の温熱環境と健康の関係はさまざまな調査で明らかになってきています。「寒いから戸を閉めて！」と怒るのではなく、部屋の戸を開けっ放しにしても寒さを感じないような家全体の温熱環境を目指すべきです。

　良好な温熱環境が整った家の中では、年代を問わず、室内での行動も活発になる傾向にあり、高齢者の運動量の低下も抑制します。また、乳幼児の時期の温熱環境は、その後の健康状態に影響を与えるともいわれています。暑さ寒さからのストレスの解放は、室内における日常的な行動や趣味の幅も広げることにつながりますし、家全体で空調が考えられていれば、将来の家族構成、ライフスタイルの変化にも対応しやすい家となります。温熱環境が優れた家はヒートショックの危険を減らすだけでなく、もっと幅広い面から家族の健康と豊かな暮らしを下支えしてくれているのです。

　こうした温熱環境を実現する方法が全館空調です。全館空調は、部屋ごとに暖冷房をするのではなく、家をひとつの空間として考え、四季を通じて安定した室温を維持する空調システムです。こうした方法は、「電気代が掛かりそう」と感じる人も多いと思いますが、機器は運転開始直後に大きなエネルギーを消費するものの、室温が安定した状態での連続運転はエネルギーの消費が少なくて済みます。

　もちろん、全館空調によって室温を安定させるためには、建物本体の断熱性能を高める必要があります。また、全館空調のエネルギー源として太陽光発電を導入することで、電気代を大幅に削減することも可能です。こうした空調設備や建物性能の向上、太陽光発電にバランスよくお金をかけることで、長期的には経済性にも優れたよい家になります。

＊3 『日本建築学会環境系論文集／76 巻(2011) 666号』(p.735-740／2011年8月)
『健康維持がもたらす間接的便益(NEB)を考慮した住宅断熱の投資評価』(伊香賀俊治、江口里佳、村上周三、岩前 篤、星 旦二、水石 仁、川久保 俊、奥村公美)より

エコハウスはこうして理想を実現する

　ここで、自然のエネルギーを有効に活用する家づくりの事例を二つ紹介します。

太陽エネルギーを積極的に取り入れる家づくり

　太陽エネルギーの利用方法には、太陽光を電気に変換する「太陽光発電」と、太陽熱を暖房や給湯に利用する「太陽熱利用」があります。太陽熱利用のひとつには「OMソーラー」があります。OMソーラーのOとMには、この仕組みを開発した奥村昭雄氏の「太陽を使うことがおもしろい（O）」と、「太陽がもったいない（M）」の二つの思いが含まれています。その仕組みをご説明しましょう。

OM ソーラーのしくみ（冬）

（図2）

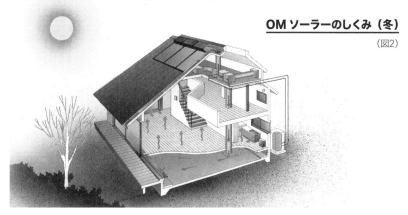

　OMソーラーは太陽熱利用技術のひとつで、住宅の屋根に当たる太陽の熱を暖かい空気として家の中に取り込み、春・夏・秋は給湯、秋・冬・春は暖房と一年を通して太陽熱を利用します。一般的な家庭におけるエネルギー消費量は、暖房と給湯だけで約5割[*4]を占めま

すので、太陽熱を積極的に利用することは省エネの点でも大きく貢献します。

このOMソーラーの太陽熱利用技術には、太陽光発電を組み合わせることもできます。さらに、太陽熱を取り入れる仕組みと太陽光発電の仕組みにヒートポンプ技術を加えたシステムが「OMX」です。OMXは、太陽光パネルの発電時の熱も暖房に利用し、冷房時に室外機から捨てられる排気熱も給湯に利用するなど、太陽エネルギーを電気にも熱にも利用する省エネ型の全館空調システムです。

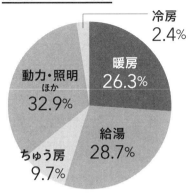

世帯当たりのエネルギー消費原単位と用途別エネルギー消費[*4] (図3)

冷房 2.4%
暖房 26.3%
動力・照明 ほか 32.9%
給湯 28.7%
ちゅう房 9.7%

2021年度 29,913MJ/世帯

OMXの冷房モード (図4)

OMXの太陽熱暖房モード (図5)

普通の家の屋根に降り注ぐ太陽エネルギーを熱や電力として無駄なく取り入れると、実は、普通の家のエネルギーは、ほとんど賄うことができます。今の時代、とても頼もしいことといえます。

地元の森林資源を家づくりにも燃料にも活かす

太陽光発電やヒートポンプと聞くと、エコハウスとは現代技術の塊と

＊4　世帯当たりのエネルギー消費原単位と用途別エネルギー消費／令和4年度エネルギーに関する年次報告『エネルギー白書2023』より。https://www.enecho.meti.go.jp/about/whitepaper/2023/

思われるかもしれませんが、地域の木材を燃料にする方法もあります。

　昔の家づくりが、その土地で手に入れられる材料を使っていたのは、その選択肢しかなかったからですが、現在でも全国各地で地元の材を使った、いわゆる"地産地消"の家づくりに熱心に取り組む建築士や企業があります。地域の材を有効に使うことは、材料だけでなく地域の産業や人材の活用であり、輸送エネルギーの削減にもつながります。

　兵庫県宍粟市に本社がある県内全域の注文住宅を手掛ける株式会社山弘は、地元の森林資源を活かした製材業の振興にも力を入れ、自社で製材を行ない家づくりに利用しながら、製材時に発生するおが粉や端材から「木質ペレット」を製造しています。この木質ペレットは再生可能かつカーボンニュートラルなエネルギーとして注目されています。

　ペレットストーブは木質ペレットを燃料とするストーブです。着火や制御は電動で行うため、スイッチひとつで簡単に操作でき、燃料供給も自動で行われます。運転時に給排気を同時に行うので室内の空気は汚れず、薪ストーブや暖炉のように炎の見える暮らしを手軽に楽しむことができます。

　地元の山の木で家を建てる。そして建築材料として利用できなかった端材や通常は廃棄物として処分されるおが粉を加工して、自社で建てた家に燃料として届ける。まさに、環境に配慮しながら山を活かし、町の暮らしへつないでいく取り組みです。

左：地元・宍粟材をメインに製材・加工を行う。中：製造したペレットは家庭用（10kg）袋に詰めて販売。右：火のある暮らしには自ずと人が集う。

エコハウスはどうやって設計するの

　自然と上手につきあう家づくりのためには、その土地の気候や、敷地条件を考慮することが大切です。こうした家づくりは昔から行なわれてきましたが、現在では気象や建築素材の特性などをデータ化して計算することが可能となっています。その結果についても、日当たりや風の流れ、室温や暖冷房などのエネルギー消費量など、図面や数値だけではわかりにくい点について、画像や動画で確認することができます。

　設計者の経験や勘だけではなく、データに基づいて間取りや仕様を決めていくことが、快適性と省エネを両立させる家づくりには不可欠です。このような設計を行うためのシミュレーションの事例をご紹介します。画像はシミュレーションソフト「OM版ホームズ君」(開発：株式会社インテグラル、販売：OMソーラー株式会社)の代表的な項目例です。

敷地の日当たり

　自分の土地にどのくらい日が当たるのかによって、設計は大きく変わります。たとえ大きな窓を設けても、日差しが入らない位置であれば暗く、寒い部屋になってしまいます。敷地内のどこに建物を配置するかを考えるうえで、近隣の建物などの影響による日当たり条件を確認することは大切なチェックポイントです。

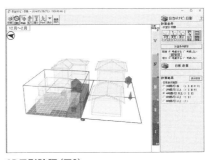

3D日影確認(図6)
周辺の建物や樹木等による敷地にかかる影を計算する。

建物に対する日当たり

　作成したプランが、季節ご
と、時間帯ごとにどのような日
当たりになるのかを確認する
ことで、窓からの日差しによる
室温への影響や、室内の明る
さを予測します。

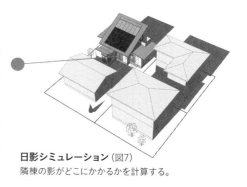

日影シミュレーション（図7）
隣棟の影がどこにかかるかを計算する。

24時間の室温の変化をチェック

　建物の断熱性能、蓄熱性能、気象データ、周辺環境、そして想定
する生活環境（暖冷房の計画、在室人数など）から、部屋ごとの室温、
体感温度を予測します。

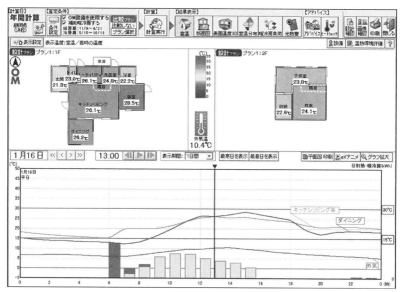

室温・暖冷房負荷（図8）
年間の室温のシミュレーションを計算する。

家の中の風の通り方

　風の向きと強さ、窓の位置と大きさ、窓の開閉状況をもとに、風が通る経路や風の強さを予測します。

太陽光発電の収支

　発電量、導入費用、税金、補助金、ローン金利などをもとに、月々の電気料金の収支や、設置のための投資回収年数を計算します。

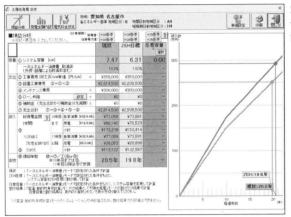

太陽光発電収支（図10）
住宅全体で消費される光熱費を計算する。

　「住み手にも地球にもやさしい家」について、誰にとっても100点満点の正解というのはなかなか難しいものです。なぜなら住み手自身のニーズや好み、家づくりを取り巻く環境が一軒一軒異なるからです。

　本節では、住み手にも地球にもやさしい家をつくるためのポイントとして、住宅本体の性能の向上、自然エネルギーの積極的な利用、自然と上手につきあう設計手法や事例を紹介しました。家づくりや家のリノベーションを検討するにあたっては、こうした枠組みを念頭に置き、さらにそれぞれの部材などの適切な選択のために、この本の他のCHAPTERの情報も参考にして、あなたにとっての理想の家を目指してください。

現実の家 理想の家、違いが分かる着眼点

3

執筆、写真、イラスト
大庭みゆき

プレタポルテからオートクチュールへ
～五感が教えるリノベのヒント～

　リノベーションを検討される場合、書籍やインターネット、建築士、工務店など、さまざまなところから情報を得ようとする方が多いと思います。しかし、それらはすべて「あなた以外の他の人が考えた」「他の人の家」のリノベーションの情報（いわゆる2次情報）であって、あなたが望む、あなたの家に適したリノベーションではありません。洋服でいえばプレタポルテ（多くの人がそのまま持って帰って着ることができる高級既製服）でしょう。しかし、少なくないお金を投じて毎日暮らす家をリノベするとき、それで満足できますか？　私だけの、私のための、私に合った一点ものを望むならば、リノベーションはオートクチュール（オーダーメイドの服）をお薦めします。

　ではオートクチュールリノベのヒントとなるものは何か？　それはあなたの五感です。ここでいう五感は、視覚、嗅覚、聴覚、温覚、冷覚のことで、それがリノベのヒントを教えてくれます。

視覚

　窓周りや押し入れ、クローゼットの中、エアコン周りなどの場所で「結露」を探しましょう。

　結露ができる場所は、寒くて風通しの悪い場所です。結露とは、温かい空気が冷たいものに触れた際に、持っている水蒸気をそこに落としていくことで発生します。右の写真は冬の窓にできた結露ですが、室内の温かい空気が冷たい窓枠、窓ガラスに触れたためにできたものです。こうした結露から、住宅の断熱が弱い場所を見つけることができます。

執筆者の自宅。

嗅覚

「カビ臭い」においがする場合、それは「温度・湿度・換気・風通し」の不良が原因として考えられます。カビは20℃～30℃、湿度60％以上で活発に活動します。また、現在の住宅は気密性が高くなっているため、湿気が住宅内にこもりやすくなっています。カビ臭さを感じたら、その部屋は換気や風通しに問題があります。換気口の設置や外気の取り入れ方法などの検討をお勧めします。

聴覚

　私たちが「うるさい」と感じるものには、いろいろな種類があります。たとえば、外の音がうるさい、給気口や換気口からの音が気になるなどです。ここで重要なのは、その音がどこから聞こえるか —— です。外の音がうるさい場合は、窓のサッシに原因がある可能性があります。窓のサッシはJISの「T値」[*1]として遮音等級が決められています。一般的な断熱サッシなら遮音等級は「T1（遮音性能25db以上）」です。線路や交通量の多い道路に面している場合は、それより遮音性能の高いサッシをお薦めします。また、防音性に優れた窓ガラスもあります。一方、換気口から音が聞こえる場合は、防音フードなどの設置で解決できることもあります。

　一般的に私たちの耳は、音が高くなるほど大きく感じます。人の声に関していえば、子どもの声が最も高いため、小学校や幼稚園・保育園などが近隣にある場合は、窓の遮音対策が必要かもしれません。

温覚

　暑さには三つの種類があります。ひとつは「温度が高くて暑い」、次に「湿度が高くて暑い（つまり蒸し暑い）」、最後に「温度も湿度も高くて暑い」です。「温度が高くて暑い」場所としては、ハワイがあります。ハワイは石垣島とほぼ同じ緯度にあり、どちらも海洋性気候ですが、私たちが感じる暑さは異なります。ハワイは湿度が低く比較的からっ

---

*1　JIS規格で規定されたサッシの遮音性能（防音性能）を示す値。T1、T2、T3、T4の等級があり、T4が一番遮音性能が高い。

とした暑さのため、日陰や風通しのよい場所では、暑さに悩まされることはありません。しかし石垣島は、湿度が高くいわゆる「蒸し暑い」暑さのため、私たちの体は発汗（気化熱効果を得られ、すぐに蒸発する汗）しづらく、そのため体温調整が難しくなります。特に女性は発汗温度が男性よりも高いため汗をかきづらく、そのため気化熱による皮膚表面の温度低下効果が期待できません。

　もしあなたが、エアコンの冷房がお好きでない場合、室内熱中症の予防には、室内の湿度を下げて涼しさをつくる工夫が重要です。エアコンでも除湿だけのコントロールはできますが、エネルギーを多く消費します。たとえば、空気中の水分だけを調節して除湿しながら換気するデシカント空調というシステムを採用するのもひとつの方法です。家庭用のデシカント空調がでてくるよう、期待しています。

冷覚

　暑さは首（顔）で、寒さは足で感じるとよくいわれます。素足で家の中を歩くと冷いと感じる場所が、断熱などに何か問題がある場所となります。足の裏が冷い場所の代表

**残念な
レイアウト例**

夏
居間の冷房の
効きが悪い！

冬
台所は床暖房をつけても
足元が冷えるわ。

は、洗面所・脱衣所の床、浴室の床、台所の床、トイレの床などです。特に浴室の床が冷い場合は、健康被害にもつながる可能性があります。素足で冷たい床に触れると、血管が収縮し血圧は一気に上昇しま

す。そしてすぐに熱いお湯につかると、今度は一気に血管が拡張し血圧が一気に下がります。浴室事故はこのような場合に発生することが多いといわれていますので、特に注意しましょう。

　また、寒い場所の近くに窓や扉があれば、そこから冷気が入ってきている可能性が高いです。できることなら、太陽熱を利用したお湯や空気を使って浴室や脱衣所の床暖房、壁面暖房などを導入することをお薦めします。

　消費者庁によると、2019年（令和元年）の家および居住施設の浴槽における死亡者数は4,900人で、2008年（平成20年）の3,384人と比較するとおよそ10年間で約1.5倍に増加しています（下のグラフ参照）。家族に高齢者が含まれる場合は、特に浴室の温熱環境への配慮が重要です。

高齢者の「不慮の溺死及び溺水」による死亡者数の年次推移

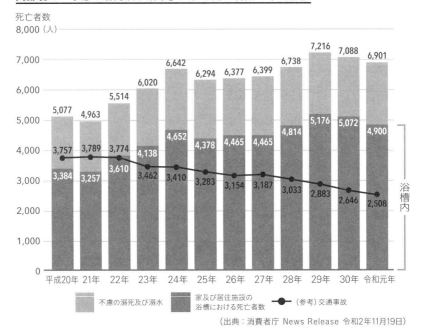

（出典：消費者庁 News Release 令和2年11月19日）

現実の家 理想の家、違いが分かる着眼点

執筆、イラスト
大庭みゆき

やってるつもりの省エネ

　省エネに気を使っている方に多いのが、「やってるつもりの省エネ」です。省エネの定義は、ムダを省いて効率よく機器を使用することですが、いつまでも古い省エネのイメージを持たれている方がまだまだ多くいらっしゃいます。昔の省エネのイメージは、「電気やガスをなるべく使わないこと」「使えるうちはずっと機器を使い続けること」「暑さ、寒さをも我慢して冷房や暖房を使わないこと」など──いわゆる「もったいない」が合言葉でした。しかしそれは「やってるつもりの省エネ」で、実際はエネルギーが削減されていない、それどころか逆に増エネになっているケースもあります。

　たとえば、先にお話ししたとおり、エアコンは「もったいない」からといってスイッチのオン・オフをこまめに繰り返すと、高負荷運転（電気を多く使用する運転）が増えて増エネになります。ガス給湯器の設定温度もなるべく低くしたほうが省エネになると思われている方が多

033

いですが、それも「やってるつもりの省エネ」です。ご自宅に混合水栓の蛇口（お湯と水を混ぜて吐水する蛇口）が設置されている場合は、給湯器の設定温度を低くしても実際に蛇口から出てくるお湯の温度が同じならば、ガスの消費量は同じなので省エネにはなりません。ガスコンロを使用するときは、「鍋底から炎がはみ出さないように〝中火〟にしましょう」といわれることもあり、そのように使われる方が多いのですが、問題は中火の正しい理解です。中火はガスコンロの火力調節機能（ツマミ）の〝真ん中〟と思っている方がいらっしゃいます。ガスコンロのツマミの真ん中は最大火力の約33％程度の火力であり、実は中火でないことがあります。中火とはガスの炎の先端が鍋底にあたる火力のことをいいます。

　お風呂でも「やってるつもりの省エネ」があります。次の人が入浴するまで時間があるので、お湯から出るとき、お湯の温度を高めにされている方――それは「やってるつもりの省エネ」です。お湯は温度が高いほど熱が速く伝わります（＝早く冷えます）。ですので、入浴間隔があく場合はあまり温度を高くせずに、簡単にたとえばフタを二重にするなどの保温対策をされることをお勧めします。

「エアコンを使うともったいないので、なるべくエアコンの使用時間を減らすことが省エネになる」と思っている方も少なからずいらっしゃいます。日本語は「省エネ」はエネルギーを省くと書くため、このような間違った認識が浸透し

ているのではないかと考えられます。省エネの本来の意味は、エネルギーの効率的な使用です。使わないでエネルギーを減らすことは、食事をしないで体重を減らすダイエットと同様で、我慢と忍耐、苦痛を伴い長続きしません。

　しかしながら、このような我慢の省エネは家庭に限るものではありません。たとえばそれは、東京都地球温暖化防止活動推進センターが配布していた『令和5年度版　中小規模事業所の省エネルギー対策・再生可能エネルギー活用テキスト』の45ページ「空調機運転時間の短縮」のコーナーにも見られます。「始業時は、外気温度や室温などの状況を見て運転を始めましょう。夏の朝の外気温度が低めの場合は、始業と同時に運転するのではなく、窓を開けたり、扇風機などを利用して、外気温が上昇し、冷房が必要になってから運転を始めるなど工夫をしましょう」と記載されています。同センターに理由を尋ねたところ、「夏の朝の涼しい時間帯に冷房を使用するのは、もったいないから」という回答でした。後ほどご紹介するエアコンの上手な使い方（58ページ）でお伝えした通り、エアコンは外気温との差が小さいほどエネルギー消費は少なくなるため、冷房時は外気温が低いときにエアコンを入れるほうが省エネになります。外気温が高くなり、暑くなってから冷房を入れると、それこそエネルギー消費が増大し「もったいない」のです。ここにも「やってるつもりの省エネ」があります。

　次のグラフに示す通り、東京の夏はより暑く、冬は暖かくなっている傾向が見られ、今後ますます冷房としてのエアコンの需要が増加し、エアコンの省エネ対策は重要になってくると予想されます。エアコンのエネルギー消費の仕組みを理解し、効率的な運転方法を知って実践することが、今後の省エネ対策にとって大変重要です。

東京における月平均気温の推移

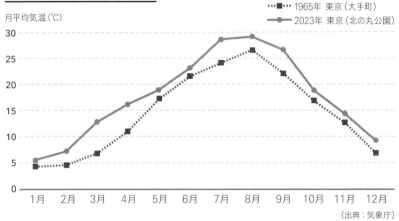

月平均気温(℃)

凡例：
- 1965年 東京（大手町）
- 2023年 東京（北の丸公園）

（出典：気象庁）

　省エネというと我慢と節約というイメージが強く、現在でもかなりの方が"エネルギーを使わない=省エネ"という「我慢の省エネ」を信じて実行されています。繰り返しますが、省エネの本来の意味はエネルギーの効率的な使用ですので、使わないで減らす方法は省エネとはいえません。使わない省エネは、使用者に我慢と忍耐を要求することが多いため長続きせず、また、サービス業ではお客さまに我慢を強いることができないため、そのような省エネはできません。

　賃貸業界では省エネ性の高さ、入居後の光熱費の安さなど、いわゆるエネルギー便益（=EB）[*1]をアピールすることが少しずつ増えてきていますが、住宅の住み心地はエネルギー便益だけではなく、温熱快適性、遮音性、快眠性などの非エネルギー便益（=NEB）[*2]も重要だと考えます。

　以前、首都圏で実施した住宅の快適性に関する調査では、20代では遮音性に不満を持つ方が多く、それ以外の年代は、すべて温熱環境性（寒い、暑い、結露するなど）の不満を抱えていました。賃貸住宅のエコ化は費用を払う側（大家）とその利益を受ける側（入居者）

---

*1　EB＝エナジー・ベネフィット。エネルギー削減による効用のことで、たとえば、省エネ性の高さで、電気代や光熱費が減ったなどの効果を示す
*2　NEB＝ノンエナジー・ベネフィット。エネルギー削減以外の効用のこと

が異なるため、なかなか進まないというのが現状のようですが、人に
よっては住宅の断熱性能はとても重要なものとなっています。たとえ
ば乳幼児のいる家庭では、結露がカビの発生原因となって、それがダ
ニの発生、ひいては子どものアレルギーなどにつながる恐れもあり、
断熱性の高い住宅を探していらっしゃいます。また高齢者の家庭では、
冬は脱衣所や浴室、トイレなどが暖かいことは住宅の要件としてとて
も重要です。そして、暑い夏は住宅内での熱中症は命に関わることに
もなるため、特に窓の遮熱対策は今後、高齢者にとって最重要の住宅
条件となってくると予想されます。

　このように今後の賃貸住宅の選択基準には、従前の「駅近」「築浅」
「間取り」といった要素以外に、温熱快適性という新しいNEB基準も
必要ではないかと考えます。入居する前にその住宅の温熱快適性など
が分かる基準があれば、入居者の選択肢は広がると考えます。

買い替えとアイデアで省エネリフォーム

執筆
大庭みゆき

1 省エネ住宅の基礎基本は風土

家庭のエネルギー消費には大きく分けて四つの要因があります。

ひとつめは、家がある場所の「気候風土」。たとえば、北海道と沖縄ではエネルギー消費がまったく異なります。

二つめは、どんな家に住んでいるかという「住宅性能」。一戸建て住宅か集合住宅か、また、集合住宅なら何階のどの位置なのか。

三つめは、どんな機器を使っているかという「機器性能」。たとえば、オール電化かガス併用住宅なのか。

四つめは、どんな人がどのように使っているかという「家族環境と運用」。たとえば家族に乳幼児や高齢者が含まれているかです。

こうしたさまざまな要因によって、エネルギー消費は異なる様相を

見せます。

　この四つの要因のなかで、エネルギー消費に最も顕著な影響を与えるものは「気候風土」です。住宅とは本来、その「気候風土」の中で暑さや寒さから人の暮らしを守り、より快適な暮らしをするためのものです。かつて住宅はこのルールを守ってつくられていました。たとえば、湿度の高い高知県では土佐漆喰や土佐和紙という調湿作用の高い素材を利用して、住宅内の湿度をコントロールしていました。また、長野県内の川に面した地域では、涼しい風を取り入れるため川に向かって窓を作るという習慣がありました。その土地の気候の良いところを取り入れ、厳しい気候とはどのように折り合いをつけるかということを考えて住宅を建てられると、省エネ型の住宅になると思います。

　エアコンが私たちの暮らしに身近なものとなってから、このように地域に連綿と受け継がれてきた暮らしの工夫やコツが年々失われてきているのは残念なことです。費用対効果の面でも、どんなに高スペックのエアコンでもその寿命は約10年です。木造住宅は手入れが悪ければ30年ほどで寿命になってしまうこともあるでしょう。住宅をつくる際には、日射で暑いのか、湿度が高くて暑いのか、近くに川や池などの水があるか、公園などの緑地帯が近いかなどの条件を見て、玄関や窓の方位を決められると良いでしょう。水が近い方に窓をつけると、窓を開けたときに水辺の方向から涼しい風を取り入れることができます。

　またこうした風土にかなった省エネ住宅を建てるだけでなく、電化製品や家電の選び方も省エネな暮らしには大切になってきます。この点を次から見ていきましょう。

買い替えとアイデアで
省エネリフォーム

執筆、写真、イラスト
大庭みゆき

照明と感じ方

　LEDランプが発明され、今までにないさまざまな新しい照明器具が出てきました。LEDランプは、白熱灯や蛍光灯に比べて消費電力が少なく、オン・オフによる寿命の低下もありません（蛍光灯は1回のオン・オフで寿命が1時間短くなるといわれています）。

　環境省によると、60ワット型電球を同じ明るさの電球型LEDランプに交換すると約85%の省エネとなり、1日の点灯時間を5時間半とするとたった1年間で2,484円お得になるそうです。また、LEDランプは寿命が約4万時間で一般の電球の寿命約1,000時間の40倍あり、電球交換の手間や費用が削減されます。持ち家はもちろん、集合住宅の

廊下などの共用設備では早めにLEDランプに交換されることをお勧めします。ただし、LED照明器具に交換する際に気をつけることが2点あります。

　まず、調光機能がついた照明器具には同じく調光が可能なLEDを選んでください。そうでないものを付けて調光すると事故などの原因になります。2点目は、浴室などの密閉型の照明カバーが設置されているところにはLED照明はお勧めできないということです。

　LED照明は省エネ性が高いため、お部屋にもうひとつ照明を増やすときにも役に立ちます。現在、生活スタイルは、単灯型（天井に照明がひとつあるタイプ）から多灯型（部屋に照明が複数あり、目的やシーンによって使い分けるタイプ）へと変化しています。夜間にくつろぎながら音楽を聴かれる際は、天井の明かりを消して、スタンドタイプの照明で過ごすのもよいでしょう。電池が内蔵されている自立型の照明やろうそくと同じように光が揺らぐタイプのLEDランプもありますので、自分に合ったものを探してみてください。

　また多くのLED照明器具は、光の色（調色）、光の強さ（調光）が調節できます。家具などのリフォームをしなくても照明の色と強さを調節することで、簡単にお部屋の雰囲気を変えることができます。家族みんなで食事をするときは昼光色で、ご夫婦二人でくつろぐときは少し赤味がかった暗めの照明で、といった具合にです。LED照明で光のリフォームをしてみませんか。

見えている照明はすべてLED。夜景を楽しむ照明です。

必要な照度

　私たちの用途によって実は必要な照度（灯の強さ）は異なります。職場の場合は労働安全衛生規則によって、通常の作業なら150ルクス以上と定められています。JISの照明基準では作業内容や空間用途に応じた奨励照度を定めています。たとえば、レストランの食卓は500ルクス、病院の病室は100ルクス、診療室は500ルクスなどです。住宅の場合、書斎や玄関は100ルクスですが、トイレは75ルクス、居間はトイレよりも低く50ルクス、寝室は20ルクスです。日本の住宅は明るすぎるといわれていて、居間も寝室も同じ照度のお宅が多いようです。用途によって調光できる照明器具や多灯分散方式を利用すると、ムダな明かりを削減することができます。

　必要な照度は年齢によっても違ってきます。年齢が増すにつれて、必要な明かりの量が多くなっていく傾向があります。20代で必要な照度を100とすると、40代ではその2倍の200、60代ではその3倍の300が必要といわれています。今までは照明をつけなくても十分読めた新聞が「この頃読むときにちょっと暗いな」と感じられるようになったら、必要な照度のランクが一段上がったと思ってください。そのような場合、照明の数を2倍にしても私たちが感じる明るさは単純に2倍にはなりません。私たちが感じる明るさは、照度だけではなくいろいろな照り返しによって決まってきます。そのため、テーブルクロスやカーテン、壁紙の色を白っぽいものに替えると、目に入る光の量が増すため明るく感じるようになります。

また、照度は光源（照明）からの距離の2乗に反比例します。照明器具のなかには高さを自由に調節できるものがあります。そのようなものを利用したり、読書時には手元に照明器具をもう一つ置いたりするなどの工夫をすると、明るさがアップします。ぜひお試しください。

お手入れ

照明器具のお手入れ、お掃除についても見ていきましょう。照明器具は掃除をしないとホコリなどで明るさが低下し、知らず知らずのうちに電気をムダに使っていることが多々あります。お掃除の道具や方法は、照明器具についた汚れの種類や器具の素材によって替えないと効果がありません。

まずホコリです。特にプラスチック製のカバーやカサは、静電気によってホコリが付着しやすくなります。普段のお掃除は100円ショップなどでも売られている静電気ハタキ（静電気の力でホコリを取るタイプのもので、ホコリを散らさずにお掃除できる）を使いましょう。とても簡単にホコリが取れます。

次はキッチンの照明器具に多い油汚れです。プラスチック製のカバーなどは、ハタキでホコリを取った後、住宅用中性洗剤で拭き、固く絞った雑巾で水拭きします。しつこい油汚れがついたカバーは、重曹水を含ませたティッシュペーパーでしばらくパックしてから水拭きすれば汚れがすっきりと取れます。掃除後に再度設置する際は、カバーがよく乾いていることを確認してください。

紙製や木製のカバーなどの器具の場合は、ハタキや化学雑巾を使って掃除しましょう。細かいヒダや模様の中の汚れは歯ブラシなどを使ってやさしくかき出すようにしてください。水拭きは厳禁です。布製の軍手を使う方法も便利なのでお勧めです。

　照明器具を掃除する際は、必ず電源を切ってから行ってください。通電中に掃除をすると感電事故につながる危険があります。そして、同様に乾いた手で行ってください。また白熱電球などは消灯直後にかなり熱くなっているので、お掃除は消灯後しばらくたってから行いましょう。少なくとも半年に1回は照明器具を掃除しましょう。油汚れが付きやすい台所は、3か月ごとのお掃除をお勧めします。

CHAPTER 2

買い替えとアイデアで 省エネリフォーム

3 冷蔵庫

執筆、写真
大庭みゆき

冷蔵庫の上には○○が要る！

　さて突然ですが、「冷蔵庫の上には○○が要る！」の○○とは何でしょうか？

　最近（2022年）の省エネタイプの冷蔵庫（401〜450ℓ）の1年間の消費電力量は287kWh／年と、6年前の353kWh／年と比較すると約18％も省エネになっています[*1]。こんなスグレモノの冷蔵庫ですが、使い方によっては、その省エネ性能を十分に発揮できない場合があります。冷蔵庫は庫内の熱を外に出して冷やしています。そのため、冷蔵庫の側面を手で触ってみると温かいことが分かるでしょう。庫内の熱は冷蔵庫の側面と上面から排出され、通常なら熱は温度の高い方

---

*1 出典:資源エネルギー庁 省エネ性能カタログ 2023年度版 家庭用「電気冷蔵庫」p.56

から低い方に流れていきます。そのため、冷蔵庫から出る熱の温度よりも冷蔵庫周辺の温度が低いと、冷蔵庫からの排熱がスムーズになって快適に冷やせます。

　逆に、冷蔵庫の周辺温度の方が高い場合は、冷蔵庫内からの熱が出にくくなり、冷蔵庫は省エネ運転ができにくくなります。たとえば、冷蔵庫の側面と壁がぴったりついて隙間がない場合です。冷蔵庫の一番大切な省エネポイントは、冷蔵庫からの排熱をうまく逃がし、冷蔵庫の周辺を熱くしないことです。

　そこで必要となるものが、冷蔵庫の「上の空間」なのです。さらに可能であれば、「換気口」(下写真) がここにあると、冷蔵庫の周りに温かい空気の壁をつくらせないことにも役立ち、温かい空気は軽いので上にのぼります。冷蔵庫から出る熱も上にのぼります。そこに換気口があれば、排熱は換気口に吸い込まれ、冷蔵庫の周辺温度は下がります。換気扇でなくても大丈夫です。新築やリフォームの際に冷蔵庫の上に換気口をつけるだけで、冷蔵庫はさらに省エネになります。

換気口

室外から空気を取り入れる換気口の下に冷蔵庫を設置。

設置場所の検証

　台所に冷蔵庫を設置する場合、右の図の①〜③のどこに設置するのが一番省エネになるでしょうか？　実は、冷蔵庫のエネルギー消費

はコンロ（特にガスコンロ）との距離によって違ってきます。冷蔵庫と
コンロは直線距離で1m以上離れている方がよいのです。ところが現
実は、冷蔵庫用のコンセント（壁の上方に設けられている場合があり
ます）を目印にして設置するものだと思われる方が多いようです。そ
の結果、間取りによっては冷蔵庫とコンロが①のように隣接している
例や、②のように向かい合っている例などが見受けられます。省エネ
のことを考えて冷蔵庫の設置場所を選んでいる間取りは、あまり見ら
れないのが現状です。

　コンロの隣に冷蔵庫がある①は、コンロから出る熱が冷蔵庫を包ん
でしまうようになり、冷蔵庫の周辺温度が上昇してしまいます。それ
によって冷蔵庫からの熱が出にくくなり、冷蔵庫のエネルギー消費は
増加してしまいます。②の場合は、コンロの対面にあり料理をする際
にとても使い勝手がよいのですが、コンロを使いながら冷蔵庫の扉を
開けるとコンロの熱がそのまま庫内に入ることになります。そのため庫
内の温度が一気に上昇し、冷蔵庫は上がった庫内の温度をもとの温
度にまで下げるため、電力を余計に使うことになります。

　加えて、①②はともにガスコンロの燃焼時の水蒸気や料理からの水
蒸気によって周辺湿度が上昇し、冷蔵庫の霜取り頻度を増加させる可
能性も出てきます。そうです、クイズの正解は③です。冷蔵庫はコン
ロからなるべく離して、料理の際の熱や水蒸気の影響を受けにくいよ
うな配置にしましょう。

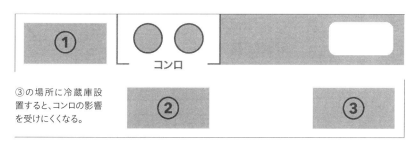

③の場所に冷蔵庫設
置すると、コンロの影響
を受けにくくなる。

冷蔵庫と隙間家具

　片づけのプロの方がキッチンを整理整頓されているテレビのリフォーム番組などで、省エネの観点から見るととても残念な事例をたまに見かけます。どうやら「冷蔵庫の横の隙間もムダにせず、有効活用しましょう」というのがねらいのようです。前述のとおり、冷蔵庫の横の隙間はムダな空間ではなく、「冷蔵庫が放熱するために必要な空間」なのです。

　まず、冷蔵庫は「家電」(家庭用電気器具) であるということをみなさんに再認識していただきたいと思います。なぜなら、家電であるにもかかわらず冷蔵庫は往々にして家電以外の使われ方をされていることが多いからです。冷蔵庫は一度設置したら、その場所から動かすことはほとんどありません。動かないものという枠でくくられると、タンスや食器棚と同じ「家具」として扱われます。家具ならばいろいろなものを上に置いたり、違う家具を隣に置いたりするのは当然という理屈になり、その結果、冷蔵庫と壁の間に「隙間家具」なるものを設置してもよいということになるようです。

　しかしここで忘れてはいけないことは、冷蔵庫は「家電」という機械であるという事実です。冷蔵庫と壁の隙間は、冷蔵庫が機械として十分に活躍するために必要な空間なのです。

　さらに、冷蔵庫は家電ですが、テレビや洗濯機、電子レンジ、炊飯器などの家電（ここでは、一般家電とします）とは本質的に異なるものであることを認識するのは重要です。冷蔵庫は、周辺温度や外気温によって電力消費量が大きな影響を受ける家電（こちらは、温度家電とします）に属していて、このグループの代表格はエアコンです。温

度家電をテレビのように「置きたいところに置く」のは本来間違ったやり方なので、機器が効率よく動くような環境に設置する必要があります。それからすると冷蔵庫と隙間家具との相性は、まったく良くありません。冷蔵庫側から見ると、隙間家具は放熱の障害物であり、隙間家具から見ると、意図せず24時間冷蔵庫からの放熱によって温められている保温庫となっていることになります。しかも、もし隙間家具に炊飯器が置かれていたりすると、冷蔵庫は炊飯器からの熱と蒸気を直に受けることになって電力消費が増加し、家電としての寿命にも影響を与える可能性があります。隙間家具は、家具と家具との間、壁と家具との間など、冷蔵庫の隣以外の場所でご使用ください。

冷蔵庫と壁

　ここまで述べてきたことをまとめると、冷蔵庫には周囲の「壁」との距離が大切だということです。そしてその壁というのは、床や側壁や天井だけのことではありません。

　よく私たちは「あの人は自分の周りに壁をつくっている」とか「壁にぶつかった」とか口にします。そもそも壁とは外から内を守るもの、外からの影響を防ぐもので、転じて何かを遮断するという心理的な意味でも使われます。つまり、目に見えない壁というのもあるということです。

　実は冷蔵庫にも見えない壁が存在します。それは温度の壁です。前述のように冷蔵庫の側面から排出される熱は、冷蔵庫に接している空気に触れて室内に拡散していきます。温度を色で表わして映すサーモビューワーというカメラで見ると温度差を確認できます。これが冷蔵庫の持つ「温度の壁」です。実は、温度の壁の厚みは空気の流れ

の速さによって変化します。同じ気温でも風が吹くと寒く感じますが、それは私たちの体温の「温度の壁」が、風が吹くことで薄くなって体温が外気に奪われるためです。熱いお風呂も、じっとしていると体温と同じ温度に変化したお湯が身体の周りを包んでそう熱さを感じませんが、少しでも動くと身体の周りの体温に近くなったお湯の層が薄くなって「熱い!」と感じるのもこのためです。

　冷蔵庫から出る温度の壁が薄くなるようにすると、冷蔵庫の排熱がスムーズになって冷蔵庫は快調に動きますが、冷蔵庫を側壁にぴったりつけたりすると、冷蔵庫の温度の壁がそのまま滞留し、冷蔵庫は余計なエネルギーを使うことになります。ですから、冷蔵庫の側面や上面に約5cmの隙間があると省エネになります（最近の冷蔵庫では側壁との隙間は1cm以下でよい機種もあります）。さらには、先に述べたように天井に換気口があれば冷蔵庫はその下に設置します。また、冷蔵庫の底面からも熱が出ます。熱で変色するような床材やじゅうたん、カーペットなどの上に設置する場合は、下に板などを敷くとよいでしょう。

省エネ基準とは

　2016年3月に電気冷蔵庫、電気冷凍庫に新しい省エネ基準が定められました。これは国際規格（IEC）と国内規格（JIS）を改正して内外の整合を図ったためですが、これに伴い冷蔵庫の試験方法も変わりました。それまでは、冷蔵庫の周辺温度は22.4℃（平均）で冷蔵室は4℃、扉は1日に冷凍室を8回、冷蔵室を35回開けた場合の省エネ性能を算出していましたが、新JISでは、冷蔵庫の周辺温度は2.6℃上がり平均25℃、冷蔵室の温度は4℃で変わりませんが、扉の開閉は

冷凍室、冷蔵室ともに1日1回となりました。2016年以降はこれが、冷蔵庫のカタログなどに記載されている「この冷蔵庫は年間消費電力量○○○kWhです」の算出条件となっているのです。

右の図は「統一省エネラベル」といわれているもので、★の数が多いほど省エネ性能が高くなります。統一省エネラベルは冷蔵庫のほか、エアコンや液晶テレビ、照明器具（蛍光灯器具）などに付けられています。冷蔵庫を買われるときは、この省エネラベルが参考になりますが、自

統一省エネラベル。

宅の冷蔵庫の周辺温度がJISの基準の平均25℃よりも低い場合は、年間の消費電力量はラベルに記載されたものより若干低めになる可能性があり、またそれよりも高い場合は、反対に高めになる可能性も出てきます。ラベルの数値は目安として、自宅の冷蔵庫の設置場所の状況に当てはめて検討されることをお勧めします。

ちなみに、わが家は夫婦二人ですが、平日でも冷蔵庫は1日に30回以上開閉しています。お子さんがいるご家庭では、夏休みなどは1日に80回以上開けていることもあります。冷蔵庫は1日24時間、1年365日使用するものなので、省エネ性能が高い機種選ばれることをお勧めします。

冷蔵庫の使い方による省エネ

冷蔵庫の省エネ対策といえば、「扉の開閉回数を減らしましょう」「扉

を開けている時間をなるべく短くしましょう」「冷蔵庫にモノを詰め込み過ぎないようにしましょう」などが知られています。とはいえ、主婦にとってはなかなか難しいアドバイスです。その理由として「じゃあ、どうやって開閉回数を減らすの?」「どうやって開けている時間を短くすればいいの?」などの具体的な方法が示されていないからです。私も主婦ですが、冷蔵庫の開閉回数を気にしながら料理をするというのはかなり困難なことです。しかし「冷蔵庫の電気代は減らしたい」——そんな主婦のジレンマを解決する賢い省エネ対策をご紹介しましょう。

　まず開閉回数を減らすためには、それを増加させている原因は何か?　を考えることです。それは誰ですか?　それは何を取り出すためですか?　たとえば、朝食のときに冷蔵庫から取り出すものは、バター、ジャム、牛乳、卵、野菜、ハム、ソーセージなどでしょうか。それらがバラバラに冷蔵庫の中にある場合とまとめてある場合とでは、冷蔵庫の開閉回数が大きく違ってきます。朝食に関係するものをまとめて大きな容器に入れて冷蔵庫の中に置くことをお勧めします。

　また、夏に冷蔵庫を開ける回数を増やしている原因がお子さんで、それが冷たい飲み物を取るためだとすれば別の対策があります。麦茶などの冷たい飲み物は、冷えたら冷蔵庫から取り出して保冷性のあるポット（水筒でも大丈夫です）に入れ、テーブルに出しておきましょう。そうするとお子さんが飲み物を出すために冷蔵庫を開ける回数が減り

カゴごと取り出せるようにするなどのアイデアを使って、開け閉めする回数を減らすとより省エネに。

ます。冷蔵庫を開けている時間を短くするポイントは、「探す時間を減らす」です。庫内を整理するために、左の写真のようなカゴを利用してある程度大まかに分別しておけば、カゴごと取り出してゆっくり探すことができます。

　省エネをするには、まずは冷凍庫内にある、もう食べられない食品を整理しましょう。ホームフリージングで冷凍した食品の賞味期限は約2〜3週間といわれています。数か月も冷凍庫内にあるものは、もうおいしくありません。家庭の冷凍庫の庫内温度は−18℃以下ですが、一方、市販の冷凍食品の製造工場では−30℃以下で急速冷凍しています。ホームフリージングは工場での冷凍に比べて凍る温度が高く、スピードも遅いため、なるべく早く使うことがポイントです。

　またある調査では、料理をする女性の96％がホームフリージングをしているが、そのうちの約7割がホームフリージングをした食品を使わずに捨てたことがあると報告されています。せっかく電気代をかけて冷凍したのに、それを捨ててしまっては食材ばかりか冷凍に使ったエネルギーのムダになりますし、ゴミを増やす原因にもなり、三重の意味でエネルギーのロスが発生します。これをなくすことで、冷凍庫のエネルギー消費のムダを省くことができます。

　ムダを省くヒントは、食品を捨てた理由にありました。捨てた理由の第1位は、「冷凍したことを忘れて古くなってしまったから」というものでしたので、冷凍したことを忘れないようにするためのポイントをご紹介しましょう。冷凍庫の中の食品を忘れてしまう原因は、その入れ方にあります。下から上へ食品を積み重ねて置くと、どうしても下の食品が見えなくなり、忘れがちになります。そこで、次のページの写真のように容器に冷凍した月日（または賞味期限月日）のタグを付けて、書類のファイリングと同じように縦に並べてください。間仕切りには熱

伝導率の高い金属製のブックエンドを利用するとよいでしょう。賞味期限が2週間を超えたら、すぐ使うか冷凍庫の目立つところに移して、忘れないようにしましょう。

ひと工夫やちょっとしたアイデアが、暮らしの中のムダを省くことにつながる。

CHAPTER 2

買い替えとアイデアで
省エネリフォーム

執筆
小林 光

エアコンの基礎知識

　エアコンの買い替えはリノベーションの大きなきっかけになります。丈夫に作ってあり、長持ちする機械ですが、壊れると部屋が屋外と同じように寒すぎたり暑すぎたりすることになり、買い替えに一刻の猶予もなくなります。壊れる前に計画的な対応が望まれます。

　統計によれば、エアコンの平均的な使用年数は13年程度です。最終製造年から10年を超えるとメーカーによる修理用交換部品の保存期間を過ぎてしまうため、故障しても直せず、故障はすなわち買い替えを意味することになります。

　わが家（羽根木エコハウス）の場合は、エアコンが最終的に直せなくなるまでにさまざまな不具合が起こりました。本体が動かなくなる、エアコンの室内機から水が出る、そして、暖冷気が十分に出なくなる、といったことです。本体が動かなくなったのは、制御の回路部品を交換することで解決し、室内機からの水漏れは、ドレン水^(*1)がうまく排

---

*1 空気が熱を失って凝結した水のこと。 エアコンやクーラーなど空調機器のコンプレッサーでは、圧縮され高温化した空気が配管内で自然冷却されて水分（ドレン）となる。

水されるように調整してしのぎましたが、暖冷気の不足が交換を決定づけました。これは冷媒[*2]が抜け始めているという故障の結果でした。わが家の場合は15年で交換になりましたが、10年を過ぎたあたりからリフォーム計画を立てて、使えなくなる前に実行に移すべきだったなと悔やまれます。

　エアコンのリフォームにあたっては、いろいろな注意点があります。まずは、部屋の広さや熱環境とのバランスが適切になる能力や機能のものを選ぶことです。

　あまりに広い部屋に小さな能力のエアコンではフル稼働せざるを得ませんし、逆に狭い所に能力を余すほどの大能力のエアコンを入れると効率的な稼働ができません。いわゆる定格運転[*3]という働き方が一番の省エネです。

　たとえば、わが家では室外機をたくさん置きたくないという審美的な理由から、大きな室外機（マルチ型）を置いて、4台の室内機を動かしています。ただ、室外機の能力に見合う暖冷房負荷より小さな負荷で動かすことが多く、お財布的には、そして環境的にももったいない使い方です。一般に鉄筋コンクリート造りで、外気に当たっている壁面が狭い集合住宅なら、室内外の熱の出入りが少ないので暖冷房の効きは良く、そのぶん小さめな能力の機械がよい組み合わせになります。逆に、ひずみがきた木製サッシの窓やアルミ枠に単板ガラスの窓の木造家屋、そのうえ、庇がなくて夏は熱い日差しが入るなどといった条件では、大きめの機械が必要になります。

　このようなことから、リフォームとしては、熱の条件が悪い部屋については大きなエアコンを選んでしのぐのではなく、窓枠やガラスの交換、可動庇や室外にすだれを設置するなどして、普通のエアコンでも十分に暖冷房できるような条件に改善すると良いと思います。どうしたら部屋の断熱性をよくできるかは、CHAPTER3の「壁の断熱」

---

*2　冷蔵庫やエアコンなどの機器の中で、熱や冷さを運ぶために動いている液体の物質。
*3　能力に多少の余裕を持った強さの、指定された条件で運転し続けること。

（122ページ）を参照してください。いろいろな技が紹介されています。

　エアコンの取り替えにあたって、新しいエアコンが力を発揮できるような舞台づくりができ、そこにふさわしいエアコンの機種選定ができたとして、次に気を配らないといけないのは、室外機と室内機をつなぐ冷媒管をきれいにすることです。冷媒管の中に水分などがあるとエアコンの効きを悪くします。きちんとポンプを使って、相当の時間、中が空っぽになるようにガスを吸引することが重要です。なお、冷媒管や機械に残っている冷媒（多くの場合、オゾン層を壊したり温暖化を進めたりするHCFC[*4]とかHFC[*5]の仲間が使われています）をそのまま蒸発させて空気中に捨てることは絶対にしてはならない行為です。今はもうそうしたことをする業者さんはいないと思いますが、古い機械に入っていたHCFCなどは、リサイクルされたり分解されたりしたことを、前の持ち主としては必ず確認しましょう。

＊4　冷媒の種類のひとつでハイドロクロロフルオロカーボンの略称。クロロフルオロカーボンの全面廃止が決定し、その代わりに使われるようになった。

＊5　ハイドロフルオロカーボンの略称。これまでの冷媒と違いオゾン層を破壊しないとされる。そのため現在使われている冷媒の中では主流となっている。かつてはHCFCが代替フロンと呼ばれたが、現在ではHFCが代替フロンと呼ばれている。

買い替えとアイデアで
省エネリフォーム

執筆、写真
大庭みゆき

エアコンの上手な使い方

温度と暑さの関係

猛暑の場合、就寝中も冷房をつけておかれることをお勧めします。なぜなら、近年は夜間熱中症が増加しているからです。ひと言で「暑さ」といっても、温度計が示す気温（室温）と、私たちが感じる暑さとは違います。私たちが感じる暑さは、温度、湿度、気流、衣服、運動量、輻射熱（地面や建物などから出る熱、照り返しなど）といった要素で決まります。同じ温度でも湿度が低く、涼しい衣服を着て安静にしていると涼しく感じるのです。

暑さは、「温度が高くて暑い」場合と「湿度が高くて暑い」場合に大別されます。

熱中症を予防する場合、どちらの暑さにより気をつけなければならないでしょうか？　それは、後者の「湿度が高くて暑い」場合です。なぜなら、私たちの体は暑いと汗をかき、その汗が蒸発する際の気化熱で体表を冷やして体温調節をしているからです。そのため、湿度が高いと汗が蒸発しにくく、体を冷やしにくくなって体温が上がり、熱中症になるというわけです。また、汗は出てすぐ蒸発するものだけが体温調節に有効で、ダラダラと流れる汗は蒸発しませんので体温調整には役立ちません。それゆえ、出てすぐ蒸発する汗を上手にかくことが体温調節のポイントとなります。

人は就寝中にも発汗します。特に夏は発汗量が増加し、その量は成人で一晩に500mℓ～1ℓになるといわれています。閉めきった部屋で就寝していると発汗量と呼気により湿度が高くなります。この湿度の上昇を抑えることが夜間熱中症の予防につながりますので、就寝中のエアコン使用をお勧めするわけです。

ではその場合、どのような使い方をすれば快適性を損なわず省エネになるでしょうか？

就寝中のエアコンは設定温度を高めにして自動運転モード（おまかせモードなど）にしましょう。その理由は、自動運転モードにするとエアコンが最も省エネに効率のよい運転を自分で選んでくれるからです。

それと同時にサーキュレーターも天井に向けて回します。熱い空気は軽いため天井付近に滞留しています。それをサーキュレーターで攪拌し、部屋全体が均一の環境になるようにするのです。快適性を確保しながら熱中症を予防し、かつ省エネにもなります。

エアコンのメンテナンス

　エアコンはシーズン最初の使用前とシーズン最後に掃除をしましょう。エアコンをつけたときに臭いがするような場合、エアコン内部に多くのホコリやカビがついている可能性が大です。そのままの状態でエアコンを作動させると、ホコリやカビを一緒に放出する可能性もあり、室内環境的にも問題が生じます。

　また、省エネの視点で見ると、エアコンのフィルター掃除を月に1〜2回すると、2.2kWタイプのエアコンの場合、1年間で約32kWhも省エネになります。フィルターが目詰まりしたままでエアコンを使用すると、エアコンの効率が下がり、余分に電気を使うことになります。エアコンの効率を上げるためにも、しっかり掃除しましょう。

　エアコンの掃除は、フィルターの汚れを取ることから始めます。エアコンのフィルターを外していきなり水洗いすると、フィルターに付着したホコリなどが水を吸ってギュッとこびりついてしまいますので、まずは掃除機を利用して細かなホコリを取りましょう。シーズン前にしっかりフィルターを掃除しておけば、シーズン中は市販されている化学雑巾などでお掃除するだけでも十分です。

　フィルター掃除は月に1〜2回で十分ですが、シーズン前後には、フィルターの奥にあるフィン（銀色のものです）を専用の洗浄剤を使用して掃除しましょう。フィンはエアコンの熱交換をする場所なので、ここにホコリやカビがあると、エアコンの効率が落ちます。お掃除ロボットなどの機能がついているエアコンの場合でも、フィンの掃除はされた方がよいでしょう。また、意外と見落としがちなのが、エアコン室外機のメンテナンスです。室外機のドレンホース（水が出てくるホース

です）は屋外に置いてあるため、土埃、枯葉、ペット毛、虫の巣など
で詰まりやすいので定期的に点検して、詰まっていたら割り箸などを
使って詰まりを取り除きましょう。室外機自体の掃除は室内機に比べ
て少々難しいため、専門業者さんへの依頼をお勧めします。

思い込みの省エネから科学の省エネへ

　一般的な家庭の月別電力消費量を見てみましょう。下の図1は、東
京の一般的な家庭における月別の電力消費量とエアコンの電力消費量
をグラフにしたものです。グラフから分かるとおり、エアコンの消費量
が世帯全体の電力消費量を上げる原因となっています。そのため家庭
の省エネに取り組む場合、エアコンの省エネ化が重要となってきます。

一般的な家庭の月別の電力消費量とエアコンの電力消費量（図1）

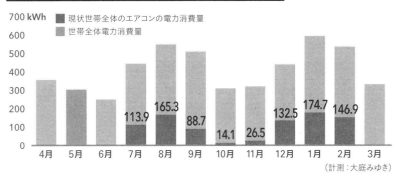

（計測：大庭みゆき）

　ヒートポンプ性能に関わるエアコンの省エネ性能はJISで定められて
おり、冷房時は外気温35℃、室内温度27℃の条件設定となっていま
す。しかしながら、東京都内のエアコン室外機の周辺温度を計測する
と次ページの図2のように35℃を超える場合が多くなっています。

夏季（7月〜9月）の室外機周辺平均気温 (東京都内)（図2）

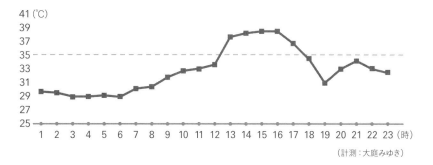

（計測：大庭みゆき）

エアコンを暖房に賢く使う

　一方、冬季の場合は、多くの家庭が会社や学校からの帰宅後にエアコン（暖房）をオンにします。たとえば、東京都内の場合、下の図3のように冬季は外気温の日平均はヒートポンプ効率が低下するといわれている7℃を下回っています。日没後は、気温低下が大きいですが、まさにこの時間帯が帰宅時間帯と重なり、家庭でのエアコン暖房使用開始のピークとなっています。

東京都内 2019年各月の気温 （図3）

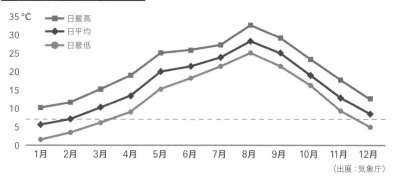

（出展：気象庁）

　より詳細に示した右の図4は、一番寒そうな2月1日のグラフで1時間ごとの気温変化を見ると、7℃を超える時間帯は日中の数時間に限ら

れており、それ以外の気温が7℃を下回る時間帯でエアコン暖房が使用された場合、ヒートポンプ効率は低下します。冬季のエアコン使用による省エネのポイントは、気温が7℃を超えている時間帯に使用を開始するか、または気温がなるべく7℃に近い温度の時間にオンにすることが省エネになりますが、現実では、使用時に外気温を考慮する家庭はほぼないでしょう。結論から言えば、エアコンは早めに暖房を開始した方がお得です。その理由は、これからゆっくり説明します。

東京都内 2019年2月1日の気温 (図4)

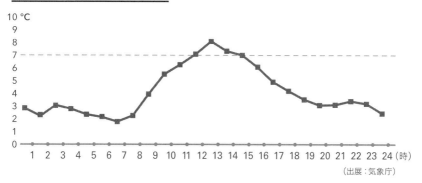

(出展：気象庁)

　エアコン使用の実態を見ると、エアコンの省エネは「使用時間を短くする＝なるべく使わないで我慢する」ことだと考えて、「夏は暑さのピークまで我慢して冷房を入れる」人が、高齢者を中心として一定数います。本人的には省エネを「やってるつもり」でも、それは間違った省エネ方法であり、実際にはエアコン効率が低下し、かえって増エネになります。そのため、エアコンの省エネ対策を実施するには、まずエアコンに使われている省エネ技術をよく理解し、それを発揮させる方法を考えることが重要となります。

　今日のエアコンには、ヒートポンプ技術とインバーター技術という大きく二つの省エネ技術が使われています。ヒートポンプ技術は文字どおり熱（＝ヒート）のポンプという意味で、このポンプの効率を上げ

ることが省エネにつながります。他の冷暖房の技術では、使ったエネルギー以上のエネルギーを冷暖房に用いることはできないので、このヒートポンプ技術は、これからの脱炭素の取り組みなどに欠かせない役割を果たします。しかし、使い方によって効率は違ってきます。たとえば、つるべを使って井戸から水を汲み上げるとき、井戸が深いほど大きな労力が必要となります。ヒートポンプも同じで、室外機と室内機の温度差が小さいほど、エアコンは少ないエネルギーで作動します。外気温35℃で室温25℃の場合の温度差は10℃となり、一方、外気温28℃で室温25℃ならば温度差は3℃となり、後者の方がエアコンの消費エネルギーが少なくてすみます。

　右の図5はその差を実際のエアコンの電力消費量で比較したものです。暑さのピークでエアコンをオンにした場合と、気温が低い時間帯にエアコンをオンにした場合とを比較すると、目で見ると分かりにくいですが、計算すると後者の方がおよそ17%省エネになっています。暖房時も同様で、外気温が7℃を下回るとエアコンのCOP（冷暖房器具のエネルギー効率を示す係数）は限りなく1に近づく（エネルギー効率が悪くなる）ため、外気温が7℃を超えている時間帯にオンにすることが省エネとなります。このようにヒートポンプ技術は、エアコンをオンにしたときのエネルギー消費量に大きく影響します。

　次にインバーター技術です。これはエアコンが設定温度になるまではモーターを高速で回転（高負荷運転し、エネルギーを多く消費する）させ、設定温度になったら回転スピードを落とす（低負荷運転し、少ないエネルギーで作動できる）などといったコントロールができる技術で、これによって省エネを実現しています。図5のグラフのピークのところが高負荷運転で、消費量が少なくなっているところが低負荷運転のところです。このようにメリハリをつけた運転制御をインバーターが行っています。

エアコン電力消費量比較 (図5)

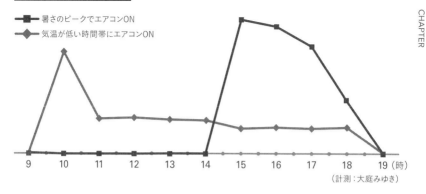

■ 暑さのピークでエアコンON
◆ 気温が低い時間帯にエアコンON

9　10　11　12　13　14　15　16　17　18　19 (時)

(計測：大庭みゆき)

　ですから、速く暖かくしたい、あるいは涼しくしたいと考えて、求める温度より思い切って高く、あるいは低く設定する人がいらっしゃいますが、これはフル稼働の時間を長くするだけで、本当の希望温度に到達する時間を短くすることはできません。無駄な操作なので、希望の温度を設定した後は機械に任せるのが得策です。

　外気温とエアコン消費量の増加には、下の図6のとおり強い相関関係が見られます。

外気温と室外機周辺温度との乖離とエアコン消費量増加率との相関 (図6)

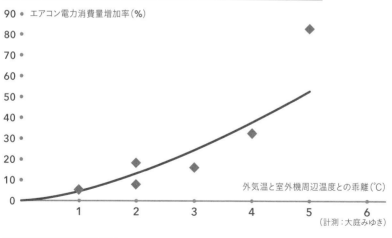

90 ● エアコン電力消費量増加率（%）
80 ●
70 ●
60 ●
50 ●
40 ●
30 ●
20 ●
10 ●
0

1　2　3　4　5　6

外気温と室外機周辺温度との乖離（℃）

(計測：大庭みゆき)

室外機を設置する場所

　エアコンを設置する場合、室内機の場所にばかり注意が向いていませんか？　実はエアコンの省エネを考えるうえでは、室外機の場所がとても重要です。それは室内温度と室外機の周辺温度との差でエアコンの働きが異なってくるからです。

　カタログなどで示されているエアコンのエネルギー効率は、室内側の温度が27℃、室外側の温度が35℃のときのもので、室外機に直射日光が当たると、夏期の東京では室外機の上板の温度が50℃を超える場合もあり、そうなるとエアコンの効率はカタログ値よりもずっと落ちることになります。せっかく省エネ型高効率エアコンが設置されていても、そのような状態では、期待した省エネ効果を得ることができなくなります。そこで、冷房する場合、室外機は直射日光が当たらない場所、風通しのよい場所に設置し、室外機の周辺温度がなるべく低くなるように工夫されることをお勧めします。

　また、直射日光が当たらない場所でも、室外機と壁との隙間が狭いと、給気口と排気口が近くなり、いわゆる「ショートサーキット」状態となります。この状態でエアコンを運転させると、とても狭い距離で空気が循環するため、冷房時なら排熱した高温の空気がそのまま吸気口から入ることとなり、非常にエネルギー消費効率が悪く、また冷房が効きにくい状態になります。とても暑い日にいくら「強運転」にしても冷房が効かない原因のひとつが、このショートサーキットです。もしそのようなご経験があったら、室外機の状態を一度確認してみてください。ショートサーキットを防ぐためには、室外機と壁の距離を10cm程度開けることが必要です。ベランダのフェンスがコンクリート等の場合は室外機とフェンスの間を30cm以上開けておくか、吊り下げタイプにすることが大切です。ショートサーキットでエアコンを使い続ける

室外機と壁と
隙間が狭いと
要注意

と故障の原因にもなる場合がありますのでご注意ください。

室外機による省エネ対策

簡単にできるエアコン省エネ対策のひとつに、エアコン室外機に日よけをする方法があります。

エアコン室外機に直射日光が当たると室外機の温度が上がるので、直接当たらないように室外機の天板部分に日よけを設置します。エアコンの日よけはスーパーなどでも1,000円程度で売られているので、それを利用すれば簡単に日よけをすることができます。また、エアコン室外機からの排熱風を妨げないようにヨシズを設置すれば、設置面からの輻射熱も防ぐことができ、より効果が上がります。園芸用の遮熱ネットなどの利用も効果的です。

二つめは、エアコン室外機からの排水を利用して気化熱で冷やす方法です。エアコン使用時の排水を利用して設置面を冷やすようにすれば、水の気化熱効果によって設置面およびエアコン室外機の温度の上昇を予防できます。

なお、冬の暖房の時には、エアコンのひさしは除いてくださいね。

冷暖房とペット

ある調査によれば、2023年の全国の犬と猫の飼育頭数は、犬が約684.4万頭、猫は約906.9万頭、合わせて1,591万頭と推計されています[*1]。特に70歳代の人による犬の飼育率が他の年代に比べて高い傾向を示しています。また、平均飼育頭数も1世帯当たり、犬1.24頭、猫1.75頭と複数のペットを飼育していることが分かります。

近年、ペットは単なる愛玩動物ではなく、家族の一員と考える方や

*1 一般社団法人ペットフード協会「令和5年 全国犬猫飼育実態調査」

室内で飼われる方が増えています。ペットに対する待遇も「人」と同等の扱いに変化してきていて、その一番顕著な例が、ペットのために使用するエネルギーの増大です。

　私が行った調査では、ペットのために一番よく使用するエネルギーは「暖房」で、次いで「照明」「冷房」と続きます。家に人がだれもいなくなる場合でも、ペットのためにエアコンを作動させ、暗い室内をペットが怖がらないように照明もつけたま出かける家庭が少なくありません。特に近年の夏の猛暑の際には、ペットのために冷房をつけっぱなしにしていた方が多かったようです。人は暑さを我慢してエアコンを使わないようにしても、ペットは「かわいそうだから」という理由で、エアコンの節約をしない傾向があります。その結果、不在時のエネルギー消費が増加することになります。

　また、家族の人数別によくエネルギー消費量を比較しますが、ペットを飼育されている家庭では、ペットの分もカウントしないと正しい比較にならないことがあるほど、ペットのために使用されるエネルギーは増加傾向にあります。さらにこのごろは、空気清浄機や加湿器などの家電製品がペットのために使用されるようになってきました。

　そこで、ペットのための省エネアドバイスです。ペットのためにエアコンを使用される場合は、冷暖房する部屋を決めて、ペットが自由にそこにこられるようにしてからその部屋の断熱性能を高めるように工夫してください。例えば、冬ならば窓に断熱シートを貼るなどです。そして、エアコンの設定温度は、暖房なら低めの20℃程度、冷房なら高めの28℃程度で自動運転モードにしておきます。こうしておくとエアコンが自動で判断して作動するため省エネにつながります。冷やし過ぎ、温め過ぎによるペットの健康被害などを低減することにもなりますので、かわいいペットのためにも、強すぎる冷暖房は控えるのがよいでしょう。

CHAPTER 2

買い替えとアイデアで
省エネリフォーム

執筆
大庭みゆき

オープンキッチンや
インナー階段などと冷暖房

　吹き抜けやインナー階段（部屋の中に設けられている階段のこと）、オープンキッチンなどは冷暖房にも影響を与えます。これらの構造は空間の拡大にほかならず、空調に必要なエネルギーを増やすからです。

　以前、吹き抜けなどが、標準的な家庭の1年間の冷暖房エネルギー消費量にどの程度影響を与えるかをシミュレーションしたことがあります。その結果、「オープンキッチン＋インナー階段＋吹き抜けがある家庭」の冷房用の電力消費量は、それらがない家庭に比べて約2.5倍になりました。暖房の場合は電力消費量が約1.3倍になる傾向が表れました。シミュレーションの誤差などを考慮しても、住宅内の「高さ」と空調空間の広さ、オープンキッチンでのコンロ使用による内部発熱が、冷暖房エネルギー消費量を増やす可能性は大きいといえます。

　特にオープンキッチンは夏の冷房用のエアコンの電力消費量に大きな影響を与えていますので、エアコンの設置場所が重要となります。

オープンキッチンのコンロの対面や近くに設置すると、コンロを使っているときの熱がエアコンに影響して電力消費量が増加します。エアコンの室内機はなるべくコンロから遠く、対面しない位置に設置しましょう。

　インナー階段がある場合は、暖房時に暖気が階段から2階に流れていくため、1階部分が暖まりにくく、暖房していてもうすら寒さを感じる状況になります。特に暖房の場合、エアコンを部屋の面積（広さ）で選択していると、インナー階段で空調空間が増加している分、エアコンに能力以上の無理をさせることとなり、増エネになります。インナー階段がある場合は、アクリル板を利用した垂れ壁などを設置すると、暖房効果がかなり向上します。

　オープンキッチンやインナー階段と同様のことは吹き抜け空間についても言えます。新築の際にあえて吹き抜けの空間プランにするかどうかは、省エネの観点からはよく考えるべきでしょう。またすでにそうなっている家の場合は、そのリノベを専門家とともに考えてみてもよいかもしれません。

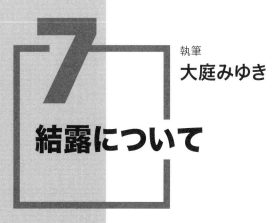

CHAPTER 2

買い替えとアイデアで
省エネリフォーム

執筆
大庭みゆき

7 結露について

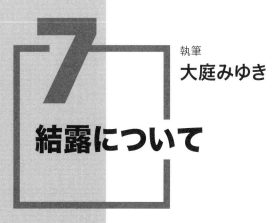

　空気は温度が高くなるほど多くの水分を持つことができます。つまり、暖房時の暖気には多くの水分が含まれているということです。この水分を多く含んだ暖気が冷たいものに触れると、触れた空気の温度が下がり、持っていた水分をその場にはき出すことになります。これが結露です。夏、冷たいビールをコップに注ぐとコップに水滴が付くのをご覧になったことがあるかと思います。住宅内の結露もこれと同じ原理で発生します。

　暖房シーズンに入ると結露に悩むご家庭は多いことと思います。結露は窓ガラス、窓のサッシ、壁、押し入れの中などに発生します。朝起きると窓ガラスがぐっしょり濡れていてその後の始末にお困りのご家庭から、ご相談を受けることがあります。実はわが家でも、エコリノベーションをする前は、リビングの東北向きの窓ガラスとサッシにびっしり結露して、毎晩寝る前にバスタオルを敷いておく──という状

況がありました。結露は掃除が大変というだけではなく、結露によってカビが生じ、そのカビの胞子が室内に浮遊して室内環境を汚染したり、カビを餌とするダニが発生する可能性も出てきたりしますので、結露は住環境にとって大敵です。

　結露を防ぐためには、①冷たい場所をなくすため、窓ガラスやサッシを高断熱化する。断熱シートなどを貼るか、高断熱ガラスなどに交換します。わが家は高断熱ガラスに交換して結露はまったくなくなりました。②暖房後に除湿する。エアコンをドライモードにして30分程度作動させ、室内の湿度を下げます。③室内にある冷たいものを隠す。窓には断熱性のあるカーテンを用いたり、金属製の玄関ドアなどは気泡緩衝材（「プチプチ」と呼ばれるあれ）のようなものを使って覆います。なお、もちろんですが、法で設置することになっている24時間換気の装置を止めたり、故障したまま放置したりしないといったことは大前提です。ぜひお試しください。

CHAPTER 2

買い替えとアイデアで
省エネリフォーム

執筆
大庭みゆき

給湯器の選び方

　給湯器などの住宅設備機器は、世帯のエネルギー消費に大きく影響します。またエアコンや床暖房などの冷暖房機器は、カーテンやブラインドなどの住宅付属物の影響を受けてエネルギー消費効率が変化します。そのため、快適性と省エネ性を両立させた住宅を実現するためには、エネルギー消費機器だけではなく、住宅に付属するカーテンなどとの組み合わせが重要になります。

　ここでは、住宅設備機器である給湯器の選び方について、その特徴や省エネポイント、留意点などを説明します。

　住宅設備機器の中で代表的なものとしては、給湯器、床暖房システム、太陽光発電システム、太陽熱給湯システム、蓄電池などが挙げられます。

　その中でも給湯器はその用途によって、「給湯専用機」と「給湯暖房（乾燥を含む）機」に分かれ、給湯のみの場合は、「給湯専用機」

を選び、給湯＋温水床暖房の場合は、「給湯暖房（乾燥を含む）機」を選ぶことになります。さらに「給湯専用機」では、タンクを有する貯湯式給湯器と瞬間湯沸かし型給湯器に大別されます。（図1参照）

　リノベーション時に給湯器を選ぶ際には、給湯器の寿命（約10年）とその間の家族構成の変化予想をしっかり見極めて、貯湯式か瞬間型かを決めることがポイントです。具体的には今後10年間、家族構成に大きな変化がない場合は「貯湯式」を、変化（家族員数の増減など）が予想される場合は「瞬間型」を選ばれることをお勧めします。

給湯器（給湯専用機）の種類 （図1）

　次ページの図2は、結婚からの家族の変化（成長）とそれに伴う給湯量の変化を示したものです。図から分かるとおり、子どもが成長して中学生（13歳）ごろになると、1日のシャワーの回数と1回あたりのシャワー時間が急激に増加すると想定できます。日本人の1日の平均シャワー回数は1回で、1回あたりのシャワー時間は約5分ですが、中

学生になると1日に2〜3回（起床後、帰宅後、就寝前）シャワーを浴び、1回あたりのシャワー時間も約15分〜20分となり、給湯用エネルギー消費と水道使用量が増加します。貯湯式給湯器を選択する際には、家族員数の給湯量が最大となる時点を予測してタンク容量を決めるため、子どもの成長過程の使用方法で給湯量が変化し続ける間は、必要な給湯量が賄えないこともあります。

　一方、子どもが独立してしまうと一気に給湯量が減少し、下の図2の斜線部分で示すようにムダになる給湯量ができてしまいます。このようなことから、リノベ時から10年以内に家族人数に変化が予想される場合などは、貯湯式給湯器よりも瞬間型の給湯器の方が給湯量のムダを少なくすることができます。

家族の成長と必要な給湯量との関係（図2）

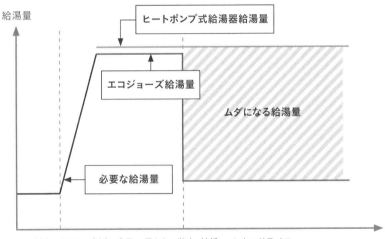

しかしながら、高知、宮崎、沖縄など、温暖（冬季の外気温が7℃を下回らない地域）でヒートポンプ性能がカタログ値を超えるような地域では、ムダになる貯湯量よりもヒートポンプ性能が勝る場合が多

くなるため、貯湯槽を有するヒートポンプ式高効率給湯器（エコキュート）にすることも悪い選択ではありません。

　給湯器を選択する場合、貯湯式でも瞬間型でも省エネ性能の高い機器を選ぶことがポイントです。電気を使用した貯湯式ならばヒートポンプ式高効率電気給湯器（エコキュート）がお薦めです。エコキュートは環境からもエネルギーを取り入れることによって、実際に消費するエネルギーを何倍にもできるヒートポンプ技術を活用してお湯を作ります。具体的には1の電気でその約2.8倍以上の熱を作ることができ、とても省エネです。

　また、ガスを使用した貯湯式ならば、エネファームがお薦めです。家庭用燃料電池コージェネレーションシステムで、給湯（お湯を作る）と発電（電気を作る）が同時にでき、機種や使い方にもよりますが30%以上のCO_2削減が期待できます。

　瞬間型の給湯器ならば、エネルギー消費効率が高い潜熱回収型ガス給湯器（エコジョーズ）がお薦めです。エコジョーズは、いままで捨てられていた排気熱の15%を再利用するため燃料を削減できて、大いに省エネです。

CHAPTER 2
買い替えとアイデアで省エネリフォーム

執筆
小林 光

画像提供：パナソニック株式会社

食洗機は、食器を洗って乾かす、が基本ですが、湯沸かし器で手洗いする場合に比べてエネルギーを大いに節約する省エネの働きもあります。

一番簡単なのは、食洗機（写真例）を買ってきて電源と水道につないで、排水を流しに出せるようにする方法です。容量に制限はありますが、家電タイプのものは、3万〜5万円台でいろいろなものがそろっています。

家のリノベといえば、台所に手を加えるお宅はとても多いですが、キッチン下部の収納スペースにビルトイン型の大容量の食洗機を組み込むチャンスです。食洗機が多用されるヨーロッパでは、一家の1日分の食器が洗えるように容量を確保することがいわば標準規格で、大容量（60ℓクラス）です。最近の日本製品もずいぶんと大容量になりました。工事の要るリノベですが、ぜひ検討してみてください。公務店や水道屋さん、あるいはメーカーの代理店などの工事になり、大きさにもよりますが20万円台は覚悟しないといけません。

買い替えとアイデアで
省エネリフォーム

10

執筆
豊貞佳奈子

節湯型シャワーヘッドと
温水洗浄便座

　給湯によるエネルギー・CO_2削減を目的に、2012年施行の「都市の低炭素化の促進に関する法律（エコまち法）」と2016年施行の「建築物のエネルギー消費性能の向上に関する法律（建築物省エネ法）」では、「節湯型水栓」としてA1／B1／C1の3種類が採用されました（図1）。手元止水機構（節湯A1）は、流量および温度の調節機能と独立して、操作しやすい箇所にボタンやセンサー等のスイッチを設けて湯の出し止めができる機構です。小流量吐水機構（節湯B1）は、流水中に空気を混入させる等、快適性を保ちながら流量を抑制する機構です。水優先吐水機構（節湯C1）は、台所のシングルレバー混合栓等でレバーハンドルが水栓の正面に位置するときに湯が出ない等、無駄に給湯器が作動するのを防ぐ機構です。浴室のシャワーヘッドでは、従来型の流量10ℓ／分に対し、最新型では6.5ℓ／分と、快適性を保ちながら35%の節湯を実現しています。手元に止水ボタンが付いた節湯

A1を組み合わせるとさらなる節湯となります。買い替え費用は水道光熱費の削減効果で1年以内で償却できる場合が多いです。

次に、自分でできる水まわりのリフォームとして、温水でおしりを洗浄する「温水洗浄便座」をご紹介します。内閣府の消費動向調査によると、わが国の2人以上世帯の家庭の温水洗浄便座普及率は、1992年の14.2%から年々上昇し、現在では80%を超え、当たり前の住宅設備になりました。また、エアコン、電気冷蔵庫、照明、テレビと並んでエネルギー消費量が大きいことから、省エネ法（エネルギーの使用の合理化に関する法律）の特定機器に指定され、トップランナー基準および統一省エネラベルの対象製品となっています。

温水洗浄便座の機能は、おしりに接する便座部が冷たく不快に感じる冬季に便座を温める暖房機能と、温水でおしりを洗う機能とで構成されています。当初の便座暖房機能は、通電時は24時間暖房するものでしたが、使用パターンを計測することで、使用される時間帯を予測しその時間帯のみ暖房する学習制御が組み込まれ、シート暖房時の電力消費が大幅に削減されました。おしりの洗浄水は当初は、あらかじめ加温水をタンクに貯湯する構造でしたが、吐水のタイミングで瞬間的に昇温させることが可能となりました。現在では2008年と比較して年間消費電力が約半分と、大幅に省エネが進んでいます。貯湯式を最新型の瞬間式に買い替えた場合、買い替え費用を水道光熱費の削減効果で10年程度で償却できる場合が多いです。

水道光熱費の大幅削減がかない、CO_2削減にもつながるシャワーヘッドと温水洗浄便座のリフォームをぜひご検討ください。

節湯水栓の例 （図1）

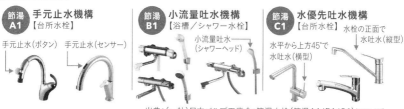

| 節湯 A1 | 手元止水機構 【台所水栓】 | 節湯 B1 | 小流量吐水機構 【浴槽／シャワー水栓】 | 節湯 C1 | 水優先吐水機構 【台所水栓】 |

手元止水（ボタン）　手元止水（センサー）

小流量吐水（シャワーヘッド）

水栓の正面で水吐水（縦型）
水平から上方45°で水吐水（横型）

出典：（一社）日本バルブ工業会：節湯水栓（節湯A1/B1/C1）について

買い替えとアイデアで省エネリフォーム

執筆
大庭みゆき

暑さは屋外で防ごう

　私たちは太陽から多くの恩恵を受けています。しかしその一方で、太陽からはあまりありがたくないものも受けています。代表的なものが、「暑さ」と「日焼け」です。右の図に示すとおり、太陽光には人の目に見える可視光線のほか、波長の違いによってさまざまな電磁波があります。そのなかで暑さの原因は「赤外線」、日焼けの原因は「紫外線」です。虹の一番外側の色（一番波長が長い可視光線の色）は赤ですが、その赤の外にあるので赤外線といいます。英語では「infrared rays」といい、赤より下にあるという意味です。同様に、一番内側の色（一番波長が短い可視光線の色）は紫ですが、その紫の外にあるので紫外線といいます。化粧品や日傘などにUVと表示されているのは紫外線の英語「ultraviolet rays（UV rays）」の略です。

　暑さを防ぎたい場合、明度が高い色ほど日射反射率が高くなるため、屋根などには白など明るい色の塗料を塗ると遮熱効果が期待できます。

最近では太陽スペクトルの波長を選択して通しにくくする性質を持った塗料やガラスなども販売されていて、日射の強い窓、壁、屋根など、暑いと困る箇所の対策に効果があります。

一方、紫外線を防ぎたい場合は、黒です。濃い色ほど紫外線をよく吸収します。近年、黒色の日傘が増えたのはこうした理由です。前述した波長選択性を持ったガラスにはこの紫外線を通しにくい性質があるため、衣類や畳などを日焼けさせたくない方にはお薦めです。

物体は、赤外線を吸収する一方で赤外線を放射してもいます。たとえば建物のコンクリートの壁に直射日光が当たると、コンクリートは熱を吸収します。そして日没後はそのためた熱を屋内側に放射することがあります。夏季にそれを防ぐためには、外壁にヨシズや緑のカーテンなどを設置して、直射日光がコンクリートに当たることを防ぐことが大切です。このように「暑さは外から防ぐ」が鉄則です。太陽の熱を住宅内に入れないようにしましょう。直射日光に当たった窓ガラスや枠は、その熱を内側に伝えます。日が差している窓を内側から触ると熱いのはこの理由です。そのため内側にカーテンやブラインドをしても、すでに入ってきている熱を効果的に防ぐことはできません。夏はぜひ、窓の外にヨシズやすだれ、緑のカーテンなどを設置して涼しくお過ごしください。

γ 線	X線	紫外線	可視光線	赤外線	マイクロ波	電波

波長が長い　　　　　　　　　　　　　　　　波長が短い

買い替えとアイデアで省エネリフォーム

12

執筆
大庭みゆき

日よけには庇

日よけの役割は大きく二つあります。ひとつは太陽光を遮ること、もうひとつは太陽熱を遮ることです。南向きの大きな窓には太陽光がよく差し込みとても明るいのですが、太陽熱も多く通すため室内を暑くします。鎌倉・南北朝時代の歌人で随筆家だった兼好法師は『徒然草』で「家の作りやうは、夏をむねとすべし」（家をつくるときは夏の涼しさを第一にするのがよい）と述べています。エアコンのなかった時代は、いかに夏を涼しく暮らせるかが家づくりの留意点だったことが分かります。

この教えは伝統的な日本家屋を見るとよく分かります。そのひとつが「庇」です。せり出した庇は照射角度の高い夏の太陽の日差しを遮り、住宅内の温度上昇を防ぎます。冬になって太陽の高度が低くなると、逆に日差しを住宅内に取り入れて室内の温度を上げるという、きわめて重要な働きをしていました。しかし現在、多くの住宅で庇は見られ

なくなっています。室内の明るさを過度に重視するようになったことが原因のひとつと考えられます。その結果、多くの住宅で冷房時の日射負荷が増加することとなりました。

　窓につけられているカーテンやブラインドは、太陽光は遮ることができますが、太陽熱はガラスや窓枠を伝わってくるので、内側から防いでも効果はほとんど期待できません。窓からの熱の侵入を防ぐには、外からの対策がきわめて重要であるとともに、とても効果的です。

　下のグラフは、窓に庇がある場合で、太陽の角度が一番大きくなる6月、7月の日射面積率をみると、庇は、相当の長時間にわたって、午後の頭まで日射の室内への侵入を防ぎ、日当たりとなる室内面積を減らすのに貢献していることがわかります。現在では、後付けで庇のせり出し幅も自由に調節できるオーニングと呼ばれる製品も販売されています。庇をつけて日射を遮り、冷房効果を高める工夫をしましょう。

南面の庇がある窓の日射面積率

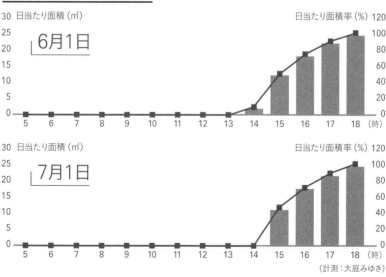

（計測：大庭みゆき）

買い替えとアイデアで
省エネリフォーム

13

執筆
小林 光

緑のカーテン

　家にベランダがあればそれを使って、また一戸建てであれば縁側や窓の外の腰掛け、濡れ縁、あるいは窓外の地面を使って、緑のカーテンを設けてみましょう。

　後のCHAPTER4に出てくる羽根木エコハウスは、新築時に緑のカーテンができるように設計しました。これをひとつの見本として説明しましょう。

　羽根木エコハウスとは筆者のひとりである私、小林の自宅です。自分が環境政策を提案し実行するうえで、現場を知らないと説得力がないと思い、子どものころから住んでいた実家を建て替えてエコハウスを造ったのです。ここの緑のカーテンは、2階の真南に向いたベランダにプランターを置いてできています。

　ベランダの出幅（奥行）は約70cm、壁面やガラスの引き違い掃き出し窓に沿った横幅は4.5mです。もし緑のカーテンがなければ、一日

陽光が降り注ぎ夏ならとても暑そうな場所です。そこに幅30cm、長さ60cm、高さ25cmのプランターが7個並べて置かれています。入れてある土は軽量土などではなく、普通の園芸土ですのできっと重いと思います。といっても、ベランダの設計は1㎡当たり60kgぐらいの荷重に耐えられるようになっているのが普通ですから、大丈夫です。

　プランターに植えた植物は、テイカカズラという常緑のつる草で、4月下旬から夏までジャスミンのような香りの白い花をたくさん咲かせます。地植えをすると、茎から出る付着根を壁に押し込み元気よくはい登りますが、プランターですとそこまでの元気はなく程よく育ちます。羽根木エコハウスは、ベランダの外側の端に約45cm角の鉄製グリッドが組んであって、その高さが1.8mあります。そこまで植物が絡まりながら上がっていけるようになっています。絡まっているのはテイカカズラだけでなく、1階の地面に地植えされていてよじ登ってきた他の植物もあります。常緑ではムベ（アケビとそっくりですが、冬にも葉があります）、キジョラン（1,000kmの渡りをする蝶として知られるアサギマダラの食草で、この20年間に3度来てくれました）、冬には葉がしおれてしまう半常緑のスイカズラ（5月ごろに銀色に咲き始め、金色に色を変化させる蜜たっぷりの花がいっぱい咲きます）です。そして落葉のつる草は、オオバウマノスズクサと茶花にも使われるサルトリイバラです。これら6種のつる草が複雑に絡み合って、特に夏には密な葉の垣根のようになってくれます。垣根の高さは1.8mですが、夏の太陽は高い角度から照りつけますので、もっと高くしておけばよかったなと少し悔やんでいます。

　わが家を離れて見ると、緑のカーテンでよく使われる植物には、夏に花の咲くものではアサガオや、リュウキュウアサガオ、ルコウソウがあります。食べられる実のなるものとしてゴーヤーが使われることも多いようです。遮熱だけでなく食べる楽しみもあって、一石二鳥の良い

発想ですね。緑や食料のメリットを考えるのでなければ、ベランダに寒冷紗やヨシズを使って文字通りのカーテンを付けることも暑くない部屋づくりには効果があります。ポイントはベランダ自体を熱くさせないことです。熱くさせてしまうと、その熱が部屋にまで入ってしまうからです。

　さて、グリーン・リフォームで目指したい肝心の遮熱の効果ですが、温度で測ろうとすると緑のカーテンを置いたり外したりして比較しなければならず、現実的ではありません。代わりに、羽根木エコハウスの東壁面そばと西壁面そばの温度を測ってみました。東には緑がいっぱいあって、西にはないからです。ある年の夏、毎朝6時と昼の12時に温度を測ってみましたが、最高値でも平均値でも、緑の多い東壁面がいつも1.5℃ほど低い値でした。これは、植物の蒸散作用で気化熱が奪われることと、植物が出す水蒸気が普通の空気よりも軽いため上空に上がり、逆に比較的涼しい空気が上から降りてくるといったことのせいだと考えられます。先ほどの寒冷紗やヨシズによる遮光でも遮熱になりますが、緑のカーテンではもうひとつ、気化熱などといった冷却効果が加わることがありがたいところです。

　しかし、植物の場合はヨシズとは異なり世話が要ります。羽根木エコハウスの場合は、プランターが大きいので夏に3〜4日雨が降らなくても水やりは不要ですが、通常は日課として植物が元気か気にかけて、大事に至らないうちに水をやることが必要です。世話をして目にやさしい緑とすがすがしい香りをもらえると、うれしさが増します。

CHAPTER 2
買い替えとアイデアで
省エネリフォーム

執筆
小林 光

雨水貯留、雨庭

　雨水貯留はリノベの中でも、とても簡単な取り組みです。屋根から、下水溝や浸透桝_{ます}につながる樋_{とい}の一部を切開してそこから水を取り、タンクの水面が取水位置より上になると、すなわちタンクが満水になればもう水は入ってくることなく、タンクを付ける前と同じように雨水は下水溝や浸透桝に流れていきます。皆さんは、このたまった水を、平時であれば庭散水などに使えます。打ち水は、庭の植物のためだけでなく暑熱を避ける働きもします。タンクの水はまた、災害時で上水供給が止まれば、トイレ洗浄水、洗濯用水、そして煮沸消毒などして飲用水にも使うことができます。コツは、やはり容量があまりに少ないと頼りにならないので、しっかりとした基礎のある所に大きめのタンクを据え付けること。そして、雨水はとてもきれいですが降り始めは屋根のほこりなどを流してくるので、少雨量のときには水が流れ込まないような、流量の多いときだけに取水する仕掛けにすることなどです。タ

ンクの容量や重さを支える基礎工事の程度にもよりますが、材工一体で3万円程度からできるリノベです。

　また、タンクにためきれず余った雨水も一度に下水に流し込まず、庭などの土にしみ込ませるのも、とても環境のためになります。日本の場合、雨がたくさん降ったときは、下水道の処理場は汚物をあまり浄化することができず、雨水と一緒に川や海に流してしまう仕組み（合流式という）の下水道が多いからです。また、雨が降ったときに、川の流量がそれに比例して増えると洪水につながりやすくなります。雨水はなるべく地面にしみ込ませ、徐々に川や海に出ていくようにすることが望まれます。そのときに役立つのが「雨庭」という、雨水をしみ込ませやすくするお庭のリノベです。樋と雨水タンクの、さらにその先の地面がねらい目です（イラスト参照）。雨庭に水分がたくさんあるのは雨のときだけで、その後は水はしみ込んで、とても水はけの良い場所ができます。こうした場所は、枯山水でもいいですし、宿根草の花が咲く場所にもいいですね。工事費は1坪（3.3㎡）当たりで数万円からではないでしょうか。

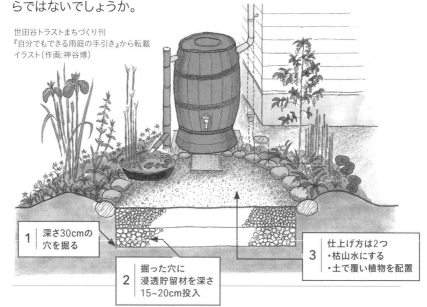

世田谷トラストまちづくり刊
『自分でもできる雨庭の手引き』から転載
イラスト（作画：神谷博）

1 | 深さ30cmの穴を掘る

2 | 掘った穴に浸透貯留材を深さ15~20cm投入

3 | 仕上げ方は2つ
・枯山水にする
・土で覆い植物を配置

CHAPTER 2
買い替えとアイデアで
省エネリフォーム

執筆、写真
小林 光

HEMSとは、Home Energy Management Systemの頭文字
を取った言葉で、ヘムスと発音します。その字のとおり、家で使う電
気やガスの消費量を細かく、たとえば電気冷蔵庫とかエアコンとかいった機器ごとに10分ごとに測り、記録し、グラフなどで表示してくれる
機器です。仕掛けは、家の中にある分電盤の所で、回路ごとに電流量
を測るセンサーを電線に取り付け、その測定値を親機（次ページの写

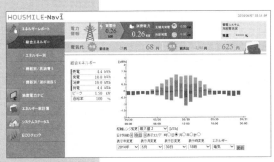

これは、わが羽根木エコハウスの（第2世代）HEMSの最初の画面。発電や消費、買電などの姿が俯瞰的に見える。時間別、機器別など細かくデータを蓄積しているので、対策の立案には大変に役に立つ。ただし、自動的に省エネする機能はまだまだ乏しい。写真はたまたま自給率100%の日のもの。

羽根木エコハウスのHEMSの親機。

真）に飛ばし、そこでたくわえたデータをさらにパソコンなどに飛ばして表示（写真）する仕組みです。

　マネジメントという言葉が入っているので、電気の使用などを適正量にコントロールしてくれるのかというと、実はまだそこまでの親切なサービスは一般的には期待できません。私（小林）は、家電が老朽化して電力消費が増えてきたことの早期発見と買い替えなどにHEMSデータを役立てています。人間によるマネジメントですね。しかし、アメリカのように集中冷暖房が一戸建て住宅でも当たり前になっているところではエアコンの外部からの制御がやりやすいので、これに特化したHEMSが、スマート・サーモスタットという名で売られています。これは、正価で250ドル程度なのに、AIを通じて賢く冷暖房機器を制御し、適切な室温を維持して、結果、年間で100ドルから150ドルの電気代節約を稼ぎ出します。つまり2年で元を取れてあとはもうかるのです。ほとんど工事も要りませんから、リフォームというよりは、省エネ用のデバイスの購入みたいなものです。日本でも、全館冷暖房の家が出てきましたので、これを使えるようになったら魅力的ですね。幸い、ビルの冷暖房管理などをするBEMS（Hの代わりにBuildingのBになっている）はすでに日本でも使われていますから、全館空調の集合住宅などではリフォームの候補になるでしょう。

　将来のHEMSでは、時刻ごとの測定データと、たとえば外気温や室温などのデータを照らし合わせて、エアコンのオン・オフや強さを制御するだけでなく、さらに進んで、世の中に再生可能エネルギー起源

の電力があふれて電気の値段が下がっているときには、電力を買いに出て蓄電池や電気自動車にためこんだり、エコキュートを焚き上げてお湯の形でためたりして、電気代の節約ができるようになるでしょう。また逆に、世の中で再生可能エネルギー起源の電力が不足するときなどは、配電網に対して蓄電池などから逆潮流（電気を戻す）をして、そうしたときは電気代が高いでしょうから売却益を稼ぐ、といった芸当もこなせるようになるでしょう。残念ながら、そこまでのことをしてくれる本当の意味でのHEMSはまだ売っていませんが、近い将来のリフォームの目玉になることは間違いありません。

アメリカ製のスマート・サーモスタット。

工事が必要な リノベーション

1

執筆
篠 節子

建築 （外皮の断熱）

断熱改修 断熱性能についての基本

　本書では、ここまでひとつひとつの工夫や技術を見てきました。ここでは、それを一軒の家にまとめあげていく段取りを考えてみます。

　既存の住宅の改修工事で大事な目的は、その時代に合った耐震改修、外装補修、漏水補修を行い、省エネ性、バリアフリー、快適性、居住性、健康性などの向上を確保することです。それによって安心安全で快適な住まいとなります。

　耐震改修については、地震国日本として耐震基準が大きく変わった1981（昭和56）年5月31日以前に着工されたものについて、日本全国の自治体で、申請をすれば耐震改修・診断・耐震設計・耐震施工に関して補助金が受けられます。

　バリアフリー改修には、高齢社会が進むなか、改修によって室内での転倒などの事故を防ぐため、玄関・浴室・階段への手すりの設置や、段差の解消、古い浴室・トイレの改良などがあり、税制上の優遇もあります。

　断熱改修は、室内空間を快適に過ごすためと光熱水費の見直しと削減につながり、省エネに効果があります。一定の条件を満たせば、国の補助金制度を使うこともできます。エコ改修に補助金を出す自治体もあります。社会的視野では、これからのCO_2を削減する低炭素社会に寄与することにもなります。

地域区分 (図1)

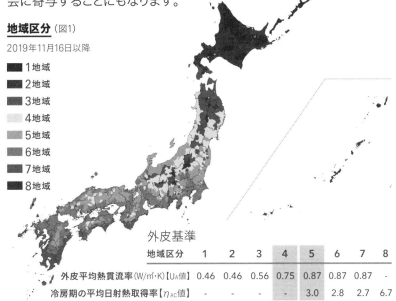

2019年11月16日以降

- ■ 1地域
- ■ 2地域
- ■ 3地域
- ■ 4地域
- ■ 5地域
- ■ 6地域
- ■ 7地域
- ■ 8地域

外皮基準

地域区分	1	2	3	4	5	6	7	8
外皮平均熱貫流率(W/㎡·K)【U_A値】	0.46	0.46	0.56	0.75	0.87	0.87	0.87	-
冷房期の平均日射熱取得率【η_{AC}値】	-	-	-	-	3.0	2.8	2.7	6.7

具体的な地域区分については、出典:「住宅に関する省エネルギー基準に準拠したプログラム」のサイト(入力補助ツール・補足資料:地域の区分・年間の日射地域区分・暖房期の日射地域区分の地図」)から確認することができます。

耐震・バリアフリー・環境性能それぞれを進めるうえで、さまざまな方法があり個別に対応しますが、住宅の断熱改修が耐震改修やバリアフリー改修と大きく異なる点は、性能の確保の程度が全国一律でないということです。日本は南北に長く気候が北海道から南の沖縄まで異なるため、断熱基準は、地域によって八つに分かれています（図1）。自分の住んでいる地域の基準に合わせた断熱性能で改修を行うことで、的確な断熱改修を行うことができます。全国1～8地域の図で分かるように、6と7地域が多いことが見て取れます。

　断熱の基準は、1980（昭和55）年から省エネ基準として国が定め、これまで4回基準の見直しをしてきました。1980年以前の住宅では、寒冷地を別として断熱材が入っていない住宅がほとんどです。またその後の新築住宅でも、基準は推奨の値で法的に強制力がないため基準を満たしていない新築住宅が近年でも5割程度あります。このことから、既存の住宅を改修するには、現行の基準、あるいはそれ以上を目指せば、冬暖かく夏涼しい快適な住宅になります。

　2021年度からは、新築住宅の省エネ基準に関して建築士から建築主への説明責任が義務化されることで、省エネ基準を満たした住宅増加に拍車がかかります。さらに省エネ制度については、2025年から新築住宅については省エネ基準の適合義務化されることになりました。適合義務化とは住宅を含む全ての新築の建物は断熱材の厚さや窓の構造などの基準を満たすことが求められ、基準に適合しなければ、建築物の工事着工や使用開始ができ無くなります。既存住宅については増改築をする部分について適合義務化が課せられます。また2030年には義務化の基準がより性能の高い基準レベルへ引上げられる予定で、建築物分野での省エネ対策が加速しています。

　地域別の基準に加えて、同じ地域でも一戸建て住宅と集合住宅で

は改修の方法が異なります。家族構成の変化や住宅の老朽化の程度によって改修方法はさまざまです。

　また、人口密度の高い都市部と自然豊かな地方での家の改修は異なり、それぞれに適した住まいづくりが本質的に環境に配慮した住宅となります。それぞれの与件（与えられた課題）・事情によって最適解を見つけ出し、改修方法を組み立てていくことが望まれます。

　一戸建て住宅の断熱工事の基本は、地域別の断熱性能を満たした断熱材で居住空間を包み込むことです。それには、外気に接している天井（または屋根）、壁、床に適切な厚みの断熱層を隙間なく設け、開口部には断熱性能の良いサッシを用います（図2）。

6と7地域の断熱のポイント（図2）

断熱材＝○部

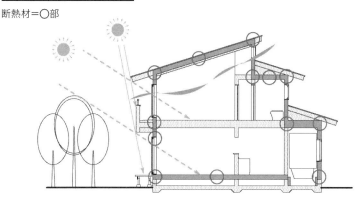

令和元年度 省エネ住宅・建築物の整備に向けた体制整備事業における、公益社団法人 日本建築士会連合会作成のリーフレット「木造 住宅の断熱施工の大切なポイント−建築士、施工者のために −6、7地域版」の転載。
図案指示：篠節子、作図：片岡靖子

　新築の場合は、建て方[*1] の順番の中でサッシを取り付け、断熱材を床・壁・天井に入れていくことができますが、既存の住宅の場合は、壁や床を剥がさないと断熱材が入れられないということもあって、全面的な断熱改修は浸透していません。

　耐震改修では耐震壁の追加が一般的です。その場合には壁を剥が

---

*1　一般的には木造住宅の建て方は建つ敷地の地盤の耐力によってコンクリートの基礎を作り、土台、柱、梁等の木構造を組み建てます。（この段階ができると上棟です。）その次に屋根を仕上げ、壁と開口部を取り付けます。外部ができた後に内装の床・壁・天井を作っていきます。

します。耐震改修と断熱改修を併せて工事することで一度に両者の性能を向上できるということは、改修工事の大切なポイントになります。

一方、集合住宅では、最上階での天井断熱、最下階での床断熱、住戸の外壁に面した部分の断熱の強化と開口部の性能を上げると断熱性能が向上します。

断熱は家全体をすっぽり包みことが原則ですが、窓部分の改修だけでも室内環境は相当によくなります。

住宅における断熱性能の弱点部分、熱が逃げていくことを明らかに実感するのは窓です。というのは、窓枠と窓ガラスの断熱性能が床・壁・天井の断熱材に比べて格段に劣るため、窓部分が弱点になるからです（図3）。

ガラスの断熱性能（図3）

下図はガラスの種類による断熱性能を比較したものです。

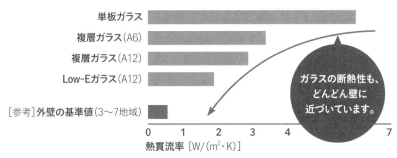

出典：『住宅省エネルギー技術講習基本テキスト』より

ある程度断熱されている隙間の少ない住宅で、窓が一枚ガラスのアルミサッシの場合は、既存の窓の室内側にインナーサッシを入れることで性能の良い窓になり、快適性が向上します。窓とガラスは、メーカーの開発と努力で性能の良い窓、改修に適した窓などが市場に出回り、値段も手頃になってきました。詳しいことはこのCHAPTERの2を見てください。技術がどんどん進歩してきたことが理解できます。

　室内環境は室温だけでなく湿度と風速にも影響されます。そのうえで、人間が室内で寒さや暑さを感じるのは体感温度です。体感温度は、室内の床・壁・天井・窓の表面温度と室温の和の1/2といわれています。住宅を断熱改修すると冬季に壁・天井の表面温度が下がらないため、同じ室温でも体感温度が高くなります。たとえば温度計が25℃を示していても、断熱性能の悪い住宅で壁・床・天井・開口部の表面温度が10℃の場合、（25+10）÷2=17.5となり、暖房を25℃に設定しても17.5℃と寒く感じます。反対に断熱性能を上げると室内の表面温度は高くなります。表面温度が22℃で室温が18℃の場合、体感温度は20℃になり、寒いという感覚はなくなって暖房費も削減できます。このことから、断熱性能を上げる必要を理解していただけると思います。

　夏は断熱することで屋外の熱の進入を防ぎますが、室内の発熱体（冷蔵庫や調理器など）が多いと、熱が外に逃げないため暑く感じます。風を通すことで室内の発熱を発散するような工夫が必要です。

　すでに住宅をお持ちの方がより良い暮らしを求めた場合に、改修するか・解体して新築するかは、老朽化の程度と、その先どのくらい現在の住宅に住み続けるか、家族構成の変化に対応できるかなど、いろいろなファクターで検討します。そして、これからの社会の傾向としては、以前のようにスクラップ＆ビルドではなく、住宅の寿命を延ばして暮らしていくことが望まれます。これまでの筆者の経験とストック改修[*2]の知見から、費用の面では、既存住宅をお持ちの人がより良い暮らしを求めた内容の工事費が、解体して新築する場合の50%以下であればメリットがあると思われます。

　断熱改修するために、予算からの検討と内容に見合うコストをかけることで、前述のように長く気持ちよく暮らせる住まいになると同時に、電気やガスなどの使用費用の削減で経済的な生活ができます。

---

*2　既存の住宅に手を入れることで痛んでいるところを直して質を高め長持ちさせ、住む人の生活の変化に合わせて暮らしやすくするために改修することです。資産価値を高めることにもなります。新築住宅は年々減少して年間約70万戸建てられていますが、既存住宅のストックは約5,200万戸あり、これらを省エネ改修することは日本においての脱炭素社会の喫緊の課題です。

工事が必要なリノベーション

2

執筆
石井喜大

窓からだけでも見えてくる
リノベーションの価値

窓の起源

今皆さまが住んでいる家には、どのような窓が、どのような目的・役割で付いているでしょうか。窓は、住み手にとって欠かせない存在であるものの、それほどの注目も浴びず、当たり前のようにそこに付いているのではないかと思います。ここでは、身近ながら知らずに過ごしていることも多いこの窓を、その歴史から紐解き、存在する意味について考えていきたいと思います。

窓はいつ頃、どのように生まれたのか？

日本の住宅における窓の原型にあたるものは、縄文時代に造られていた竪穴式住居にあります。竪穴式住居では家の中で火をおこしたの

で、建物上部に、煙を出すための穴を開けていたのです。生活上必要なものとして登場したこの「窓」は、その後「採光にも役立つのでは」ということで、「窓」として発展していきました。

　4〜5世紀くらいになると中国との行き来が活発になり、その後遣唐使などを通じて仏教や建築などの中国文化から多大な影響を受けました。

　そして6世紀ごろに日本に登場したのが固定窓である「連子窓（れんじ）」でした（図1）。連子窓が見られる最も代表的な建築には、法隆寺の回廊があります。連子は、外敵の侵入を防ぎながら採光と通風を確保できるだけでなく、室内に居ながら外を見ることができるものとして重宝されたのです。

連子のイメージ図（図1）

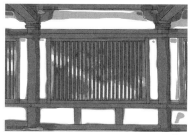

YKK AP作成

欧米と日本の窓の違い

　そもそも「窓」という言葉は、柱と柱の間の戸を「間戸（まど）」と呼んだことからきているといわれています。日本の建築は太い木の柱で支えられているため、柱と柱の間の空間はいかようにもとることが可能です。昔から日本人の信仰のおおもとは自然にありました。ですから日本人は、採光や通風といった機能に加え、自然に愛着を感じ、住まいの内側からその対象である外側の景色を眺めるという考え方をもっていました。

　一方で、欧米の窓（window）は、「風（wind）の穴（ow）」が語源とされています。欧米の建物の構造体は石ですから、窓は壁に開けた穴です。つまり構造体の一部ですからサイズはなるべく小さくする必要がありました。また、自然を取り入れるのではなく、自然と室内を壁で遮断するという、日本人とはまったく異なる考え方が表れている

ものでもあります。日本の窓と比較すると、採光と通風という目的は一緒ですが、その造りに関してはまったく異なっているというわけです。

窓の進化

欧米化された日本の窓

　江戸時代の末期には「窓ガラス」が登場します。当時長崎の出島はオランダ人などの居留地となっており、かの有名なグラバーもスコットランド出身の商人として、居留地に住んでいました。この居留地の中に建てられた住宅は異人館（図2）と呼ばれ、その窓に使われたのが「窓ガラス」でした。当時の日本には「窓ガラス」を製造する技術そのものもなかったので、ヨーロッパから輸入し、木製のサッシ部分は大工が作っていたようです。異人館によって紹介された洋風の建築様式は、その後の日本の建築に大きな影響を与えました。

　大正時代に入って文化改革がさまざまな分野で活発に行われるようになると、それまでの平屋の長屋に対し、2階建ての住宅が登場してきます。現在の住宅に近いものができたのがこの頃であったと考えられます。欧米文化の吸収によって、日本の住宅の窓は以前に比べて小さくなり、昔ながらの「自然を取り入れる」という考え方は薄らいでいくことになりました。

異人館のイメージ （図2）

YKK AP作成

木製窓からアルミ窓へ

　このようにして徐々に現代の住宅に近づいてきた日本の建築ですが、その後の太平洋戦争によって住宅はことごとく破壊され、燃えてしまいました。戦後は、家をなくしてしまった人たちに住宅を供給しなければならないということで住宅金融公庫が発足し、公団アパートなどが大量に供給されるようになりました。

　当時の窓は主に木製サッシが使われていましたが、1950年代に国産のアルミサッシが初めて登場すると、1960年代にはアルミサッシメーカーによって大量製造できるようになり、加工しやすく大量に供給できるアルミサッシが、木製サッシに代わって日本の住宅の窓のスタンダードになっていったのです。1970年代にはアルミサッシの普及率がほぼ100%に達し、それから現在に至るまで、日本の窓はアルミ製という時代が続いてきました。

求められる高性能窓

　このようにして普及していったアルミサッシですが、当時は意識されなかった大きな問題が潜んでいました。断熱性能の低さです。

　1990年代に入って住宅の断熱性能が意識されるようになると、窓の断熱性能の向上が求められ、「アルミ樹脂複合サッシ」などが誕生しました。その少し前には、北海道で冬の厳しい寒さに対応するため、より高い断熱性能をもつ「樹脂窓」が使われ始めました。これは窓枠がすべて樹脂でできている窓で、その高い断熱性能が2000年代に入って注目され、日本全国に広まりつつあります。

　ガラスもかつては1枚ガラスが当たり前でしたが、今は空気層を2枚のガラスで挟んだ「複層ガラス」、ガラス面に放射伝熱を抑えて遠赤外線を反射する金属膜を形成した「Low-Eガラス」、ガラスを3枚使

って中空層にアルゴンガスやクリプトンガスなどの特殊なガスを注入した「トリプルガラス」などの高性能ガラスが相次いで登場しています（図3）。それらはすべて、より高い断熱性能を確保するためのものです。

　このように日本の窓も大きな変化を遂げ、かつては考えられなかったほどの高性能な窓が登場するようになりました。なぜそれほどまでに「高性能な窓」が求められるようになったのか――その背景をこれからみていきましょう。

窓枠・ガラスの種類と変化 (図3)

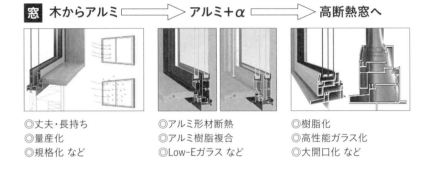

窓	木からアルミ ⟹	アルミ＋α ⟹	高断熱窓へ

◎丈夫・長持ち
◎量産化
◎規格化 など

◎アルミ形材断熱
◎アルミ樹脂複合
◎Low-Eガラス など

◎樹脂化
◎高性能ガラス化
◎大開口化 など

窓の役割

高まる省エネ・断熱ニーズ

　なぜ今、「高性能な窓」が求められるようになっているのでしょうか。その理由は、住宅の断熱・省エネニーズが高まっているからなのです。その背景には二つの大きな要因があります。ひとつは省エネ意識の高まり、もうひとつは生活者の健康配慮です。それぞれの要因について

みていきたいと思います。

　まずひとつ目の要因ですが、皆さまもご存知のように、現在、世界
共通の課題としてCO_2の削減が求められています。日本国内において
は、エネルギーの安定供給と地球温暖化防止の両面対策のため、省
エネルギー化は最重要課題のひとつとして位置づけられています。日
本のエネルギー自給率はわずか約12％で、OECD（経済協力開発機
構）加盟35か国中、2番目に低い水準であるために[*1]、省エネルギ
ー対策は諸外国に比べても非常に重要です。しかし、住宅で使われる
最終エネルギー消費量[*2]は石油危機以降約2倍近くにまで増加して
いて、大きな問題となっています。

　そのような中で、2011年の東日本大震災による福島原子力発電所
の事故が起こりました。それ以降、原子力発電から火力発電へ電力源
が移ったことや、2015年から原子力発電所の再稼働が段階的に進み
発電用の石油消費量が減ったこと、そして自動車を中心としたエネル
ギー効率の向上がさらに進んだことで増減を繰り返しながらも、原油
の輸入代金は2019年度で約8兆円かかっています。これは1日あたり
200億円以上という、とてつもない金額です。当然ですが、負担は私
たちが背負います。そして、近年の円安や戦争に伴う燃料代高騰によ
る光熱費の負担は大きくなりました。よりいっそう省エネを意識するよ
うになったのは、自明の理です。

　こうした背景から、政府も「エネルギー基本計画」の内容を強化し
ています。家庭部門におけるエネルギー需給構造を抜本的に改善しよ
うとしているのです。ここでの大きなポイントとしては、住宅の省エネ
化を進めていくためには、「効率的な設備システムの導入」はもちろん
のこと、併せて「建物の断熱性能を大幅に向上させること」が前提条
件になっていることが挙げられます。エネルギーを使う前提の住宅を
省エネ化するのではなく、エネルギーをなるべく使わないように配慮

＊1　出典：IEA『World Energy Balances 2020』の2019年推計値、日本のみ資源エネルギー庁『総合エネ
　　ルギー統計』の2019年度確報値。
＊2　住宅で消費されるエネルギーの総量（電力会社の発電所、石油精製工場、ガス製造所などエネルギー転
　　換部門でのエネルギー消費は含まれない）。

した住宅において、さらに小さいエネルギーで過ごせるようにすることが求められるようになったのです。

　少し話は変わりますが、住宅における断熱基準の指標として、1999年に示された「次世代省エネルギー基準（等級4）」があります。現在は努力義務で諸外国に比べても低い基準ですが、国を挙げて住宅高性能化への取り組みが急速に進みつつあり2025年に適合義務化が決定しています。2022年には誘導基準として等級5・6・7という上位等級が施行され、2030年には等級5の適合義務化が予定されています。さらに、一部の自治体では独自の基準で国の動きよりも高いレベルでリードしている状況もあり、新築住宅における省エネ化はここ数年で大きな変化を見せています。

　しかしながら、既築住宅に目を向けると現在の等級4という世界的にみても低いレベルの性能に達している建物でさえ、日本の住宅ストック[*3] 約5,200万戸のうちわずか13%程度しかなく、それ以外の多くはさらに低性能な状況です（図4）。窓においても、複層ガラスや二重窓になっている窓はたったの30%程度です（図5）。最近でこそ、新築分

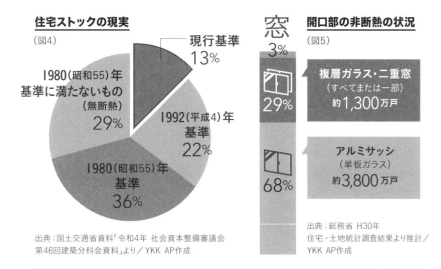

住宅ストックの現実
（図4）

現行基準
13%

1980（昭和55）年
基準に満たないもの
（無断熱）
29%

1992（平成4）年
基準
22%

1980（昭和55）年
基準
36%

出典：国土交通省資料「令和4年 社会資本整備審議会
第46回建築分科会資料」より／YKK AP作成

窓

開口部の非断熱の状況
（図5）

3%

29%

複層ガラス・二重窓
（すべてまたは一部）
約1,300万戸

68%

アルミサッシ
（単板ガラス）
約3,800万戸

出典：総務省 H30年
住宅・土地統計調査結果より推計／
YKK AP作成

＊3　建築済みの既存住宅。

野においては徐々に断熱性能の高い住宅が供給されるようになってきましたが、家庭部門の省エネ化を進めようとしたときに問題なのは、約5,200万戸あるといわれる住宅ストックです。これらの住宅ストックは低い性能で建築され続けてきてしまったので、生活者が寒さや暑さから身を守るためにはエアコンやストーブなどの冷暖房器具に頼るほかなく、結果としてエネルギーを大量に消費し、光熱費も高くなるという悪循環が生まれてしまっています。日本中の住宅で省エネ・断熱意識が高まるのも、当然といえる状況なのです。

健康へのニーズの高まり

さて、話を戻します。もうひとつの大きな要因は、断熱性能は生活者の健康にも影響を与えるという点が明らかになったことです。昨今、寒い家では急激な血圧変化が起こり、心疾患リスクが高まるといわれています。冬場にヒートショックが問題になりますが、まさに住宅の中

冬場の住宅の大問題（図6）

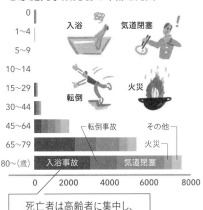

◎循環器疾患での月別死亡者数

冬に大きく増加

冬に大きく増加

住宅内での死亡者数（人／10万人）

1 2 3 4 5 6 7 8 9 10 11 12 月

◎家庭内事故死者の年齢と死因

入浴　気道閉塞

転倒　火災

0　1～4　5～9　10～14　15～29　30～44　45～64　65～79　80～（歳）

転倒事故　その他

入浴事故　気道閉塞　火災

0　2000　4000　6000　8000

死亡者は高齢者に集中し、入浴事故が死因第1位

出典：人口動態統計／厚生労働省、
Health statistics and health information systems「Mortality Database」/WHO ※出生10万対の死亡率である

における寒さが、そのような疾患の要因のひとつであると指摘されています（図6）。

　また、ここ数年では夏場の室内での熱中症リスクも取り上げられるようになり、特に高齢者は温度に対する感覚が弱くなるため、室内でも熱中症にかかりやすいといわれ、死亡事故も発生しています。

　「冬場に寒くなるのは、当たり前じゃないか」と考える方も多いと思いますが、世界的に見ればこれは当たり前ではありません。ドイツや英国では、「温度は基本的人権である」というくらいに温度に対する高い意識があり、WHO（世界保健機関）は「住まいと健康に関するガイドライン」で、寒さによる健康影響から居住者を守るための室内温度として18℃以上を強く勧告しています。また、寒い季節がある地域の住宅では新築時や改修時の断熱材設置を条件付きで勧告しているほどです。省エネも重要ですが、住み手の健康を守る意味でも、断熱して暖かい家・涼しい家にすることは非常に重要なのです。

　以上のような背景から、省エネ・断熱に対する意識の高まりはよりいっそう強くなりました。断熱性の低い住宅は、エネルギーを大量に消費することから、経済的な面で生活者の大きな負担になっているだけでなく、実は健康面にも悪い影響を与えているのです。リフォームや新築を供給する業者にとって、建物の断熱性能を高めることは、企業の社会的な責任にもつながるようになったといえるでしょう。

　では、このような問題を解決し、暖かい家に生まれ変わらせるためには、何をどうすればよいのでしょうか。実は、住宅の断熱を考えるときに最も重要になるのが「窓の断熱化」なのです。ここからは、断熱化の鍵を握っている窓の重要性についてみていきたいと思います。

窓は壁に開いた穴

　建物の断熱性能を考えたときに、最も重要な部位がなぜ「窓」な

のかというと、壁や天井、床などと比較して窓は小さい面積であるにもかかわらず、一番熱が逃げていくところだからです。図7を見ていただくと分かるとおり、夏場も冬場も、半分以上は窓から熱が出入りしています。冬の寒さの一番の原因は実は窓であるという事実は、あまり知られていないのではないでしょうか。

住宅の熱の流入出比率（図7）

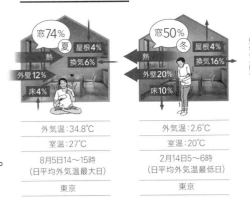

外気温：34.8℃	外気温：2.6℃
室温：27℃	室温：20℃
8月5日14〜15時 （日平均外気温最大日）	2月14日5〜6時 （日平均外気温最低日）
東京	東京

　図8は、窓を一般的によく使われている断熱材の厚みにたとえたものです。大半の住宅ストックに使われているアルミ製（単板ガラス）の窓は、断熱材のなんと0.2mm分相当です。住宅ストックに使われているアルミ製窓枠と単板ガラスの窓には、ほとんど断熱性能はないといっても過言ではありません。まさに、窓は住宅の壁に開いた穴なのです。

窓を断熱材の厚みに例えた比較（窓と壁の断熱性能比較）（図8）

窓を壁の断熱材の厚みに置き換えて試算／YKK AP制作

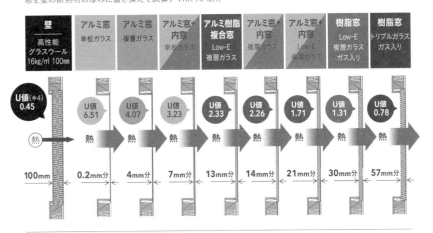

壁 高性能 グラスウール 16kg/㎡ 100mm	アルミ窓 単板ガラス	アルミ窓 複層ガラス	アルミ窓＋ 内窓 単板ガラス	アルミ樹脂 複合窓 Low-E 複層ガラス	アルミ窓＋ 内窓 複層ガラス	アルミ窓＋ 内窓 Low-E 複層ガラス	樹脂窓 Low-E 複層ガラス ガス入り	樹脂窓 トリプルガラス ガス入り
U値（*4） 0.45	U値 6.51	U値 4.07	U値 3.23	U値 2.33	U値 2.26	U値 1.71	U値 1.31	U値 0.78
100mm	0.2mm分	4mm分	7mm分	13mm分	14mm分	21mm分	30mm分	57mm分

*4　内外空気の温度差が1℃あるとき、1㎡当たり1時間につき、何Wの熱が移動するかを表す値で、単位はW/（㎡・K）で表される。数値が小さいほど断熱性能が高いことを示す。

樹脂窓のチカラ

　ほとんどの住宅に取り付けられている窓は、壁に開いた大きな穴であるという話をしましたが、前述したように、最近では高性能な窓も多く出現しています。「高断熱な窓」には大切なことが二つあります。ひとつは窓枠が断熱性の高い素材であること、もうひとつはガラスが複層化されていることです。アルミ製の窓に比べて断熱性能が優れている樹脂製の窓は、日本においても注目を集めつつあり、北海道や北東北だけではなく比較的温暖な地域でも使用されるケースが増えてきました。

　それでは樹脂製の窓はどのくらい断熱性能が高いのでしょうか。熱の伝わる程度を表す熱伝導率で、それぞれの素材を比較した資料が図9になります。アルミと樹脂の熱伝導率を比較してみると、二つの素材の間では約1,400倍も差があることが分かります。たとえば、アルミ製の鍋でお湯を沸かしているところを想像してみてください。もし蓋や持ち手に樹脂のコーティングがなければ、蓋を開けることはできません。できたとしても手に大やけどをしてしまいます。このような身近なものを例に考えてみても、熱の出入りを制御するために樹脂が活躍し

樹脂の高い断熱性能 (図9)

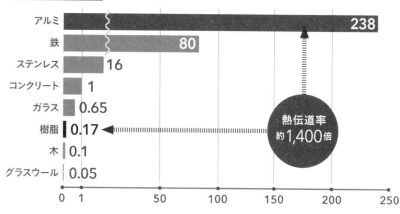

ていることが分かると思います。同じように住宅で考えてみても、熱の出入りが一番大きい窓に断熱性能の高い素材を使うことで、熱の移動を抑える高い効果が得られるのです。

　また、冬の窓辺というと「結露」が大敵です。結露は一定の条件下で発生しますが、ものすごく単純にいってしまうと、温まっている部屋の中で一番温度が低くなるところから発生します。なので、特に冷えやすいアルミ製の窓には結露が発生しやすいのです。図10のように、アルミ製のコップと樹脂製のコップを比較すると、樹脂製のコップには結露がほとんど発生していないことが分かります。それと同様に、普通のグラスと、最近カフェなどでもよく見かける二重グラスを比較してみても、その差は歴然です。結露は、ダニやカビの発生の原因にもなるといわれていますので、なるべく家の中の表面温度を低下しないようにする工夫が必要です。

　このように、熱の出入りを抑えて省エネ効果を高めるだけでなく、家を暖かく保ち、結露の発生を抑えて、健康で快適な住環境を創ることに貢献できることこそ、「樹脂窓のチカラ」なのです。

樹脂の高い断熱性能Ⅱ （図10）

提供：YKK AP

◎フレームの「樹脂化」とガラスの「二重化」

樹脂化	+	二重化

樹脂の熱伝導率はアルミの1,400分の1　冷たい！／冷たくない！　アルミのコップ／樹脂のコップ

複層ガラスの断熱効果は単板ガラスの約2倍　冷たい！／冷たくない！　普通のグラス／二重グラス

実は簡単な窓のリフォーム

　ここまでは、窓の起源から振り返り、窓にどのようなことが求められ、進化してきたのかをみてきました。時代のニーズに合わせて求められた役割を果たしてきた窓ですが、現在はまさに過渡期といえると思います。新築中心の社会から、ストック重視の社会へと転換が進んでいくからです。

　現在日本では、大量に供給されてきた住宅の数が世帯数を上回る時代になっています。今後は新築を大量に供給するのではなく、この社会資源でもある住宅ストックをしっかりと活用していくことが重要になってきます。そのときに大切なことは、住宅ストックを安心・安全、そして健康で快適な状態で住めるようにすることです。窓も時代の要請に応じて進化を遂げてきましたから、これからはさまざまな住宅のリフォームにも対応でき、新築同様に高い性能を確保できる窓が必要とされるようになります。ここからは、住宅ストックの窓をリフォームするための方法を、最新情報を踏まえて記述していきたいと思います。

窓のリフォームとは？

　代表的な窓のリフォームとしては、三つの方法があります（図11）。

　ひとつ目は、壁を壊して現在取り付けられている窓を外し、新築と同じ新しい窓を取り付け直す方法です。この方法のメリットは、まるで新築のように新しい窓に交換できることです。ライフスタイルに変化があって大きく間取りを変更したいときや、中古住宅を購入して住むために大きなリノベーションをしたいときなどに向いています。できることなら、このようにしてまったく新しい窓に交換してしまうことが最善の方

法です。ただし、この方法にはデメリットもあります。「壁を壊す⇒窓を交換する⇒壁をまた作り直す」という大工事になってしまうので、サッシ業者さん以外にも左官屋さんや大工さんなどに工事を頼む必要が出てきますし、その分、工事時間も長くかかります。このような点には注意が必要だといえるでしょう。

　二つ目は、現在取り付けられている窓（既設の窓）の内側に、もうひとつ窓を設置する「内窓の設置」という方法です。2010年の住宅エコポイント制度が始まったときに一躍有名になりました。内窓の設置には、多くの効果が期待できます。既設の窓と新たに設置した窓の間に空気層ができるため、断熱性能の向上や結露抑制に効果を発揮します。また、部屋内部の窓額縁に簡単に取り付けることができるので、一窓あたり60分ほどで簡単に工事できる点も大きなメリットです。ただし、既設の窓の性能は改善できないという点には注意が必要です。もしも開閉ができないなど、既設の窓に何かしらの問題があるときには、内窓の設置は適さないケースがありますし、既設の窓の結露を完全に抑制することはできません。

　三つ目は、壁に取り付けられている窓の枠だけを残し、カバー工法という技術を使って新しい窓に交換する方法です。これは、壁を壊さ

三つの窓リフォーム （図11）

提供：YKK AP

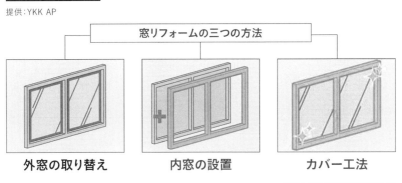

窓リフォームの三つの方法

外窓の取り替え　　　内窓の設置　　　カバー工法

ずに既設の窓の交換ができる画期的な方法です。壁を壊して新たな窓に入れ替える方法に比べて、工期も短く、サッシ業者さんだけに依頼すれば事が足ります。今までは、窓の交換というと壁も壊すような大工事になるのであきらめているケースが多くありましたが、この手法を使えば、大工事にならずに既設の窓の交換が可能になります。最新の断熱性能の高い窓に交換することも可能ですので、住まいの快適性の向上にも役立ちます。ただし、既設の窓の枠はそのまま残すので、新しい窓はひと回り小さいサイズになることには注意が必要です。

　以上、三つの窓リフォームの方法についてご紹介してきました。窓そのものも進化してきましたが、窓交換の方法も大きな進化を遂げてきたのです。「窓の交換は難しいし、ハードルが高い」という時代は、もうすでに過去の話となりました。

窓の効果を体感する

　窓のリフォーム方法についてみてきましたが、本当に窓を交換するだけで効果があるのだろうかと、疑問を抱いている方も多いのではないかと思います。簡単に交換できるだけで効果が実感できないのでは意味がありません。そこで、図12を見てください。前述した通り、日本の住宅のほとんどは低断熱住宅なので、住み手の皆さまは、部屋を暖めるためにエアコンなどの熱源を頼りにしてきたのではないかと思います。しかしながら図12のように、人間の体感温度は、部屋の温度と床・壁・天井・窓の表面温度の影響を受けます。左右で見比べていただくと分かるとおり、エアコンを同じ温度設定にして作動させたとしても、壁や窓の表面温度が低ければ、体感温度は下がってしまうのです。エアコンは熱源として非常に重要なのですが、同様に壁を冷やさないようにするための断熱リフォームも重要です。周囲6面（床・壁4面・天井）の表面温度を温かく保つことができれば体感温度にもよい影響を

窓の表面温度と体感温度 (図12)

提供：YKK AP

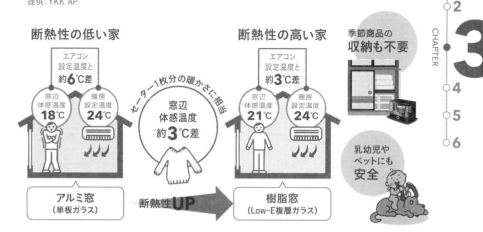

算出条件■住宅モデル「住宅事業建築主の判断の基準におけるエネルギー消費量計算方法の解説」の計算モデル（LD）■使用ソフト：AE-Sim/Heat（建築の温度環境シミュレーションプログラム）／株式会社 建築環境ソリューションズ■住宅断熱仕様：次世代省エネルギー基準合格レベル■外気温：0℃

　与えますし、当然エアコンの効果も上がるので、省エネにもつながります。一般的に6面の中で一番温度が低くなる傾向にあるのは壁に付く窓です。ですから、窓を交換するだけでも、よい環境を実現するための大きな力になるのです。

　北欧や北米、あるいは北海道などの寒い地域での生活が長い方は、暖かい住宅の素晴らしさを実感しているのでよく理解できると思いますが、日本の温暖エリアでは断熱性能の高い住宅そのものが普及していなかったので、なかなか体感することが困難であるのも課題です。そもそも家の中は、北海道のように寒い地域のほうが暖かく、九州のような暖かい地域のほうが寒いという逆転現象があることも、皆さまに知っていただきたい事実です。そこでYKK　AP株式会社では、皆さまに暖かい住宅の素晴らしさを知っていただくため、各エリアのショールームに断熱性能の違いを体感できる「体感ルーム」や比較実験機

を設置しています(図13)。窓や断熱性能の違いがどのように住み手の皆さまによい影響を与えるのかを、分かりやすくお伝えできる場となっています。新築あるいはリノベーションやリフォームをご検討の皆さまには、ぜひご体感いただきたいと思います。ご利用についての詳しい情報は各施設へお問い合わせください。

YKK AP各エリアのショールーム (図13)

※ 斜体のショールームはYKK AP社員を通じての事前予約が必要な建築関係者様向け施設

P-STAGE 北海道
ショールーム札幌(TDY)

ショールーム静岡(TY)
P-STAGE 仙台
ショールーム新潟(TY)

ショールーム金沢(TDY)
ショールーム大阪(TDY)
P-STAGE 大阪
ショールーム岡山(TY)
ショールーム広島(TDY)
ショールーム福岡(TDY)
P-STAGE 八代
P-STAGE 那覇 ●

ショールーム新宿(TDY)
AZ5東京(ビル用)
体感ショールーム
ショールーム横浜(TY)
ショールーム名古屋(TDY)
ショールーム高松(TDY)
ショールーム熊本(TY)

窓から考えるエコリノベーションの未来

住まいの価値は「窓・開口部」で変えられる

リノベーションとはつまり住まいの価値を変えることです。「住まいの価値」とは、すでにCHAPTER1（10ページから）でみたように、人が健康的に、そして安心で安全に過ごせることにあります。これは、

人間の重要な権利というべきです。しかし、残念ながら住宅ストックに一番欠けているのが、安心や安全を守るための耐震性能や健康に過ごすための断熱性能といった「基本的な性能」です。変えるべきところは変え、よいところは継承していくリノベーションにおいて、「変えるべきところ」はこれらの「基本的な性能」であるといえるのではないでしょうか。

そして、繰り返しになりますが、性能を高めるために窓が果たす役割はきわめて重要です。窓が住宅の性能を左右するといっても過言ではありません。もしかしたら、住まいの価値は「窓・開口部」で変えられるのかもしれません。

エコリノベーションで実現する豊かな未来

現在も、持続可能な社会を実現するためにさまざまな分野で省エネの取り組みが進められています。そのような中において、まだまだ住宅分野の取り組みは遅れているといわざるを得ません。これから人口減少時代に入り、かつ少子高齢化が進んでいく中では、今までとは違う社会の在り方が求められるのは間違いありません。欧州では、性能がしっかりと確保された住宅を、何世代にも引き継いで長く使っていく文化が根づいています。そうすれば、住宅を取得する世代は内部の簡単なリフォームをするだけで住めるので、住宅に投資する額を抑えられ、もっと生産性の高い消費ができるようになります。リノベーションやリフォームのための支出は単なる支出ではなく、意味のある投資、報われる投資なのです。これからの日本には、このような考えが必要なのではないかと思っています。「性能が確保された資産価値のある住宅」を、しっかりと子どもたちに残してあげたいと切に願います。そして、豊かな未来を実現するために、今こそエコリノベーションが必要なのではないかと思うのです。

リノベーションのヒント
内外各地のエコハウスを巡って

窓中心のリノベ

　さてここからは、実際に性能向上リフォーム・リノベーションを実施した住宅についての事例をご紹介します。YKK AP株式会社は、各地の工務店やリノベーション事業者と共同で、「戸建性能向上リノベーション実証プロジェクト」を進めてきました。この取り組みは、リノベーションという手法を使って住宅の性能を劇的に向上させ、工事中を含めた一連のプロセス、技術や工夫、魅力を分かりやすくお伝えし、その性能向上の効果等を検証するというプロジェクトです。まさに性能向上リノベーションを体感できる期間限定の実物ショールームです。2017年から始めたこの取り組みは、図14のように、全国24か所で実施されています（2023年9月時点）。

戸建性能向上リノベーション実証プロジェクト (図14)

（2023年9月時点）

116　**CHAPTER 3　工事が必要なリノベーション**

　ここでは、神奈川県鎌倉市で株式会社プレイス・コーポレーションと共同リノベーションした「鎌倉の家」と、福島県伊達市で有限会社大石ガラス店をはじめとする皆さまと共同でリノベーションした「ふくしま 霊山（りょうぜん）の家」についてご紹介します。

鎌倉の家

　鎌倉の家は神奈川県鎌倉市に建つ築46年（2021年時点）の一戸建て住宅に、当時のコロナ禍で求められる暮らしへのニーズを取り込み、フルスケルトンのリノベーションを実施しました。外観は由緒ある街並みと景観になじむように一新し、内部においては建物の構造を活かしながら、間取りプランの変更と、断熱改修・耐震補強などを行って住宅性能の向上を図ることにより、地域に根ざした暮らしに最適なプランニングとして再生しました。文化的価値が高く、海や山に囲まれた自然環境豊かな鎌倉の地において、「街並みに調和する意匠と暮らしを再構築」するリノベーションが実現しました。

　断熱性能に関しては、窓は高性能樹脂窓「APW 330[*5]」に入れ替えを行い、断熱材なども一新することで、住宅の断熱性能が改修前の約7倍に向上（UA値：改修前 2.90W/（㎡・K）⇒ 改修後 0.39W/（㎡・K））しました（図16）。冬の室内での体感温度がおおむね13℃を下回らないHEAT20 G2[*6]相当の健康で快適な居住空間により、冬場のヒートショックリスクを軽減し、年間冷暖房費も約4割の削減が可能な高い省エネ性能を有しています（図17）。

　断熱・省エネ性能だけでなく、耐震性能においても等級3相当（震度6強の地震がきても倒壊しないレベル）まで改修しています。中古住宅としてのネガティブな要素はすべて払拭しています。さらに、本物件は「長期優良住宅化リフォーム推進事業」において、鎌倉市から長期優良住宅認定を受けています。

＊5　樹脂フレームとLow-E複層ガラスの組み合わせによりハイレベルの断熱性を実現した高性能樹脂窓。熱の出入りを抑え、夏も冬もいつも快適に住宅環境を保つことができる。
＊6　住宅性能の評価基準のひとつで、G2は冬期間の最低体感温度が「1地域と2地域で、概ね15℃を下回らない性能」「3地域〜7地域で概ね13℃を下回らない性能」を有する。

この住宅は、買い取り再販^(＊7)の住宅として販売されていました。実際に購入されたお客さまの話として、「住宅購入の際に断熱性能などは検討条件の上位にあったわけではありません。とはいえ、実際に生活してみて、これまで経験したことがない快適性に大きな衝撃を受けました。また、同時に建物の隙間が少ないためか室内が静かで、小さい子どもがいたり、在宅勤務をしたりするのに非常に良い環境となっています。今後、かりに住み替えるとしても断熱性能は断トツに優先順位一番です」と、大変満足してお住まいいただけているようです。

鎌倉の家の間取り・外観写真・内部写真 （図15）

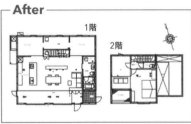

左上：施工前の外観。
左下：施工中（樹脂窓と開口部耐震商品）。
右：施工後。

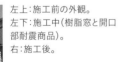

スケルトン状態の写真。

改修前。　　改修後。

1階和室とリビングの間取りをつなげてオープンリビングとし、開放感と広さを確保。

＊7　中古物件を買い取り、間取りの変更や設備の充実化、省エネ化・バリアフリー化、耐震補強工事などといった改修工事をし、新たに購入を考えている人に斡旋する業務形態。

Uᴀ値と予想平均室温 （図16）

Uᴀ値[W/(㎡·k)]　22℃設定の暖房を午前0時に切り、
翌朝5〜6時(外気温6.1℃)の室温

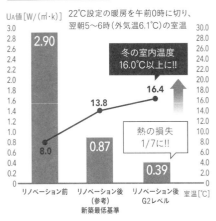

冬の室内温度
16.0℃以上に!!

16.4

13.8

2.90

熱の損失
1/7に!!

8.0

0.87

0.39

リノベーション前　リノベーション後　リノベーション後　室温[℃]
（参考）　　　　G2レベル
新築最低基準

必要一次エネルギー量 （図17）

13,000 [kWh/年]

11,430

9,450

38%
削減

7,097

リノベーション前　リノベーション後　リノベーション後
（参考）　　　　G2レベル
新築最低基準

ふくしま 霊山の家

　ふくしま 霊山の家は、福島県伊達市の中でも早期に区画整理された大型分譲地（およそ100区画）に建つ築28年の住宅です。前述の鎌倉の家とは異なり、一戸建て住宅の内部の解体のみをベースとしたリノベーションを実施しています。外壁や窓、屋根など既存部分を多く残し（既存木材使用率約80%）、コストを抑えるとともに、先の住宅同様に「長期優良住宅化リフォーム推進事業」の認証を受けています。

ふくしま 霊山の家の外観・内部Before&After （図18）

Before　　　　**After**

施工前。

施工中。

竣工後。

外観デザインは周辺地域の景観も意識した、和モダンなデザインにリノベーションしています。

高い断熱性能を実現するために、壁を壊して新しく窓を設置する箇所には高性能トリプルガラス樹脂窓「APW 430[*8]」を採用。

内部解体状態の写真。

壁を壊さない箇所には、既設窓の枠の上からかぶせて取り付けるカバー工法の窓リフォーム商品「マドリモ 断熱窓 戸建用[*9]」の樹脂窓を、既設窓をそのまま活かす箇所では既設窓の内側にもう一つ窓を設置する「マドリモ 内窓 プラマードU[*10]」を採用しています。工事の内容や状況に応じて、断熱の弱点である窓の強化を実現しています。住宅の断熱性能は、改修前の約3倍に向上（U_A値：改修前 1.08W/（㎡・K）⇒ 改修後 0.34W/（㎡・K））しました。冬場の室内での体感温度がおおむね13℃を下回らないとされるHEAT20 G2相当をクリアすることで、冬場のヒートショックのリスクを軽減し、健康で快適な居住空間と高い省エネ性を実現しました。

この例のように築年数がわりと浅く、外壁の状態がよい上に多少でも断熱材があるような物件では、全面解体のフルスケルトンではなく既存の外壁を極力残すような内部解体のリノベーションも、新築の性能基準が高まることで、今後は良質な住宅ストックが増えるにつれて増加していくものと思います。また、「今あるものを活かす」ということは、SDGsの取り組みにも直結するものと考えます。

性能向上リノベーションを実施した事例を二つ紹介させていただきました。これらの住宅のように、古くなった建物でもしっかりと断熱改修を実施すれば、一般的な新築以上に安全で快適な住宅によみがえ

＊8　高性能トリプルガラスによる世界トップクラスの断熱性能と高いデザイン性の樹脂窓。エネルギー削減だけでなく、室内の温熱環境も向上し、快適な住環境が実現できる。

＊9　足場不要・壁工事不要のカバー工法で、古い窓を最新の断熱窓にスピード交換。断熱性の向上で、快適で健康、ローエネな生活が実現できる。窓のサイズや種類も変更可能。

らせることが可能です。また、性能向上リノベーションであれば、新築するよりも安価に同等以上の性能を確保できる点が多いことも、大きな魅力のひとつです。

　日本では長らく、スクラップ＆ビルドに偏った政策が進められてきました。そして、それとともに「家を購入するなら新築がいい」という新築志向も日本人の中に醸成されてきたように感じます。しかしこの「新築志向」は、戦後の高度成長期に形成されたものであり、それまでは良いものは継承しながら住み続けてきたという事実もあります。新築だけでなく、変えるべきところは変え、良いところは継承していくリノベーションという手法も、今後の住宅づくりのスタンダードになる大きな可能性を秘めています。

　そして、住宅を減価償却から考えるのではなく、性能向上リノベーションを施した物件の資産価値を欧米のように正しく適正に評価する流れや仕組みが確立できれば、良いものを永く住み継ぐ文化の醸成も十分に可能でしょう。

　ただし、このような住宅ストックの性能向上リノベーションは、技術的な要素をはじめとして多岐にわたる知識や経験などが必要であり、YKK AP株式会社としては先にご紹介した「戸建性能向上リノベーション実証プロジェクト」からのさらなる取り組みとして、「性能向上リノベの会(*11)」を2021年10月に発足させました。この取り組みでは、一戸建てリノベーションにおける知識獲得や情報収集の場としてだけでなく、技術ツールなども提供し、少しでも事業者の皆さまのお役に立てればと考えております。また同時に、一般のエンドユーザーの皆さまにも「性能向上リノベ」という手法の認知も高める取り組みを進めております。

　国内に圧倒的な数がある低性能な住宅が、本来あるべき「あたりまえの性能」を備えて、安心で安全で快適な住環境が「あたりまえ」になる日はそこまで遠くないでしょう。

＊10　既存の窓に内窓を取り付け、二重窓とすることで、窓の断熱性が向上し、住宅の温熱環境の課題を解消できる。同時に、室外からの騒音にも効果的な対策が可能。
＊11　URL：https://pireno.ykkap.co.jp/

CHAPTER 3

工事が必要なリノベーション

執筆
松永潤一郎

リノベーションにおける断熱施工

　当社は、住宅断熱を普及させたいという思いから、現会長の松永末男がセルロースファイバー[*1]断熱材の施工販売を中心に、断熱防音専門の工事会社として1984年に設立しました。設立当初は住宅断熱の理解が普及していなかったため、新築のビルやマンションの断熱防音工事を中心にしてきましたが、既存住宅の「寒い」「暑い」「音の問題」など、実際に困っている方への断熱や防音改修工事にも取り組み続けました。したがって、実は当社にとって住宅の断熱改修は最近のテーマではなく、当初から取り組んできた多くの実績を持つ得意な分野なのです。

　当社は「熱をデザインする」をテーマに、家そのものが健康でなければ住む人が健康でいることはできないという理念のもと、エコロジーで省エネ、快適な住環境の提供のため、断熱・気密・換気に関わるさまざまな建築材料の販売・施工や輸入を行っています。また、温熱環境を中心とした調査・研究・技術開発にも積極的に取り組み、全

---

*1　天然木質繊維である新聞古紙を綿状にほぐした断熱材。防音・調湿・省エネ性能に優れる

社員が自分たちの住みたい良質な住宅の普及を目指して日々取り組んでいます。

住宅ストック5,200万戸の断熱性能

　現在、日本には約5,200万戸の居住している住宅ストック（既存住宅）がありますが、2017（平成29）年度の調査時点で、現行の省エネ基準以上の断熱性能を持つ住宅は全体のたった13%しかありません。それ以下の基準の住宅の場合、断熱材がきちんと取り付けできていない場合が多く、そのほとんどは断熱効果が発揮できていないため、実質、断熱がないのとほぼ同じ状況といっても過言ではありません。（104ページ 図4参照）

　高い断熱効果とは、冷暖房費の削減といった省エネルギーだけではありません。住居内の温熱環境は私たちの健康と密接な関係があり、省エネルギー以上に住み手の健康維持にも大きく関係します。

　たとえば、近年の温暖化によって熱中症や冬季のヒートショック（住環境における急激な温度変化によって血圧が乱高下したり脈拍が変動する現象）による循環器疾患や不慮の溺死、および溺水が増加しています。高齢化に伴い、住宅の断熱性能不足による健康被害、疾病予防・介護予防上からも、高い断熱効果が得られるということはとても有効なのです。介護医療費の削減にもつながり社会的な意義も大変大きいといえます。

　また、災害が増えている昨今、避難所へ避難しなくても自宅待機（在宅避難）が可能な場合、ライフラインがストップし暖房がつけられなくても、高い断熱性能があれば室温を維持できるので、住宅がシェ

ルターという重要な役割を果たしてくれることになります。

住宅の断熱性能が及ぼす影響について

　住宅の断熱性能が低いと、我慢をするという日本人の傾向から「もったいない」と暖房使用を控えてしまうことがあります。就寝時に暖房を切ると翌朝の起床時には室温が低くなります。室温が低くなると次のようなリスクが増大します。

・呼吸器系疾患、血圧、心血管疾患のリスクが高くなる。

・ヒートショックや入浴中の事故のリスクが高くなる。

・家の中が寒くて不快感をおぼえる。

・夜の頻尿につながる。

　しかし、断熱性能が高い住宅になると上記のような問題が少なくなるだけでなく、次のような効果が得られて住み心地もとても快適になります。

・開放的な間取りで、エアコン1台で暖房冷房が可能。

・室間の温度差が少なくなり、ドアを閉めなくてもOKで、トイレや入浴が億劫でなくなる。

・朝、前日の夜に切った暖房の温度が残り、室温の低下が少ないので快適に起きられる。

・暖かい家に住むと血圧が下がる傾向がみられる。

・呼吸器系や皮膚疾患の症状が改善する。

・光熱費が下げられて、財布に優しい。

・小さなエネルギーで家全体が暖められる（涼しくできる）。

　以上のほかにさまざまな病気のリスクを減らすことも可能で、全体

の断熱改修がなされると、新築の住宅と同じ効果を十分得ることができます。

断熱改修 (性能向上リフォーム) について

　断熱改修が進まない理由はなんでしょうか。それは、「正しい提案ができる建築技術者が少ない」ことが理由のひとつとして挙げられると考えています。確かに、いわゆるお化粧直しや設備更新が中心の通常のリフォームと大きく異なり、断熱リノベ（断熱改修）では、思いつきやその場しのぎの対策ではなかなか取り組みにくいのが実際です。しかしながら、住み手は普段から暑さ寒さに、そして光熱費がもったいないと冷暖房を控えてしまい、冬はヒートショック、夏は熱中症のリスクにさらされています。簡便で取り組みやすいところから始めて、少しずつ改修していくということももちろん可能です。しっかりと計画をして段階的に改修を行えば、十分快適で安全な住生活が得られます。

　そのためには、工事を依頼する建築業者から、適切な提案を受けることがとても重要です。それには、皆さんがお持ちの住宅を今後どのようにしていきたいのか、ライフプランを整理することが重要です。あなたの住宅はあと何年保てばいいのか、住み継ぐのか、そもそも、建物の状態が良くない場合は改修すべきなのか、基礎や構造、劣化の具合によっては建て直したほうがいいのか ── といった判断が必要だと考えます。また費用面や建物の価値だけでなく、住み手の思いや思い入れもその判断基準になるのではないでしょうか。

　ポイントのひとつは、いかに「ついで」に行うかです。外装のやり替えのついで、屋根のやり替え、内装のやり替えや間取りの変更等の大

きな変更のついでであれば、耐震・断熱の改修を行うときに、必要な解体復旧作業や足場の問題などを兼ねることができ、費用分配が効率的になります。

　そして最も大事なことは、きちんとした提案力や技術力を持つ技能者（大工さん）のいる工務店を見つけることです。技術力がなければ適切な対応はできません。いわゆるリフォーム屋さんには難しいかもしれません。

断熱改修にとても有効な
MSグリーンファイバー
（麻入りセルロースファイバー）

　少し私どもの技術を説明しましょう。MSグリーンファイバーとは、セルロースファイバーの唯一の欠点である経年による沈下防止のために麻を添加した綿状の材料です。ブローイング工法で現場にて吹き込み充塡します。したがって従来の成形断熱材と違い、改修工事においてすべてを壊さなくても施工が可能という大きな特徴があります。耐震同時断熱改修にとって、とても相性がよい断熱材・断熱工法です。

そして、材料そのものが木質繊維特有の吸放湿性能を持っているため内部結露に強いほか、新聞古紙の再利用というリサイクル材料ですので環境負荷も少なく、健康の観点からも安全な材料といえます。

　しかし、同じセルロースファイバーといっても施工の品質には差があ

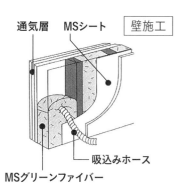

通気層　MSシート　壁施工

吸込みホース

MSグリーンファイバー

り、業者によって異なります。MSグリーンファイバーは、フランチャイズなどではなく当社の社員による責任施工なので、高密度で同じ品質を提供することが可能となっています。

住みながらの全体改修

　ここから断熱改修の事例を紹介します。まずは、住みながら全体の断熱改修を行った事例です。住み手は年齢を重ねるにつれ、かつ、子どもたちが独立し夫婦二人の生活に戻った頃から冬の寒さがこたえるようになったそうです。新木造住宅技術研究協議会[*2]の鎌田紀彦先生にこのことを相談したところ、「築37年の家でも十分高断熱住宅への改修が可能ですよ」と勧められ、今回の挑戦に至ったとのことでした。それまでにあまり大きな改装をすることがなかったので、思い切って大きな改修に取り組めたそうです。しかし諸事情により、住みながらの改修工事とすることが条件でした。もちろん、予算もありますので費用はなるべく抑えることが求められました。住みながらの改修ということで、工事にあたって解体する場所を極力少なくすることと、既存の内装を残して利用することが求められ、それを可能にする方法がMSグリーンファイバーを用いた断熱改修だったのです。

　新しくする部分に関してはマット系のグラスウール断熱材を使用しましたが、全部壊さない場所には部分的に開口を行い、MSグリーンファイバーを充填して断熱強化を行いました。

　工期は大きく3工程に分けて、生活する場所を家の中で移動しながら行いました。

　改修前は家全体が非常に寒く、リビングを閉め切ってストーブをが

---

*2　通称、新住協（しんじゅうきょう）。家づくりの担い手である工務店や設計事務所と協力して、住宅建築技術を開発し、日本の住宅性能の向上を目指す民間の研究機関。

んがん焚いてほとんどその部屋だけにいたそうです。入浴の際も、お風呂場が寒すぎてリビングから移動するのに勇気が必要だったほどです。季節が変わって夏は、リビングを締め切ってクーラーを「強」にして生活をされており、2階は暑くてとても上がる気がしなかったそうです。リビングに家族全員が集まり、狭くて窮屈な思いをされていました。改修の結果それが一転、1階のエアコン1台で、扉を開放すれば1階全体が十分に涼しくなるようになり、

左：天井裏断熱施工前。右：天井裏断熱施工後。

1F和室断熱施工（ボードを一部開口しスリットから断熱材吹き込み）。

左：階段室断熱施工用開口（断熱前）。右：階段室断熱施工中。

左：2F外壁断熱施工用開口（断熱前）。右：2F外壁断熱施工後。

「なんと住み心地のいい家になったのだろうか！」と感動していただけました。

内装をそのまま残して改修

　写真の建物をご覧ください。豊かな自然に囲まれた尾根道に建つ、約40年前に建築された美しいたたずまいの建物で、施工主さんのご両親が設計者とともに思い入れ深く創り出し、施主の子どもの頃の思

い出が詰まった住宅です。ご両親から家を譲り受けてから、建て替えるかリフォームするかでずいぶんと悩まれたそうです。

限られた予算で住み継ぐために

・可能な限り原型を残したい。

美しいたたずまいの内装。

・今のままでは冬はとても寒くて住めないので、暖かく快適に住める状況にしたい。

・低コストで抑えたい。

という三つの難問に対し、HAN環境・建築設計事務所の冨田享祐さんから当社にご相談をいただき、壁・天井の断熱改修は一部の杉板のみを取り外してMSグリーンファイバーを吹き込む方法で全面の改修を行いました。

施工に当たり、まずは現場でその方法について打ち合わせを行いました。この建物の内装は杉板でそのまま活かしたいと考えていましたが、バールなどで釘を抜いたら板に傷がついて再利用することができなくなるため、今留めてある釘を板に貫通させるように打ち込んで板をそのまま傷つけずに外し、MSグリーンファイバーを吹き込み充塡して施工しました。断熱施工の終了後、最初に釘で留めていた同じ場所に少し大きめの釘で杉板を再度留め付けました。その結果、内装をまったく損なわずに施工ができ、工事にかける費用を大きく削減することができました。

断熱施工では、まずホースの差し込みでどこまで材料が入れられそうかを把握し、断熱材の吹き込み施工を行います。最後に、使用した

左：上段は外していない板、下段は断熱施工のために外して戻した板、板を傷つけないで施工ができた様子。右：取り外した壁の板材。

もともとの釘

断熱材施工後取り付けた釘

MSグリーンファイバー施工の様子。吹き込みノズルを壁内へ挿入して断熱材を吹き込み、充填をする。

※写真提供：有限会社 HAN
　環境・建築設計事務所、冨田享祐氏。

材料の量を計算してどの程度充填できていたかを確認します。おおむね所定の断熱材の充填ができていることを確認して施工は無事終了しました。板張りの原型をとどめることが可能な断熱補強方法として最も適した改修方法となりました。

　引き渡し後は、施工主さんからは「たたずまいはそのままなのに、快適な生活環境が得られた！」とたいへん喜んでいただきました。

リユースが可能な MSグリーンファイバー

　MSグリーンファイバーは、もともと環境に優しい新聞紙をリサイクルした断熱材ですが、解体後さらにリユースすることも可能です。他の断

MSグリーンファイバーの回収機。

熱材は産業廃棄物として処理するしかありませんが、MSグリーンファイバーは地球環境のために再利用が可能なサステイナブルな材料です。

最後に

日本の住宅に関しては、「もったいない」という日本人の価値観と、暑さ寒さにも我慢強い国民性に支えられ、海外と比べると非常に少ない暖房・冷房のエネルギー消費量を達成してきました。しかし近年の調査で、低い室内温度がヒートショックを引き起こし、循環器系の疾患など、健康リスクがあることが報告されています。また、温暖化の影響による酷暑化で、やはり冷房を我慢してしまい熱中症による救急搬送の数も増加しています。

本来、家は身を守るべきシェルターであり、安心して住める場所であるはずなのに、このような劣悪な住環境にさらされ、健康を害してしまったり、病気になってしまったりしては元も子もありません。

断熱性能を向上させることができれば、今までと同じかもしくはそれより少ないエネルギーで、家全体を快適で健康を維持できる住環境にすることができます。そして、本事例のように、思い出の詰まった家、歴史を刻んだ柱、風格のあるたたずまいを残したまま、快適な住環境にすることも可能なのです。

そのためには、要望をまとめ、優先順位をつけ、しっかりと計画を立てることと、技術力を持ち信頼できる設計士や工務店を探すことがとても大切です。

この本に述べられている他のさまざまな要素についても参考にしていただき、皆さまのよりよい豊かな生活を送るための一助となることを祈念しています。

工事が必要なリノベーション

執筆、写真
篠 節子

建築のパッシブ
環境基本性能

　住宅の改修手法のうち、環境配慮手法について説明します。断熱、気密、日射遮蔽、日射導入、蓄熱、通風、換気、調湿・空気環境によい自然素材、外部環境（緑環境）のエコ化──これらは建築のパッシブ環境基本性能の要素です。

　断熱については他の節で触れていますので（92ページ参照）、ここではそれ以外のパッシブ環境基本性能について説明をします。

日射遮蔽
（窓から侵入する日射を遮ること）

　夏は日射遮蔽をして室内にできるだけ熱を入れないようにします。

　日射遮蔽には、すでにみてきたように南庭の樹木、外部ブラインド、グリーンカーテンが有効です。たとえば庇は、雨風から建物を守って

建物自体の耐久性も向上するほか、深い庇があると不快な梅雨時も窓が開けられるなど、気持ちよく過すことができます。庇のない家に庇を付けるのは外部のデザインが変わり大きな工事になりますが、全面的な改修を行う場合でも大規模なデザイン変更をしないためには、窓の上に既製品の小庇を付けるのも有効です。ただ東西面は、夏の朝夕の低い太陽高度からの日差しを防ぐことを主眼として、ガラリ雨戸[*1]やすだれなどを選ぶとよいでしょう。

　東西の方位の窓、特に西側の窓は奥まで日差しが入るため庇の効果はありません。西側のガラスは日射を遮蔽するLow-Eガラスにするのが有効です。Low-E膜といわれる特殊な金属膜（酸化錫や銀）でコーティングしたガラスのことで、断熱や遮熱の性能を高めることができます。Low-E金属膜を室内側のガラスに貼る遮熱タイプと、室外側のガラスに貼る断熱タイプがあります。遮熱タイプは西側と東側の窓ガラスに、断熱タイプは北側の窓ガラスに採用すると効果があります。ガラスの種類の選択以外では、ガラリ雨戸を設けることで西日をコントロールすることができます。また、日射遮蔽は部屋の内側のカーテンや障子でコントロールするより、窓の外側で工夫をする方が効果があります。

日射導入とダイレクトゲイン

　冬の天気の良い日は、太陽の熱でガラス越しのぽかぽかした暖かさを得ることができます。また、太陽の光を取り入れることにより日中の照明も削減できます。

　冬至から冬は太陽高度が低いため、庇がついていても南東〜南〜

---

*1　木製の薄い羽板（はいた）をブラインド状（ガラリ）にしてはめ込んだ雨戸で、ガラリの角度で日射を遮りながら通風を確保できる建具です。

南西は室内の奥まで日差しが入ります。ダイレクトゲインとは、昼間にガラスなどを通して窓から差し込む日射の熱を床材や壁材でためて、夜間にその熱を暖房に役立てる手法です。

　単板ガラスでは日射が入るときには温室のように暑くなり、日射が入らないとたちどころにガラス面から寒さを感じます。日射導入もダイレクトゲインもガラス越しに熱を取り入れるので、断熱性の高いガラスでは利用することができません。改修の場合に、南面からの熱を多く取り入れることができる条件があれば、Low-Eガラスや真空ガラスではなく、普通のペアガラスにすると、太陽熱を適度に室内に取り入れることができます。東面西面からも朝夕の日射の熱を取り入れることができますが、太陽高度が高い夏にも日射は入ってくるので、高性能のLow-Eガラスにするほうが得策です。

蓄熱

　蓄熱性能のある素材としては土壁、石、コンクリート等があります。冬季は日中の太陽熱を蓄熱体にためれば、夜になって壁から熱が発散されるので暖房の時間を減らすことができます。昔の土壁の家の改修では、土壁の外側に断熱材を薄くても付けることで蓄熱性能を高めることができます。これは常時利用している部屋では有利に働きますが、たまにしか使わない部屋は反対に冷気をため込んでいるためなかなか暖かくなりません。コンクリート打ち放しの壁や天井のような厚い構造体の場合は蓄熱するのに時間がかかるので、この場合も薦められません。ということから、改修ではあまり利用できる手法ではないと思います。

通風

　リビング、ダイニング、寝室、子ども部屋など、家族が長時間過ごす場所で通風が取れるようにすると、さわやかな風が吹く木陰のような空間を室内につくることができます。猛暑以外、夏のある程度の暑さでも気持ちよく過ごすことができ、エアコンの利用も減らせます。通風とは風の流れをつくることですので、風の入り口と出口の2か所が間取りの対角線上にあれば風が流れます。平面上の同じ高さの窓で風を通すより、下の窓の空気を上の窓に流すようにすると、さらに効果は大です。家のつくりがそのようになっている場合は、この方法で風を通すのが良いでしょう。

　既存住宅でそのように窓が取れない場合は、扇風機やサーキュレーターを利用して風が流れるようにする方法もあります。これはエアコン利用時、部屋の空気温度をなるべく均一にすることにも利用できます。

　また、少し大きな改修工事をするのであれば、室内のドアを引き戸にすれば、開けているときも邪魔にならずに、開閉の大きさを調節して通風の量も加減できます。日本の建具として引き戸はとても便利です。

　外部からの暑い日差しをそのまま入れないために、風の入り口の窓の外側にすだれやグリーンカーテンを付けて日射を遮り、そのすだれやグリーンカーテンと窓の間にできた日陰に打ち水をすると涼しい風を取り入れることができます。他方、すだれやグリーンカーテンの外側への打ち水は、外部が豊かな緑で囲まれていればよいのですが、そうでない場合は地面が太陽で熱せられていて、暑い空気が家の中に入ることになるため注意しましょう。

換気

　2003年7月施行の建築基準法の改正により、換気設備の設置が義務づけられました。それによって住宅全体を考えた計画的な換気が必要になり、24時間換気できる設備が居室に取り付けられようになりました。

　2003年以前の住宅には24時間換気設備が付いていません。また2003年以降の住宅でその設備を設置していても、止めている家庭が結構あるようです。隙間のないように断熱改修を行って気密性能が高い住宅では、空気の汚染を防ぐため換気は必要です。改修工事の中に24時間換気設備を入れるようにしましょう。24時間換気は室内のホルムアルデヒト対策で、空気の交換を1時間あたり0.5回以上にするためのものです。結露やカビ対策のためにも24時間換気は有効です。なお、必要量の換気を確保するには、24時間換気をするだけでなく、換気口のフィルターの清掃を定期的に行うことも心がけましょう。

　2020年から世界中で新型コロナウイルスの感染が広がりました。感染防止の対策として換気の悪い密閉空間をつくらないように、より換気の重要性が増しています。新型コロナ対策としては1時間に2回以上の換気をすることと指導されています。人が多く集まるときは換気設備に頼るだけでなく、窓を開けての換気も心掛けて室内の空気をきれいに保つことが必要です。1立方メートルの空気中にどのくらいCO_2を含んでいるかを計算できるCO_2濃度計で、部屋のCO_2の状態を実感するのに利用するのも良いでしょう。ちなみに、執務室の労働環境でのCO_2濃度の上限は1,000ppmです。この値を超えないように自動的に換気を強められる装置も出てきています。

調湿

　調湿とは、湿度が高いときには水分を吸収して抱え込み、乾燥しているときにはそれを放出する仕組みです。建築においては、室内の湿度を和らげて生活環境を良好に保つ効果があります。土壁・三和土（たたき）・藁畳・炭・紙障子・無垢の木材・漆喰・和紙等には調湿効果があります。夏は除湿効果によって涼感を得られ、冬は加湿効果によって暖かく感じることができます。

自然素材で改修　健康への配慮

　住宅の高気密化により、屋内の設備や資材などから放散される接着剤・塗料・可塑剤・難燃化剤・殺虫剤などの化学物質の影響によるアレルギー等のシックハウス症候群も大変気になるところです。その防止のためには前述のように換気が必要ですが、そうした化学物質の使用を避けることも大事です。

　改修工事でも、室内の素材に木・土壁・三和土・藁畳・紙障子・漆喰などの自然素材を選ぶと、より良い空気環境をつくることができます。自然素材には調湿効果もあります。また、床などを無垢木にすると、木の香りがして精神的にも安らぎが得られ、熟睡もできるという研究結果があります。杉のような柔らかく厚み（30mm程度）のある無垢材を床材にすれば、足の感触もよく、寒さをやわらげる効果があります。

外部環境 緑の力

　私たち筆者はこの本を作るにあたって、環境に配慮した住宅や集合住宅を見て回りました。心地よいと感じた見学先はいずれも工夫のある外部環境をしっかりつくっていました。

　日本には四季があり、季節によって木々の風情も変わり、季節ごとに咲く花や木の実も楽しみです。建物の周りに樹木や草花があると心理的に安らぎを得られるだけでなく、建物にも良い影響があります。広葉樹は適切な位置に植えると夏には木陰をつくって微風が気持ちよく、日射遮蔽効果と蒸散効果があり、冬は落葉して日差しが家の中まで入ります。緑の効果は絶大です。改修を機に、今一度地域にふさわしい樹木や花で庭作りを考えてみましょう。敷地に余裕がない場合でも、塀を防災を兼ねて生垣にするとか、小さな坪庭を作るとか工夫をしてみてください。それによって気持ちのよい町並みができ上がります。

環境先進国の持続可能な開発目標から学ぶ

　2020年、日本政府は地球温暖化防止のため、脱炭素社会の実現を目指すことを宣言しました。では私たちは、脱炭素社会の実現のために住宅の改修に際してどのような方策をとればよいのでしょうか。

　環境先進国のスウェーデンは持続可能な社会の開発のために、わかりやすく最もシンプルで、かつ確実に実践できる道筋を三つの目標としています。

三つの持続可能な開発の目標

自然にかえせる量の資源しか取らない

人間も環境の一部であり、資源はあくまで自然にかえせるものを必要な量しか取らないという考え方です。たとえば木を伐採したら植樹する、魚を捕るなら必要最小限にして数が減らないように配慮するなどです。

地下より地上のエネルギーを選ぶ

地中にある石炭や石油などの資源は、再生に数百万年の時間を要するため現実的に再生が難しいものです。そのため地上にある太陽の光や風、波といった再生可能エネルギーを使う社会にしていこうという意識です。また、プラスチックなどの石油製品は焼却しても埋めても環境負荷が大きいため、自然保護の観点からも使うべきではないという考え方をとります。

生物の多様性を保護する

すべての生物にはそれぞれに役割があり、人間も含めて地球上の生物はつながって生きています。そのため、食材をはじめ多くの資源が地球上の生物の恩恵を受けていることは明らかであり、生命全体を守っていくべきという意識です。

参考：一般社団法人職人がつくる木の家ネット ホームページ

　これらの目標は、日本で脈々と続いてきた自然に寄り添う、日本の伝統的な住宅建築の考えと通じるところがあるといえます。

地域材の利用：

　家づくりの素材のうち、自分の住んでいる地域の木材、和紙などの「あるもの探し」をして採用することは、改修でも楽しみのひとつになります。地場産材の木材利用に補助金を出す自治体もあります。調べてみてください。改修において、日本の各地の地域性をふまえて地上のものである自然素材を取り入れるのは、住み手の健康に良いだけで

なく、地球の健康にもよく、持続可能な脱炭素社会にふさわしい住宅といえるでしょう。

環境負荷が少なくリサイクルの容易な材料の使用：

　建物の寿命が尽きる際に土にかえるか、煙になるか、産廃ゴミになるかを考える必要もあります。改修の場合は、産廃ゴミになる解体の材を少なくすることを配慮する工夫も検討し、改修で採用する材は地域や地球環境に対して負荷を与えない材料を選ぶことも、住宅づくりのなかで視野に入れましょう。住宅や建築物の建設および改修や再生は、生物を含む自然環境にさまざまな意味において影響を及ぼすことが考えられます。ですから改修工事においても良好な環境に作りかえることを念頭においておくことが大切です。さらにはグリーンインフラを導入した町づくりや社会インフラ整備に取り組み、生物多様性の維持と持続可能な社会の実現を目指すことが求められています。

　こうした要素を入れた住宅をつくっても、その住宅の耐用年数が短く終えることは避けるべきです。木造住宅の場合、骨組みである構造体の木は伐採時に50年以上経ったものです。木造住宅を長く持たせるためには、雨風にさらされる外皮を長い庇などで保護するなど構造体を保護することが重要です。

　一方、設備の耐久年数はそれと比べて短く10年から15年のため、取り替えが容易であることも必要です。戦前に建てた住宅は断熱性能が低く、経年によっても古びていますが、日本の気候や風土に適したつくり方になっています。そこに今の技術を用いて蘇らせて快適に住みこなすことができれば、未来への私たちの時代からの贈り物になります。建築家が自邸として建てた「昭和の家」として初の国の重要文化財に指定された、京都の山崎にある聴竹居はそのよい事例で、私たち筆者も実見して学ぶところが多くありました。

家族の成長、ライフスタイルの変化に合わせて、最新の技術、手法、設備機器の更新で改修をして手を入れていけば、気持ちよく長く住むことができます。また省エネルギーにもなって家計の負担軽減にもつながります。

聴竹居
http://www.
chochikukyo.com

重要文化財 聴竹居。

室内の様子と子どもの勉強部屋。下・左右写真：小林光

工事が必要なリノベーション

執筆
大庭みゆき

5

床暖房

　床暖房はエアコンと違って暖気が体に直接当たる不快感がなく、ゆっくりとほっこり暖かくなる快適性の高い暖房システムで、近年人気が高まっています。床暖房のシステムには大きく二つの方式があります。ひとつは電熱線を床下に設置してヒーティングする電熱線タイプ。もうひとつは給湯器で作った温水を床下に回して暖房する温水式タイプです。このほかに、熱を伝える媒体として暖めた空気を使う方法もあります。温水式タイプは、さらにエコキュートなどの電気温水器で温水を作る電気温水タイプと、ガス給湯器で作るガス温水タイプに分かれます。床暖房はファンヒーターやストーブなどの直接燃焼タイプの暖房機器と違って即効性は劣りますが、足元から暖かくなるため、特に女性や高齢者に人気の暖房システムです。しかし、快適性の高い床暖房には気をつけなければならないことがいくつかあります。

　省エネの観点からの注意点は、ガラスの断熱性能です。床暖房を設置している部屋に掃き出し窓(*1)がある場合、その窓の断熱性が低

---

*1　引き戸式で底辺部分が床まである大きな窓のこと。

いと外の冷気の影響によって床暖房の効果が薄れたり、余計にエネルギーを使用することになったりします。床暖房を使用する部屋の窓は断熱性の高いものにしましょう。また、床暖房の熱の約20〜30%が床下に逃げるというデータもあります。床暖房を設置する場合には、床自体の断熱性にも十分配慮しましょう。

　次に健康の観点から、電熱線方式の場合、床暖房に長時間触れていると低温やけどになる可能性が出てきます。高温のやけどは皮膚表面にできますが、そこまで高温ではなくても長時間の接触によって皮下脂肪層を傷つけることになるため、治療が難しくなります。これを低温やけどといいます。触っても高温やけどしない熱源が原因となることが多く、湯たんぽやホットカーペット、カイロ、電気毛布でも低温やけどを発症することがありますので注意してください。床暖房の上で長時間座ったままでいたり寝そべったりする場合は用心が必要ですし、乳幼児や高齢者の利用の際には特に注意してください。

工事が必要なリノベーション

執筆
豊貞佳奈子

「節水便器」へのリノベで CO₂削減

　ご自宅の便器が1回洗浄あたり何リットル使っているかご存知でしょうか? 1976年に節水便器の先駆けとして、大・小洗浄13ℓの便器が登場し、1994年に大洗浄10ℓ・小洗浄8ℓ、1999年に大洗浄8ℓ・小洗浄6ℓの便器が発売されました。さらに、海外で大便器の洗浄水量6ℓ以下が義務付けられたため、日本国内においても、2006年に大洗浄6ℓ・小洗浄5ℓが発売され、さらに2009年には現在の節水便器の主流となる大洗浄4.8ℓ・小洗浄4.0ℓ(男子小洗浄3.8ℓ)の便器が登場しました。

　30年前に設置した便器を最新型の節水便器にリノベーションすると、洗浄水量は半分以下となり、水道代の大幅削減がかないます。また、節水は上下水道での電力・エネルギー消費の削減に直結しますので、水資源保全だけでなく、CO₂削減にもつながります。工事が必要となりますが、節水便器へのリノベーションもぜひご検討ください。浴室・キッチン等のリノベ(工事要)の機会を捉えたり、温水洗浄便座の買い替えに合わせる等、検討してはいかがでしょうか。

CHAPTER 3
工事が必要なリノベーション

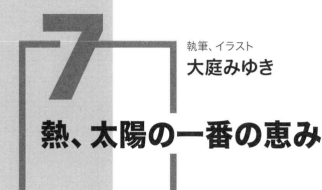

執筆、イラスト
大庭みゆき

熱、太陽の一番の恵み

　太陽は私たちにいろいろな恵みをもたらしてくれます。①光。太陽の光を上手に住宅に取り入れることで照明の節約になります。②消毒。紫外線には消毒効果があります。③乾燥。ものを乾かします。④発電。太陽光発電です。そして、⑤熱。太陽の熱でお湯を作ったり、暖房に利用できたりします。

　ここで一番注目していただきたいのが、⑤の太陽熱の利用です。費用対効果などを考えると、太陽熱利用の給湯システムはかなりお得感があります。太陽光発電のエネルギー変換率は15〜20％程度ですが、太陽熱利用の給湯システムの変換率は約40〜70％なので、非常に効率よく太陽のエネルギーをお湯に変えることができるのです。また、価格も標準的な住宅用のソーラーシステム（集熱面積6㎡）で約90万円程度と、太陽光発電システムに比べて格段に割安です。資源エネルギー庁によると、2015年度に家庭で使用されたエネルギーの約28.4％が給湯、24.8％が暖房でした。太陽熱を利用することで、これらの

消費を削減することが可能となります。たとえば、集熱面積6㎡の装置を使った場合、年間エネルギー節約量は原油換算で約340ℓ（ドラム缶約1.7本分）です（出典：一般社団法人ソーラーシステム振興協会）。

　特に近年では、熱を集める集熱器とお湯をためておく貯湯槽が分離したソーラーシステムが人気です。このタイプはガスや電気の給湯器を補助熱源として連結することができます。また、集合住宅ではベランダのフェンスに集熱器を設置するタイプもあり、場所を取らずにスタイリッシュです。近年のライフスタイルの変化から入浴は浴槽入浴からシャワー入浴へと変化している人もいます。清潔感や体の匂いにこだわる若年層や子育て世代では、1日に数回シャワーを浴びるのも珍しいことではありません。そんなシャワーをエコで安価に使えるなら、それはハッピーですね。

CHAPTER 3
工事が必要なリノベーション

8

執筆
小林 光

太陽熱給湯・
太陽熱暖房

　太陽のエネルギーは、とても大量にあります。光と熱を合わせて、日本の場合は、1年間の合計で1㎡あたり約1MWh（メガワットアワー）にもなります。この太陽の力をお湯で採るとすると、太陽光発電とは異なってエネルギーの媒体を変換する必要はなく、単に集めるだけですから、太陽熱の利用は太陽光発電よりもずっと効率が良くなります。具体的には、熱の場合は、収得する仕組みによっても違いますが、最大70％くらいを取り入れることができますが、光から電力を得られる割合は20％くらいです。他方、熱には、持ち運べる距離が短い、ためておくのが比較的難しい、といった短所もあります。

　熱利用の仕組みで一番単純なものでは、屋根の上に、水道水をためる黒色のプラスチックの袋を並べて置いて、そこに熱を吸わせて、暖かくなった水を、近接して設けられてる金属タンクにためておき、使うときは、つながっているホースの先の蛇口を開けて使う、といった仕組みがあります。工事費は別にして20万円から30万円といったレベ

ルです。集熱のパネルは、捉えた熱を逃がさない、断熱性にすぐれた「真空」部分を設けるタイプ（写真例）だととても効率が良いです。そのための追加費用は10万円あるいはそれ以上でしょう。

　さらに手の込んだものだと、太陽熱パネルから得たお湯を、水道水と一緒に既存の湯沸かし器に入るようにする、いわば水を混合する接続箱を設ける仕組みがあります。こうすれば、太陽熱のお湯が十分温かくはなくとも、湯沸かし器が頑張って働いてくれるので、シャワーやお風呂を使う上での不便は何も生じません。太陽熱で温かいお湯が得られる分だけ、湯沸かしのエネルギーが減り、ユーザーにはストレスのないやり方です。このへんのリノベになってくると、水道屋さんを呼ぶ必要があります。

　さらに、家を構造躯体にまでいったん戻して行う大規模リノベでは、太陽熱集熱システムを組み込むこともできます。これは、お湯を採るだけでなく、屋根下の温かい空気を家の中に引き込み、床暖房や壁などを裏から温める放射（輻射）の作用を使ったジンワリとした暖房システムです。温かい空気や熱を運ぶ媒体に使う、CHAPTRE1にあったOMシステムもその一つですし、そのほかにも、同じような目的の仕掛けがあります。また、太陽熱で温めたお湯を床暖房にも使う仕組みもあります。こうした工事は工務店の仕事になりますが、家じゅうが暖かいのは、とても幸せです。費用のレベルとしては90万円以上を考える必要があります。ただ、ランニングコストはタダなので、考える価値がありますね。

ガラス管
真空
集熱管
選択吸収膜金属板

真空管式太陽熱温水器の例と構造図。
出典:株式会社寺田鉄工

CHAPTER 3

工事が必要なリノベーション

執筆
小林 光

太陽光発電パネル

太陽光発電パネルは、一戸建てオーナー住宅の新築では、大手のプレハブハウスメーカーに聞くと、80%以上の割合で取り付けられるようになったそうです。太陽光発電協会の調べでも、新しい数字がないとのことなので、かなり前の状況ですが、2017年までの既存のオーナー住宅全体に対して8%以上に太陽光発電設備が入っているようです。この背景には、自然災害の多発と防災意識の高まりがあります。自前の発電設備を持っていれば、災害で停電しても安心です。さらに、供給側でも増産が進み、生産に習熟してきたため、太陽光パネルの価格も一昔前よりも相当に下がってきました。このところ、能力1kW当たりの価格は、1年ごとに1万円ずつくらい下がっています。

こうした結果、太陽光発電で生まれる電気の単価（投資額を寿命中の発電総量で割ったもの）は、なんと電力会社から購入するよりも安くなってしまいました（自然エネルギー財団調べ。次ページのグラフ参照）。

こうした状況ですから、リノベーションで太陽光発電に取り組むの

住宅用太陽光発電の発電単価と電灯料金 [円/kWh]

出典：自然エネルギー財団による試算。同財団太陽光統計の6より引用。
原典は、(一社)太陽光発電協会等

は、防災対策、そして環境対策の観点からだけでなく、お財布にもよいことになっています。銀行に貯金していてもほとんど利子は生みませんが、太陽光パネルは買電から解放してくれて、さらに金銭利益を生むのです。いわば、投資になるリノベーションが太陽光発電パネルの設置です。

　リノベーションに取り組む場合の条件は、日当たりのよい屋根（あるいは土地）を持っていること、そして初期投資にまとまった資金が出せることの二つです。

　日当たりはよいほどありがたいです。理想的には、南向きで、周りの建物の影がかからない屋根です。南向きに張られた発電パネルは、その能力1kW当たり、平均的には年間1,000kWhから1,100kWhの電力を生みます。この数字は、北向きに張ると6割程度に落ちてしまいます。太陽光発電では、影がかかるとその部分が発電をしないのではなく、他の箇所で発電した電気を、その影になった場所で消費して熱にして捨ててしまいます。ですので、影が当たらないような場所を選んでうまく張るのがコツとなります。なお、太陽光発電パネルは、ある程度のま

とまった枚数のパネルを直列につないで電力を取り出すのですが、最近では、交流に換えるインバーター（マイクロインバーター）をひとつひとつのパネルに取りつける方式が出てきました。このやり方ですと、影による出力低下が部分的なものにとどまり、悪影響を大きく減らせます。時間帯によっては影が避けられない屋根でも発電ができそうですね。またこの方式は、太陽光パネルが被災したときの発火防止などの利点もあるとのことです。

　2番目の問題点は初期投資額です。太陽光パネルの購入費だけではありません。それを安定した交流に変換するインバーターや各種制御機器（総称してパワコンと呼ばれます）を取り付ける必要がありますし、実際の工事は専門家に依頼する必要があります。パネル自体の値段は下がっても、周辺機器や、特に人工（にんく）は下がりません。むしろ、人件費はかかっても、よい作業をしてくれる工務店、屋根屋さんを選んだ方が安心です。かくいう私の家も、パネル張り付け時の防水工事が不適切で雨漏りをしました。それは大昔のことで、職人さんが慣れていなかったことも原因ですが、安い手間賃で仕上げる屋根屋さんなどでは、屋根に穴を開けてそこにパネル架台を固定し、隙間をコーキング剤(*1)でふさいで済ますこともあると聞きます。このコーキング剤は劣化するのでいつか雨漏りの原因になってしまいます。

　値段低下が著しいパネル本体も、多少高くとも、20年保証などの品質保証をしているものを選ぶ方がよいでしょう。また、パネルの発電能力も選ばないとなりません。10年間、高い値段で余剰の電力を買い入れてくれるフィールドインタリフ（FIT）制度(*2)はまだ存続はしていますが、太陽光発電がどんどんと経済的に引き合うものになってきたことをふまえ、買い入れの単価を安く設定するようになってきています。かつては、大きなパネルを張って余剰電力をたくさん生み出し、高く売る事業家のような市民もいましたが、今はむしろ、余さず家庭

＊1　外壁の継ぎ目などにできる隙間をふさぐために使う樹脂製の詰め物のこと。
＊2　自然エネルギーで発電した電気を電力会社が長期間、固定価格で買い取る制度で、固定価格買取制度とも呼ばれる。

内で使えて、高い電気を買わないですむ範囲に初期投資額を抑えようと考える人が多いようです。そうなると、ご自宅の電気代請求書を1年分見て、そこに書いてあるkWhの数値を足し算して、年間消費電力量を求めることが役に立ちます。かりに3,500kWhくらいとすると、それを1,000で割った3.5kW能力以上のパネルでは、発電した電力を使い切れないことは明らかです。

　仮に3.5kWの能力のものを導入するとしましょう。パネル自体に、周辺機器、工賃など、そうしたもの一切合切を足すと、おそらく、100万円から130万円くらいにはなると覚悟する必要があります。なお、国やお住まいの自治体で補助金が受けられることがありますが、今はそれほど大きな金額は得られないと思った方がよいでしょう。ただし、蓄電池を併せて設置する場合には大きな補助金がもらえる制度もありますので、せっかくよい日当たりの広い屋根があるお宅などでは、買電を一切しない、という大規模リノベ投資も検討してみる価値があります。ただ、古いお宅ですと、耐震上の条件から、あまりたくさん太陽光パネルを載せられない場合があるようです。そこも注意してください。

　100万円から150万円クラスのリノベーションというと、たとえば、台所のデザインも少し変え、併せて機器はみな最新型に更新するといったときの金額とほぼ同じと言えば、感覚が分かるでしょうか。200万円以上する自家用車を即金で買う人はたくさんいますが、自動車は、さらにガソリン代を払わないと動きません。他方で太陽光パネルは、追加の維持費なくお金を生んでくれ、災害時にも安心です。そのへんを考えて、決断してくださると幸いです。

　ですが、自分の老い先は短い、130万円の投資が返ってきて、さらにタダの電気を楽しむほどまでは長く生きていないかもしれない、と思い、投資を躊躇する方もいらっしゃると聞きます。実は、そうした場合でも可能なリノベーション案もあります。

　それは、ご自宅の屋根に、太陽光発電会社に太陽光発電パネルを取り付けてもらい、パワコンなども置いてもらうというソリューションです。この場合、皆さんは発電会社に屋根を貸している状況になります。そして皆さんの義務は、その発電会社から電力を買うことです。うまくしたもので、発電会社は今の一般小売り電力企業の料金よりは少し安い価格で契約してくれます。そうすれば、皆さんは初期投資を負担することなく、太陽光発電電力を使って世の中に貢献し、お財布にはちょこっと余裕が出てくることにもなります。さらに、災害時で停電すればこのパネルからの電気は、自分が投資してオーナーになったときのように皆さんが独り占めできます。安心ですね。そして多くの場合、10年あるいはそれ以上の年数が経つと、パネルは会社から皆さんに無償譲渡されるといった仕組みになっています。皆さんが残念なことに長生きできなかったとしても、家屋ともども娘さんや息子さんへのプレゼントになります。もちろんこのビジネスモデルは、自分が投資しオーナーになっていた場合に比べると、屋根を借りパネルを張って電気を皆さんに売る会社が得る利益分だけ、皆さんの払う電力代は高いのです。しかし、日当たりのよい屋根をみすみす使わない決断をするよりは、よいのではないでしょうか。

　ちなみに、太陽光発電をしている個人のお宅が集まって組織した団体で、オーナーの困りごとを解決するなどの活動をしているところがあります。認定NPO「太陽光発電所ネットワーク」[*3] です。なにか疑問や心配事があればここに聞いてみるのもよい方法です。

＊3　ウェブサイトwww.greenenergy.jp

工事が必要なリノベーション

執筆、写真
小林 光

燃料電池

　燃料電池といえば最先端技術の代名詞です。日本は、その燃料電池の普及大国です。それは「ミライ」などの燃料電池自動車（FCV）に搭載されるものや、産業用の大型のもののことではありません。家庭用の700Wを発電する小型のものがなんと30万台も普及しているのです。世界全体で見ても、据え置き型燃料電池の大半を日本が占めています。日本では、2030年にはこれを今よりさらに500万台増やして530万台にまで普及させる計画を持っています。その1台を自宅に付ける、そうしたリノベーションも考えられます。

　この装置は、商品名としては「エネファーム」と呼ばれ、その特徴は発電をするだけでなく、お湯も同時に沸かすことができることにあります。二つの産物を生むので、コージェネレーションといわれ、電気と熱の合計で、燃料となる都市ガス（これを水素に変換させて使う）が持っていたエネルギーのほとんどを使えるようにできます。正確には、固体高分子形（PEFC）[*1] という国内で最も多い仕組みのものでは

＊1　燃料電池の種類の一つで、マイナス極とプラス極の間にある電解質に高分子膜を用いているもの。発電効率が高い、作動温度が低い、軽量コンパクトといった特長がある。

98%程度、最近小型化が進んでいる固体酸化物形（SOFC）^(*2)では87%を使えるようにします。この効率は、たとえば最新鋭の石炭火力発電所の効率の約48%をはるかにしのぐので、燃料電池を使うことによって世の中全体のエネルギー効率は大きく改善されることになります。

　燃料として使う都市ガスは、台風などの災害時にも、電柱を使う空中架線で供給される電気に比べて供給継続の可能性が高いため、災害対策にもなります。外部電源がなくとも、自分で作る電力を使いながら自立運転ができ、700Wの電力供給ができます。700Wあれば、瞬間的に大電力が必要な電子レンジや、ヘヤドライヤーなどを除き大半の家電を動かす力があります。

　これは最新型のSOFCですが、見た目は写真のとおりで、右隣に写っているエコジョーズ（高性能湯沸かし器）とそう変わらない大きさです。

家庭用の燃料電池の外観（左）と内部の様子（右）。いずれも大阪ガス株式会社にて撮影。

　難点は、初期投資の値が張ることです。現在、購入すると若干の補助金がもらえますが、およそ130万円程度の自己負担が必要です（燃料電池が作りためていたお湯をさらに熱くするための追い焚きを行う湯沸かし器に、既存のものを使う場合の例）。しかし、買電する電気代を大きく減らせること、これまでの湯沸かし器よりガス利用の効率がよくなること、そして、燃料電池に使うガスには割引料金が適用されることから、光熱費の合計で見るとエネファーム据え付け前よりも節約になります。新製品には12年の耐久性がありますので、寿命まで使うと、

---

*2　電解質にジルコニア系セラミックスなどを使用。おもに高出力の発電設備として使用される。

ほぼほぼ損のないお金のかけ方になります。130万円ほどの自己負担で、今より災害に強いエネルギーシステムを自宅に組み込めるので、その意味ではお買い得です。

　この装置を置けるスペースが湯沸かし器のそばにあれば、リノベーションを考える際にはひとつの有力な候補ともなるでしょう。

　せっかくですから、燃料電池の原理を簡単に見てみましょう。下の図にありますように、都市ガスから臭いを付けている化学物質を除き、

1. 燃料改質部でメタンに水を加え改質反応

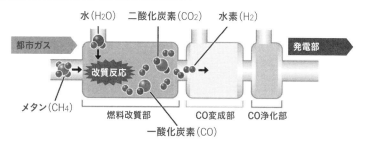

2. 改質で発生した一酸化炭素を変成

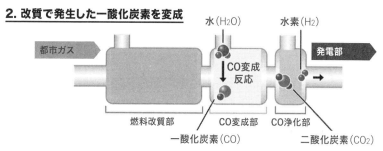

3. 浄化部で一酸化炭素を酸化

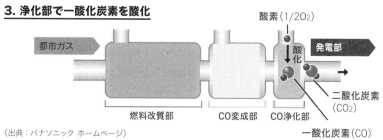

(出典：パナソニック ホームページ)

次いで、都市ガスの主成分のメタンにある炭素を、水蒸気との反応で二酸化炭素として取り除き、できた水素が燃料電池といわれる化学反応装置の中に送り込まれます。発電部では水素からは電子が取り除かれ、酸素と反応して水（実際はお湯）が生まれ、他方で、水素から取り除かれた電子の流れが電力として取り出されます。大変に無駄のない仕組みです。

　燃料電池の未来は有望です。燃料電池駆動の乗用車、バスやトラックがどんどん増えるとともに、工業地帯などで産業用に大型のものが置かれるようになるでしょう。これらは、都市ガスを原料にするのではなく、直接に水素を使うものです。将来は、その水素もガスなどの化石燃料から作るのではなく、風力発電や太陽光発電の電力によって水を電気分解して作ったようなグリーン水素、つまり二酸化炭素などを出さないきれいな水素になるものと期待されています。

燃料電池によりエネルギーを得てモーターを駆動させる乗用車（ホンダのクラリティFUEL CELL）。

出典：本田技研工業株式会社
https://www.honda.co.jp/
auto-archive/clarity/fuelcell/2021/

燃料電池パワートレーン　　バッテリー　　　水素タンク

　家庭用の燃料電池も、台数が増えてくるとさらに新しい使い方ができます。近い将来、燃料電池の発電効率が、発電所で最も効率の高いもの（天然ガス焚きのコンバインドサイクル[*3] は熱を電気に換える効率が最高で59％程度。なお、火力発電所の平均は約40％程度）と同程度にまでなったとします。そうしたら各家庭にある燃料電池を最も効率のよい出力で継続的に動かし、それぞれの家庭で使い切れない分を、電灯線に逆流させて他のお宅で使ってもらうことも考えられま

＊3　ガスタービンと蒸気タービンを組み合わせた二重の発電方式。最初にガスタービンを回して発電を行ったあと、排ガスの余熱を使って蒸気タービンによる発電を行う。

す。「家庭用の燃料電池に火力発電所の代わりをさせたほうが得だ」、という時代が来るでしょう。

　そうした時代には、たとえば好天の昼間などの再生可能エネルギー由来の電力が豊富なときに、再生可能エネルギーをなるべくたくさん電力として使えるようにするために、燃料電池が出力を絞るといった調節役になることもできるでしょう。こうした調節の利く分散型発電システムは、バーチャル・パワー・プラント（VPP）と呼ばれます。皆さんのお宅が社会のエネルギー作りの主役になり、対価を受け取るような時代も、もうすぐです。

CHAPTER 3
工事が必要なリノベーション

執筆
小林 光

蓄電池

　蓄電池[*1] は、グリーン・リノベーションの大きな材料になります。太陽光発電は停電時でも日差しがあれば心強い電源になりますが、それに加え、蓄電池があると災害などの停電時に夜間でも電気が使えるようになって、安全に大きく貢献します。

　また、停電時でなくとも、昼間の太陽光発電の電力をためておき、夜間でも普通の電力を使わずに、つまり電力料金をそのぶん減らして、自宅で作った安い電気を使うこともできます。特にFIT制度で10年間、自家発電の電力のうち自宅で使わなかった余った電力を高い価格で買ってもらっていたお宅は、10年以上経つと1kWh当たり8円50銭とか、高い場合でも10円とか11円でしか売れなくなります。そうすると、8円50銭で電力を売るのをやめて家で使い、30円くらいで買っていた電力を買わずに済ました方がもうかることになります。たとえば3kW能力のパネルを張って年間3,000kWhを発電し、6割の1,800kWhを売っていたお宅があったとしましょう。もしその1,800kWh分をそっくり

---

*1　何度でも充電・使用できる電池（二次電池）のこと。使い切りタイプの電池は一次電池と呼ばれる。

家で使い、夜の買電量をその分減らしたとすると、5万4,000円（買電額の引き下げ分）から1万5,300円（電気を売ればもうかったはずの額）を引いた3万8,700円を一年間で得する勘定になります。しかし、蓄電池を買うにはお金が要ります。かりに蓄電池を買うのに払ったお金を10年で取り戻して、それから先は、「この1,800kWhをいわばタダの電気として使おう」という計画なら、39万円くらいの蓄電池を、今日買ってもよいことになります。「災害対策として買うんだ、もうけようなんて思わない」というお考えなら、もちろん、もっとお金を使ってもよいでしょう。

　とりあえず、この39万円くらいの予算で蓄電池が買えるかを調べてみましょう。実は蓄電池にはいろいろな種類があり、ためられる電力の量も大小さまざまです。普通のご家庭が1日で使う電力を平均約13kWhとし、夜間の使用量が45％程度と考えると、一晩で使う電力は6kWh弱でしょうから、6kWhの充放電容量を持つ蓄電池を一つの目安に考えてみましょう。

　一番ポピュラーな物は鉛蓄電池で、皆さんが車のボンネットを開けると見ることができるものがそれです。値段は比較的安く、6kWh相当の電池（新品）だけでしたら30万円程度を払う覚悟があれば買えそうです。ただし鉛蓄電池には、重くてかさばることと、昔ながらのものと安心して扱いをずさんにして過放電などをさせてしまうと一気に寿命が縮まるなどのデメリットがあります。また忘れてならないのは、蓄えた直流電気を家庭内で使う交流に換えるためにインバーターが必要ですし、蓄電池を過放電や過充電から守るコントローラーも必要です。このほかに、当然ですが取り付けの手間賃などがかかります。これらの経費は、蓄電池の種類にはあまり関係なく金額が決まりますが、およそ5万円は必ずかかると見込む必要があります。初期投資を含んだ合計額を10年で償還することは可能ですが、電池の寿命から見る

と少し苦しい選択かと思われます。でも技術的な可能性は十分あるでしょう（実際に、最近、日本発の技術革新があり、もっと軽くて大容量で、寿命も長く、コストパフォーマンスに大変優れた鉛蓄電池が登場しました。これが大量生産されて手に入りやすくなると上記の計算は大きく修正され、蓄電池によるリノベーションはお財布の観点からだけでも合理的な選択になります）。

　もうひとつのオプションは、リチウムイオン電池を使うことです。後掲のCHAPTER 5、羽根木エコハウスの20年にわたるリノベーションの取り組みの最後に登場するのも、この電池です。メリットとしては、容積が小さくても大容量の蓄電ができ、多数回の充放電を行っても長期間にわたって性能があまり劣化しないという点があります。しかし、充放電の管理はかなり正確に行う必要があり、かつ、値段が鉛電池の倍以上高い、というデメリットがあります。家庭用の後付け設置可能なリチウムイオン電池で広く市販されている製品の代表例には、パナソニックの創蓄連携システム・タイプRという、5.6kWhの蓄電池にコントローラーやインバーターを組み合わせた仕組みがあります（写真）。これですと、すでにある太陽光パネルと家庭内の配線との間に組み込めばよい（ただし、パネルからの出力電圧などとの相性はあるようです）という形になり、製品の保証もあって安心です。しかし、現在の正価は90万

部屋に置けるくらいサイズの蓄電池の例。
画像提供：パナソニック株式会社

円ほどで、自家発電電力の自家消費で買電料金を減らすだけではとても元はとれません。結構な買い物なので、災害時の安全を絶対に確保したい、といった強い気持ちが必要です。

　しかし、援軍もあります。それは補助金です。欧州では、このリチウムイオン電池も大量生産でかなり価格が落ちてきていて、それに加え、欧州諸国ではもともと電力料金が高いことともあって、家庭への普及もどんどん進んでいます。日本でも大量普及を目指して、当面は、比較的高額の補助金がもらえるようになっています。たとえば、東京都の補助金（2020年のもの）は、容量1kWh当たり10万円で、上限60万円（ただし、申請にはその他にも条件があります）というものでした。大人気ですが、都の予算に限りがあって先着順になりました。かりにこれが運よく貰えれば、初期投資額を買電節約額のもうけで償還する、ということも手の届く話になります。パナソニックのもののほか、後に述べるスマートソーラー社などいろいろな会社が競って知恵を絞り、同様の家庭向け製品を発売しています。これらの蓄電池を先駆的に買ってくださる人が増えてきて大量生産が進めば、日本でも補助金がなくても蓄電池の普及が進む時代が遠からず来るのではないでしょうか。

　家庭のリノベーションで蓄電池が定番アイテムになる——そうした可能性はほかにもあります。それは中古の蓄電池で、ハイブリッド車や電気自動車に積まれていたものの再利用です。車載用のリチウムイオン電池は、長い歴史があって丈夫に作りこまれているうえ、大量生産されていて値段が安くなっています。ましてその中古品ですから、値段は相当に安くなります。それでも家庭で使うには十分な性能を持っています。地球温暖化を防ぐだけでなく、循環型の経済社会づくりに貢献しながら、自分のお財布を痛めず、家庭の安全を守る——そういったことが、車載用蓄電池の再利用が実現すれば、身近になるに違いあ

りません。

　ところで、ここまでは太陽光発電パネルがすでにあるお宅のリノベーションとして、一晩くらい普通に暮らせる電力量を貯める蓄電池を導入することを考えてきました。しかし、太陽光パネルがまだないお宅もたくさんあります。そうしたお宅では、そこまでの容量がなくても、たとえば、テレビニュースを見たり、スマホでメールをしたり、チャットをしたりといったことが災害時にできるだけでもありがたいものです。そうした用途には、太陽光発電パネルと充放電のコントローラー、そして電気を交流に変換するインバーターが一式組み込まれた製品が多く売り出されています。セットになっているものであれば、電気工事も要らず、即戦力になります。

　ネットを検索していくつかの具体例を見ますと、100Wの太陽光パネルに、約0.5kWhの容量のパナソニック製リチウムイオン電池を組み合わせると8万円くらいであり、鉛電池を使ったものでは、さらに1万円以上安いものも散見されます。0.5kWhの容量となると、この節の最初で検討した6kWhのものの10分の1以下の力しかありませんが、それでも60W相当の明るさのLED電球を2日間以上灯せますし、テレビなら一晩見られ、スマホの充電なら30回以上もできるので、結構役に立ちます。まずは、ベランダを利用した身近な災害対策から蓄電池利用リノベーションを楽しむのも一案です。

工事が必要なリノベーション

12

執筆、写真
小林 光

直流を使おう

　米国でエネルギーとして電気が活用され始めた1880年代、二人の大天才が激突しました。おなじみのエジソンとテスラです。(テスラは、現代では電気自動車の名前で有名ですが、その会社とは関係ありません)。それは、未来の大きな配電市場を獲得すべく、エジソン率いるゼネラル・エレクトリック社とテスラ率いるウェスティングハウス・エレクトリック社とが戦ったものでした。この頭脳のバトルは、2016年の映画『アメリカン・エクスペリエンス』、2017年の『エジソンズ・ゲーム』、そして2020年の『テスラ』といったふうに繰り返し映画化されています。

　この戦いに勝った交流[*1] の利点は、変圧の容易さです。ロスが少ない高圧で送電を行って家に近い所で降圧する、といった芸当ができることです。また、電流が流れっぱなしの直流[*2] では、放電の火花が生じるとそれが途切れることなく続いてしまい危険です。交流にはそうしたことはありません。こうした利点を持つ交流は、テスラの発明

＊1　電気の流れ方の一つ。プラスとマイナスが常に周期的に入れ替わり、それに伴い電気の流れの方向も常に変わっていく方式。
＊2　プラスとマイナスが入れ替わったりせずに、常に一定の方向に向かって電気が流れる方式。

と努力で今日の時代を築きました。

　けれども最近は、いったんは負けた直流が復活しつつあります。長い距離の送電には、ロスがもっと少ない超高圧での直流送電が行われるようになりました。また、PCをはじめ身近な電子機器は実は直流で駆動しています。そのため、今日ではいろいろなところに5V直流のUSBコンセントが設けられるようになっています（将来的には、さらに力のある12Vや20VのUSBコンセントも登場する予定です）。

　直流で動く機械に、家庭用の100V交流電源を直接に入れることもできます。それは、直流に直すコンバーターが機械の中に組み込まれているからです。主流の照明器具になったLEDも、交流を直流に直して使っています。

　さらに、直流を部分的に利用している機器であれば、もっと大電力消費のものもあります。エアコンや冷蔵庫、洗濯機も、性能の良い製品では、その中にインバーターという機器が組み込まれています。インバーターとは、東京であれば50Hz、関西であれば60Hzの交流をいったん直流に直して、動かしたいモーターをその時点のモーターの仕事量に最も適した周波数の交流に変えて動かす機器（模式図は、下の図のとおり）です。

インバータ装置の仕組み

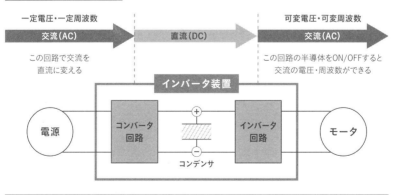

グリーン・リノベーションでは、家電の最新型への更新をお勧めしています。それは価格が高くとも運転費はうんとお安くなるので、長期的にはもうけが生まれるからです。そして、そうした製品を選択する際に、皆さんは実は性能の良いインバーターにお金を支払っていることになります。たとえば、インバーター制御をしているものとそうでないものが並行して売られている洗濯機（洗濯容量7kg）について見ると、インバーター式のものでは、定格消費電流が280Wであるところ、そうでないものは480Wと2倍もの開きになっています。さらに洗濯時間もインバーター式の方が25％短く、使う水道水も同じ程度に少なくて済みます（パナソニック製のインバーター式NA-FA70H6とNA-F70PB12の比較）。

　このように、隠れた形ではありますが、かつて敗れたエジソンが推した直流が今はずいぶんと活用されるようになりました。今後を見ると、もっと活躍するようになることが期待されています。

　それは家が電源を持つようになったからです。家に普通に置かれるようになった太陽光発電パネルは直流を発生させます。その電力をためる蓄電池も直流電気をためているのです。そういう状態ですから、家庭で生まれる直流電力をそのままで使ったら、交流への変換ロスが少なくなって節電できるといわれるようになりました。まことにもっともです。

　残念ながら、交直両用をうたい文句にしたエアコンや冷蔵庫はまだ売りに出されていませんので、ご自宅のリノベーションで直流の配線をしたり、直流のコンセントを設けたり、といった時代は来ていません。マニアックな方は蓄電池から出てくる直流を昇圧して、直接、既存のエアコンや冷蔵庫（ただしインバーター内蔵型）に供給して、直流ワールドを楽しんでいる人もいますが、まだ一般の人にお勧めできる段階ではありません。でも、そうした時代は遠からず来るでしょう。

　今日この頃で直流を意識できるリノベーションとしてお薦めしたいのは、直流モーターで駆動される扇風機です。よく知られていますように、エアコンの冷房を控えめにして扇風機で風を起こすと、節電しながら優れた涼感が得られます。どこのご家庭にも扇風機はありますが、それが壊れたら、直流モーターで動く扇風機（写真は羽根木エコハウスのもの。全部で7台もある）に買い替えてはいかがでしょう。実測によれば7割も節電になりますし、音が静かなのです。そして、節電になることと並行して、モーター部分が熱をあまり持たないので、冷房にも影響しません。それはなぜかというと、モーターの中の回転部分を呼び寄せる電磁石は、交流モーターの場合と違っていつも電流が流れるのではなく、回転部分を呼ぶときだけ電流が流れる仕組みになっているからです。交流モーターは低速回転が不得手ですが、直流モーターはそうした仕組みなので低速は大得意です。静かな寝室にはとてもマッチします。残念なことに生産量が少ないのでまだ割高です。でも、交流モーター扇風機との差額は数千円で、使っているうちに取り戻せるような範囲です。未来の直流ワールドの雰囲気をちょっと味わってみませんか。

参考：田路和幸・早川昌子著『電気のレシピ電気を知って電気をつくる』（海象社、2024年3月刊）

我が家の、夏の省エネのエース。直流モーター扇風機。交流モーターのものより70％程度省エネ。電磁石の極性を一定のリズムで変えて軸を回すが、極性を変える時のみ電流を流す。

取り組み事例

1

執筆、写真
篠 節子

一戸建てのリノベと
リフォームの流れと戦略

　この節では、木造一戸建て住宅の断熱性能の向上と住宅全体の改修を伴う省エネ化のリノベーションとリフォームについて、実例を含めて説明いたします。設計者としての立場から、改修工事の流れとその後の暮らしの変化をまとめています。

　住みながら部分的に順次環境に配慮した省エネ化をしていくケースは、このCHAPTERの2（筆者のひとりでもある小林さんのご自宅）が良い事例です。

　国は既存住宅においても省エネ改修を通じて住み手に省エネ行動を促すとともに、健康な住まいを提供するための施策を進めています。また、水道光熱費を削減できるような暮らしを促進する施策も始めています。

　新築から年数が経った木造住宅を改修工事しようと考えるきっかけ

は、大きく二通りあります。

　ひとつは、自分が所有して住んでいる住宅の老朽化や家族構成の変化、高齢化等による暮らしの不自由を修繕や改修で解決して、その後の生活を快適にする場合です。住宅の全面的な改修は、竣工後およそ20年以上経過してからが多いようです。

　もうひとつは、既存住宅を購入して自分たちの生活に合ったものに改修する場合です。こちらは竣工からそれほど時間が経過していなくても行われます。

　ここでは省エネ改修を主として説明していますが、住宅の改修においては設計計画と工事とを総合的に検討することが、建物にも暮らしにも最も良い結果をもたらします。これは、住宅と住み手の暮らしの安心と安全を高めることに加えて、古い住宅を改修することによって住宅という個人の財産価値（ひいては社会的財産価値）を引き上げることにつながると言えます。

　住み手にとって心地よい住まいであるために、断熱改修だけではなく耐久性を高めるなど時代に合った改修を行いましょう。これらは今後の社会にとっても必要なことです。

改修工事の流れ

1. 住む人の要望のヒアリング

　ヒアリングで建築士（これ以降の1〜9では設計者と書きます）は、間取りの変更の希望や住み手（同じく1〜9では建築主と書きます）の暮らしのスタイル、建物の老朽化部分の改善部分、設備の故障部分、

コスト等、どのような改修をしたいのかを建築主から聞き取ります。

　建築主の多くは、古いトイレや浴室、キッチンの設備の交換、汚れた内装の取り替えを希望されます。そうした話に耳を傾けながら設計者は、その住宅が新築されたのちに改正された建築基準法上の耐震性能や省エネ性能、バリアフリー化等について説明して、これらの改修の意向を確認します。

　ここで大事なことは、ヒアリングをした要望にかかる費用と建築主が予定していた費用に開きがある場合が多々あることです。

　金額に開きがある場合は、建築主の改修にかけられる費用を再度確認して、設計者はその費用でどこまで改修するかを検討します。そうして費用と希望に折り合いをつけて改修工事の内容と金額とを確定して工事を行います。

2. 新築時の図面(設計図書)の有無の確認

　建築主側で住宅の図面や書類をきちんと保存しておくことがとても大事です。

　新築時の住宅を設計した建築士事務所（ハウスメーカー・工務店が設計を行う場合も建築士事務所として登録することが定められています）は、建築士法により図面の15年間の保存が義務づけられています。しかし、所有者が大きな改修を行うのはもっと時間が経ってからのときが多いようです。長い年月の間に、設計した建築士事務所や工務店がなくなっていることもあります。

　先々で住宅を改修するときに加えて売却する場合にも必要となりますのでそのときのための備えとして、竣工時と改修時に設計者から渡された設計図書と書類は保存しておいて、購入しようとする方にそれらを手渡してください。

　省エネ性能については検討していても、現在の法律では検討内容

の保存を義務付づけていません。もちろん建築士事務所で保存され
ている場合もありますので、建築主は省エネの資料を設計者に求めて、
将来に備えて保存しておくことを忘れないでください。

設計図書について

①建築確認申請における書類と設計図面（これ以降は図面と書きます）

新築時に実施設計で作成した必要書類と図面に基づいて、建築許
可を受けるため確認機関に建築確認申請書類と図面を提出します。建
築基準法に適合していれば設計上の確認申請受理書が発行されます。
図面は、建築基準法では集団規定（その建物と周辺環境の関係を定
める法的規制）と単体規定（個々の建築物の構造・耐力、居室の通
風や採光、換気、建築設備など安全性や居住性を確保するための技
術的基準・規定）に沿って作成します。

受理されると確認申請書類と図面の副本が戻ってきて、改修工事中
は工事を行う施工者（以下、工務店）が保管します。完成したときに
確認申請機関の完了検査が行われ、問題がなければ確認申請済書が
発行されます。引き渡し時に副本と検査済書が工務店から建築主に手
渡されますので保管しておく必要があります。改修工事においても、
増築や大規模な修繕・模様替えを行う場合は建築確認申請が必要と
なります。詳しくは依頼する設計者にお尋ねください。

②実施設計図面

新築・改修ともに、工事を行うための工事金額を見積もるためと、
間違いのないよう工事をするための書類と図面を、実施設計図面と言
います。つまり設計者がその意図を施工者へ伝える書類と意匠・構造・
設備等の図面です。

設計事務所や工務店によって図面の枚数や種類は異なります。私
の設計事務所では、30坪から40坪程度の住宅の図面は、詳細図も含
めて100枚程度作成します。実施設計終了時に、建築士事務所から

建築主にもお渡しします。

③竣工図

　新築・改修ともに、途中での変更の希望や、設計段階では予期できなかったことによる変更が起こる場合が多々あります。そのため工事完了後に、最終的な完成状態に沿って図面の修正を行います。完成時の建物を正確に表した図面が竣工図です。特に改修の場合は、新築時の図面がなく調査時に目視で確認できなかったようなところに問題が発生して、変更および追加の工事が発生しやすいものです。

　また、これからの家は長寿命で長く使うことが望まれます。大幅な改修工事を1度ではなく2度行うことも考えられます。竣工図があれば完璧ですが、30年以上経った住宅では図面が保存されていない、もしくはどこにしまったかわからなくなっていることがあります。その場合は現状を調査して、あらためて住宅の図面を起こします。これは結構手間のかかる作業です。もし、図面がなく設計建築事務所も不明で取り寄せることができない場合は、区役所とか市役所の建築指導課では建築概要書が40年前程度のものまで保管していることを知っておいてください。ただそれは配置図程度の情報を得るもので、建物の詳しい図面ではありません。

3. 新築時から現在までの修繕、設備の取り替えの過程

　大きな改修から20〜30年経過していると想定すると、それまでに家の設備の何かしらは取り替えを行っています。

　竣工当時はなかったけれどその後に付けたものもあるでしょう。たとえばエアコンや給湯器などは15年程度の寿命なので、そのような設備機器の取り替えの記録もとっておくと、改修のときにまだ使えるものと、この時期に取り替えるものとの選別ができます。

4. 既存住宅を目視で調査

　聞き取りで建築主が気になっている場所も合わせて、老朽化部分を目視で調査します。室内、外観、床下、天井裏の確認もします。

　床下は、最初の調査から家全体に潜ることはなかなか難しいので、のぞく程度になることが一般的です。その際は床下がコンクリートなのか土なのか、シロアリ被害に遭っていないか、断熱材が入っているか、断熱材があればその種類と厚さを確認します。

　天井裏も押し入れなどののぞけるところから状態を見ます。その場合も断熱材の有無と、種類（古い住宅はグラスウールが主流です）や厚みを調べます。以前、古い家を解体したときに断熱材を取り出してみると、新築当時は100mmであったのが50mmになっていました。その断熱材の性能を大学の研究室で調べたところ、厚み50mm相当の性能ということがわかりました。設計では100mmでも経年によって劣化するものがあるということも覚えておいてください。

　また、施工不良で性能低下が起こることがあります。断熱施工がまだ理解されていない時代には、断熱材を入れさえすれば良いと考える職人もいました。断熱材の施工方法が不適当だと結露の原因になり、性能が確実に発揮されないことにもなります。以上のようなことを可能なかぎり調べます。

5. 設計段階での打ち合わせは綿密に

省エネ基準に関する設計者から建築主への説明責任

　1.から4.までをもとに、設計者は設計に取り掛かります。
2021年4月から施行の建築物省エネ法の改正では、確認申請が必要な300㎡以内の住宅の改修において、当該建物全体の省エネ基準への適否を評価したうえで、その結果を設計者が説明するとされていま

す。設計者は所有者と打ち合わせを行う際に、省エネ性能についての説明も意識しながら行い、建築主にどの程度の省エネ水準の改修をするかを決めてもらいます。

耐震改修工事や増改築を伴わない建物内の間取りの変更では、省エネ改修について設計者から建築主への説明責任はありません。とはいえ、住宅の価値を向上させるためには省エネ性能の基準を満たした性能が求められますから、設計者に省エネ改修がどの程度であるかの説明を求めてください。

6. 省エネ設計

改修工事における断熱改修で、建築主より省エネ性能の検討を求められた場合は、設計者は改修設計段階での断熱性能を算出します。CHAPTER3で触れたように地域によって省エネ基準が決まっていますので、最低限それをクリアするために床や壁、天井、開口部の仕様を決めます。そして、建物の外皮性能に加えて、エネルギーの消費についてもその建物住宅の1次エネルギー消費量の算出が必要です。1次エネルギー消費量は、暖房設備、冷房設備、換気設備、給湯設備、照明設備の設計上のエネルギー消費量を計算します。さらに、太陽光発電等を使っている場合には、それによるエネルギー供給量も計算します。その上で法に定める基準値より設計値が低くなることが必要です。補助金を利用する場合は、基準値より性能の良い外皮性能（断熱性能）と1次エネルギー消費量に抑えることが求められます。

7. 工事費用と見積もりの調整

1.の建築主の要望の聞き取りで予算の希望を伺いますが、後述する事例のように間取りも変えての改修は費用がかさみます。建築主の経済的な事情に合わせた段階的な改修や、優先的に改修すべきものを

慎重に検討する必要があります。また、長く住み続けるためにも、建築主が日常から小まめな修繕を行なっていることが、大きな改修の際の費用削減につながることも理解してください。そのうえで、どこかの段階で改修を行うことを念頭に置いて、そのための費用を積み立てておくことも必要になります。

　設計者が経験と知識を活かして、建築主の要望を盛り込んだ設計ができた段階で、次に改修の工事費の検討のため施工者に見積もりを依頼します。見積もりが予算額を超えている場合は見積もりの内訳を検討して調整を行い、建築主から承認されたら減額に合わせて工事用に図面を修正します。その後の生活の快適性を考えると、断熱改修にかかる費用は極力削減せずに、他の部分での調整を検討することが望ましいでしょう。

8. 改修工事の施工上の大事なポイント

　木造住宅の省エネ・断熱性能は、正しく施工されてこそ真価が発揮され、住宅の耐久性も高まります。施工の技術が未熟だと、耐震性や耐久性、防災性などとの兼ね合いのなかで、思いもかけない不具合を起こしてしまうおそれがあります。多湿な日本において大切なのは耐久性の確保です。適切な施工ができれば、後々にトラブルも起きず、建物を長く使い続けることができます。それにはデザイン能力だけでなく、工事に間違いがないよう監理する設計者と正しい施工方法を習得している施工者を見つけることが肝になります。

　工事に必要な解体をしていると、設計段階での目視による現場調査ではわからなかった不具合が見つかることが多々あります。そうした不測の事態に対しては改善を行って、後々の問題とならないようにします。この場合は新たな費用が発生します。工事費の1割から2割程度は、追加工事費としてあらかじめみておくことが大事です。

9. 改修工事の間の仮住まい

　間取りの変更も行う改修工事では、水まわりが使えなかったり、埃やゴミが出たりして暮らしに支障がでます。そのため仮住まいに移ることが必要になります。暮らしに必要な最小限の荷物を仮住まいに持っていき、あとは養生をして改修住宅のどこかに保管しておきます。

　ここまで改修工事を行うための流れについて説明しました。続いて間取りの変更も行なった改修工事の実例のなかから、省エネ改修を主として説明いたします。

事例1
湘南の家の改修

　1981年にハウスメーカーに注文して建てた、神奈川県の湘南の良好な住宅地に建つ、築35年の2階建て木造住宅の事例です。敷地面積は332.84㎡（約100坪）、延べ床面積は173.9㎡（約52坪）。所有者は63歳のご夫妻です。

　工事を行った2016年時点で築35年の間に外壁の再塗装と、阪神淡路大震災後に自治体の補助金を利用して部分的な耐震改修を行っています。室内は台所のシステムキッチンの取り替え、ユニットバスの取り替え、トイレを広くするために隣の押し入れを狭くした部分改修、室内犬により傷ついたリビングの床の張り替えなど、順次手入れしてきました。南庭は芝生にして隣地との境に樹木を植え、それを丹精に育てた気持ちのよい庭になっています。

　給湯器とエアコンは取り替えていますが、リビングとダイニングの2

部屋の暖房機はガス式床置きヒーターが35年間替えることなく利用されていました。冬に訪問すると、日中の南面の部屋は窓からの太陽の日差しで暖かく感じられました。しかし、夕方近くからリビングとダイニングを温めるためにガス式暖房を入れるものの、廊下に出ると外気温に近い状況でした。ガス代も冬の間はひと月につき3万円を超えていました。

　一方、大規模な改修前の省エネを意識した取り替えは、2階の夏の暑さ対策として屋根材に遮熱塗料を塗布したのみということでした。ただ、それは一時しのぎで、天井と壁の断熱材が薄いため夏は階段を上る途中から暑さを感じます。

　子どもが独立して夫婦二人が高齢を迎える今後の生活に向けて、建て替えか改修かを悩んだすえ、子どもが将来住み継ぐことがないことと、家の状態が良好であったため、同じお金をかけるならば改修工事で建物の劣化、生活の不便さを解消して上質の家にすることになりました。

　間取りについてはリビング、キッチン、ダイニングが個別の部屋でした。家事のために最も滞在する時間が長いキッチンが北側にあって冬は寒く、リビングの様子も見えないので、子どもの家族が遊びにきたときに団欒に加わることができないという不都合がありました。

　洗面所と浴室はお孫さんとお風呂に入るには狭く、勝手口はまったく使っていないとのこと。リビングの隣の和室は納戸化していました。高齢となったときのために生活しやすい間取りの変更を望まれました。

　幸い確認申請のときの設計図書が残っていましたが、これまでに部分的な変更があったので現状の図面をまず起こしました。古い図面は手書きのため、いずれにしてもまずデジタルデータ化します。デジタル化が当たり前の時代になっています。それにしても図面の有無は調査の手間が大きく異なりますので、図面があったことは助かりました。

工事の趣旨は、耐震＋断熱＋バリアフリーの改修を行い、経年劣化による不都合や暮らしの不便を解消して、高齢になったときに住み続けられるようにすることです。何案かの改修案を提示して打ち合わせを行い、間取り、設備、仕上げ材を決めて、図面（図1）のようにリビングダイニングキッチンをワンルームとしました。

　キッチンは家事を快適に楽しめるように庭が見える場所にして、食品庫、ランドリールームを隣り合わせに連続させています。2階にあった寝室は納戸になっていた1階の和室に移しました。トイレ・洗面所は、広くするとともに断熱浴槽のユニットバスに取り替え、必要なところに手すりを設置するなど、高齢になっても安心安全に配慮した空間としています。

　耐震性については、オープンな間取りに変更したためふたたび耐震設計を行い、それに応じて耐震改修をあらためて行うことで安全性を高めました。大幅な耐震壁を作るに当たっては壁を剥がすため、断熱

オープンな間取りに変更 （図1）

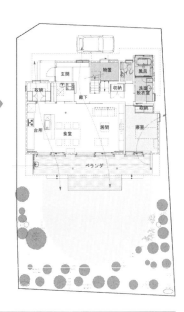

材を入れるのも容易です。

省エネ性については、奥さまは東日本大震災後にエネルギーを大事に使おうと考えるようになり、こまめにスイッチを切ったりしていましたが、実際の光熱費はあまり下がっていませんでした。そこで、エネルギーを少なくできること、冬の寒さ、夏の暑さをしのげることを希望され、パッシブ性能[*1]をさまざまに取り入れた省エネ性の向上を目指しました。

設計図ができた段階で見積もりを取りましたが、予算を2割ほどオーバーしたため2階はご主人の部屋のみ手を入れることにしました。

環境負荷が小さく、自然や人間に優しい材料を選定し、この家の改修の特徴として平面計画の変更以外では解体ゴミを過剰に出さないように努めるとともに、将来の解体時に産廃ゴミとならない材料や工法を用いています。ゴミをなるべく出さない工夫をしたことで、産廃ゴミの処理のコストが削減され、そのぶんも含めて上質な仕様の選択、省エネ性能、耐久性の向上ができました。

断熱材と床の断熱の工夫

床の断熱には、高性能の断熱材であるネオマフォーム60mmを既存の床の上に敷き込みました。外部の足場を設営しないことで費用節減を図りました。壁は内部から解体し、耐震改修とも併せて断熱にはセルロースファイバー100mm（126ページを参照）の吹き込みとしま

(図2)

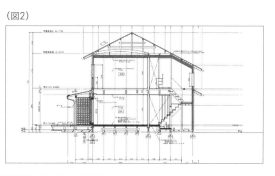

＊1　太陽の光や熱、自然風といった自然のエネルギーを利用して、快適に暮らすための設計手法。断熱、気密、日射遮蔽、日射導入、蓄熱、通風、換気、調湿、空気環境など。

した（前ページの写真）。2階天井裏は既存の断熱材を取り除き、セルロースファイバー200mmを吹き込みました（図2）。解体ゴミを出さない工夫として、床下が良好な状態であったため既存の床を壊すことなく、その上に床断熱を行いました。ガス式床暖房パネルを敷き杉の無垢材仕上げとしました。この場合、床断熱性能は既存の断熱材と合わせてしっかり確保でき、床暖房の床下への熱の損失も少なくできるので省エネ化になります。ここでの問題は1階の床が既存の床より7.5cm高くなったことです。それによって階段の1段目の高さが12cmとなり昇降で不都合となるため、踊り場までの階段の高さを少しずつ調整しました。

開口部の改修

　1階のLDKおよび寝室の南面は、断熱性能が良く庭がよく見える大きな木製サッシ（複層ガラス空気層16mm）としました。製造メーカーは北海道に拠点がある株式会社ノルドです。頑丈で高性能の美しい木製のサッシを製作しています。工場サイドから北海道仕様であるトリプルガラスの提案がありましたが、温暖な湘南地域に立地するため複層ガラスにして冬の昼間の太陽熱を取り入れることにしました。取り付けたのちに訪れると、冬の日中は暖房なしで過ごせることを実

開口部の改修

（図3）

感しました。その他の生活の場の開口部は、既存のアルミサッシにインナーサッシを取り付け、キッチンの小窓の単板ガラスは複層ガラスに取り替えました。1階の寝室の掃き出し窓は、室内側にカーテンではなく障子を採用して両面を和紙張りとしています。障子の掃除をする手間が省けるだけでなく開口部の断熱性能が向上しています。

シャッターブラインドの採用

雨戸の開閉に手間がかからず、かつ防犯性のあるシャッターブラインドを1階の南面の掃き出し窓3か所に付けました。電動で操作するこのシャッターブラインドは、太陽の熱を窓の外で遮ることで部屋の温度上昇を防ぎます。ルーバーの角度を0°から最大125°まで自由に調整可能で、効果的に「遮光・採光」「通風・換気」ができます。太陽の光や風といった自然や四季の変化をうまく取り入れることができ、ルーバーを調整すれば夏の夜には窓を開けて風を通すことができます。

開口部計画を図にしたのが下の図4です。

開口部計画 (図4)

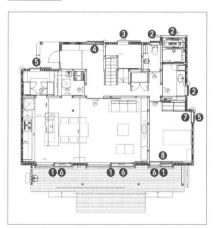

① 木製サッシ(ノルド)複層ガラス空気層
16mm 2.20W/㎡k

② 防火仕様アルミサッシ 複層ガラス 空気層
12mm 3.39W/㎡k

③ アルミ勝手口引き戸 上げ下げ仕様 複層ガラス空気層
12mm格子付 3.49W/㎡k

④ 樹脂製シンナーサッシ LOU-E複層ガラス空気層
12mm 2.11W/㎡k

⑤ 既存の木建具でガラスをペアガラスに取り替え
3.91W/㎡k

⑥ 電動式シャッターブラインド(スイス製)

⑦ ペアガラス太鼓張り障子
3.00W/㎡k

⑧ 太鼓張り障子

断熱改修の結果

　冬のリビング・ダイニング・キッチンと寝室の冬の寒さは、床・壁・天井・窓の高断熱化と床暖房による暖房効果もあり適度に暖かくなりました。以前の廊下や、その他の部屋の寒さも解消されました。

　夏の夜は、シャッターのルーバーを開いて風を入れつつ網戸で虫の侵入を防ぎ、木製サッシは開けて涼感を得ているそうです。エアコンの利用はよほどの熱帯夜だけで、日頃はエアコンなしで快適に寝ることができるとおっしゃっています。

下屋庇の増設

　南面の1階の鉄骨のテラスは撤去して、全体に木の垂木現しの奥行き2mの下屋庇を増設し、中間領域として木製デッキを作りました（右の写真）。庇のあるデッキは使い勝手が良いと好評です。深い庇は夏の日差しを遮蔽して室内の環境を快適にすることができます。冬は太陽の高度が低くなるため、部屋の奥まで日が入ります。

　外部に床のデッキを作るだけだと建築確認申請はいらないのですが、屋根を付けるとそのぶんの建築面積が増えてこの改修では増築の扱いとなるため、民間確認機関に建築確認申請の手続きを行っています。

　庇は雨の多い日本において建物の耐久性を高めるのに有効で、かつ環境性能のうえでも優れものです。

省エネ改修の内容

改修後の内容、費用の内訳をまとめたものが図5です。

湘南の家 環境性能、設備機器の選定およびコスト（図5）

床面積：1階床面積94.4㎡／2階床面積79.5㎡／延べ床面積173.4㎡

◎パッシブ環境性能

	部位	既存	改修後	コスト	備考
断熱	床	発泡スチロール 20mm	既存+フェノールフォーム1種2号 45mm	153,600円	
	壁	グラスウール10K 50mm	吹込用セルロースファイバー 100mm	753,400円	
	天井	グラスウール10K 50mm	吹込用セルロースファイバー 200mm		
	開口部		木製サッシ+ペアガラス（空気層16mm）	1,345,000円	
		アルミサッシ+単板ガラス	アルミ断熱サッシ+Low-eペアガラス（空気層12mm）	324,000円	
			既存アルミサッシ+樹脂製内窓ペアガラス（空気層12mm）	207,000円	
			寝室：両面和紙張の障子建具		
日射遮蔽	南面の日射遮蔽	なし	南面2mの木垂木現しの庇		
	西面の日射遮蔽		1階西側窓：日射遮蔽型Low-Eガラス		
日射導入		1階南面の大きい開口部	1階南面の大きい開口部		
通風	室内での風の流れ	室内建具開き扉	風がながれるように室内の建具を引き戸とする		
	室内への風の取入		卓越風を取り込むためウィンドウキャッチャーの袖壁をつける		
	夜間の通風	防犯上雨戸をしめる	外付電動ブラインド：窓を開けて		防犯性能
			ブラインドのスリットで風を取り入れる	2,000,000円	
調湿・自然素材	床	カーペット→複合フローリング	杉無垢材	材 3,650円/㎡	
	壁	ビニールクロス張	超破水調湿和紙壁紙	材工 1,400円/㎡	参考ビニールクロス材工1,000円/㎡
	天井	軽量骨材仕上塗	超破水調湿和紙壁紙	材工 1,400円/㎡	
	室内建具	フラッシュ戸	木框戸+ガラス（飛散防止フィルム張）		採光と人の気配
健康性への配慮	塗装		床 エゴマ油	材工 900円/㎡	
			内部木部・建具・家具・外部木部：ドイツ製自然塗料材工 1,700円/㎡		

◎設備機器の選択

暖房	居室	ガス式床置暖房機	ガス式床暖房	624,000円	給湯器浴室換気暖房機含む
	脱衣室	なし	タオルウォーマー式PSヒーター	材 168,000円	
	浴室	なし	浴室換気暖房機		
冷房	LDK	L及びD エアコン	LDKに1台高性能エアコン	265,000円	
換気	24時間換気設置		第3種換気方式（居室に給気口 トイレからファンで排気）		
	台所	壁付換気扇	給排気同時換気扇		
給湯		瞬間式ガス給湯器	潜熱型瞬間式ガス給湯器		床暖房に含む
	浴室	ユニットバス	ユニットバス 高断熱浴槽	775,000円	
	水栓	レバーハンドル	台所：手元止水機能水栓		
			台所以外の水栓：シングルレバー湯水混合水栓		
照明		蛍光灯	LED照明		
	廊下		人感センサー付フットライド		
	玄関・納戸		人感センサー付照明		

省エネ性能

断熱改修と同時に設備機器を性能の良いものに取り替えたことで、2013（平成25）年改正の省エネルギー基準を達成しています。設計上の省エネ基準では図6ように13%の削減となりました。

湘南の家 改修後の外皮性能と1次エネルギー消費量 (図6)

	基準値	設計値	
外皮平均熱貫流率UA値	0.87W/㎡K	0.83W/㎡K	基準達成
平均日射熱取得率ηAC値	2.80%	1.80%	基準達成
1次エネルギー消費量	86.4GJ/(戸・年)	77.8GJ/(戸・年)	基準達成

この建物の設計1次エネルギー消費量
13%削減 325MJ/(㎡・年)

0

◀少ない　　　　　　　　　　　　　　　　　多い▶

1次エネルギー消費量基準 ➡ 適合
外皮基準 ➡ 適合

誘導基準　　　省エネ基準
（10%削減）　375MJ/(㎡・年)

湘南の家／2017年3月12日／自己評価

実際のエネルギーコストは？

改修前と改修後1年が経過したのち、水道光熱費を比較してみました（図7）。

改修前は年間402,624円であったのが、改修後は年間245,422円となり、157,202円（39%）もの削減ができました。このような結果を受けて奥さまは、もっと省エネを進めるためにご主人の部屋のエアコンを高性能な製品に取り替え、季節ごとの暮らし方も設備機器に頼りすぎないよういろいろ工夫して楽しんでいらっしゃいます。

電気、ガス、水道の比較 (図7)

対標準額 **-2,423円**
対過去 157,202円

改修後
245,422円

| 電気 | ガス | 水 |
| 102,611 | 87,417 | 55,394 |

改修前
402,624円

| 159,573 | 186,935 | 56,116 |

(円/年) 50,000 100,000 150,000 200,000 250,000 300,000 350,000 400,000 450,000

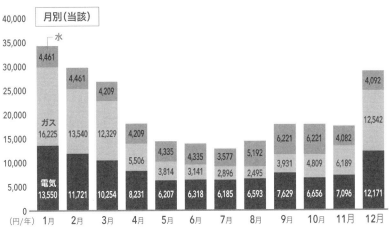

月別(当該)

事例2
杉並の家の改修

　1973年に地元の工務店が設計・施工した、東京杉並区の狭小敷地に建つ木造2階建ての店舗併用住宅です。工事を行った2017年時点で築44年の住宅に対する耐震+断熱+バリアフリー改修を紹介します。敷地面積は72.73㎡(約22坪)、延べ床面積は87.62㎡(約26.5坪)。所有者は75歳のご夫妻です。

　以前は建築主の母親が店舗部分で美容室を営み、2階の2室は貸し

部屋として活用。母親が年老いて美容室は閉じ、時代の変化で貸し部屋も空室となりました。母親が亡くなったあと、しばらく倉庫状態であったのを、取り替える部分とそうでない部分を明確にして専用住宅に変え、ご夫妻の終の住み処として1階を中心に間取りを一新した改修を行いました。

この住宅は、当時に住宅金融公庫から借り入れをしたときの書類と図面が残っていましたので、それをデータ化して現地の調査を行いました。44年間、とくに修繕等を行なっていなかったため建物はかなり老朽化していました。

建築主のたっての希望は耐震性を高めることでした。そこで、自治体の補助金を利用して耐震診断と耐震設計を行い、住宅の改修工事としてはあまり例のない高いレベルの耐震等級2の性能を確保しました。予算が限られていたことと狭小敷地に建つため、道路に面した店舗部分と敷地に余裕のある部分にだけ足場を設けて外壁面の改修をしています。

店舗部分はダイニングキッチンにして、もとは台所であった部分を脱衣室に。バランス釜の浴室をユニットバスとし、トイレの位置を変え、狭かった玄関を広げました。

改修前と改修後。

屋根は錆がひどかったため、カバー工法で金属屋根を載せました。

2階の貸し部屋部分は、外部の鉄骨階段を撤去して主寝室とするプランにしました。風の通り道を検討して計画に反映しています。

なお、設備は相当老朽化していたため配管・配線は全面的に取り替えとなりました。このような例から、日常の修繕を小まめにすることが有益であることがよくわかります。

事例1と同様に、環境負荷が小さく自然や人間に優しい材料を選定して、将来の解体時に産廃ゴミとならない材料や工法を用いています。

その一方で、老朽化対策をはじめ、店舗と貸し部屋の住宅への変更と、耐震補強の性能を高めるために耐震壁が多く必要となりました。かなりの部分を解体したため、解体ゴミを少なくすることはできませんでした。

断熱材と断熱の工夫

1階の床はすべて撤去しました。下地を組んで高性能断熱材を敷き込み、構造用合板で水平に固めた上に無垢の杉材の仕上げとしています。外壁部分は外側を構造用合板の耐震壁とし、それで足りない部分には躯体内に必要な筋交いを入れ、内壁側から壁全体を断熱化しました。耐力壁が必要のないところは内壁にスリットを開け、そこからセルロースファイバー100mm断熱材を吹き込み工法で入れて断熱化しています。2階の天井の上も吹き込み工法で、こちらはセルロースファイバー200mmで断熱化しました。

開口部の断熱化

すべての部屋の窓を断熱化しました。間取りを変更した部分は高性能防火サッシに取り替えています。間取りを変更していない部分は、既存のアルミサッシの内側にインナーサッシを取り付けました。

断熱改修の補助金利用

　屋根工事・間取り・設備を変えて断熱するには予算が厳しかったため、「高性能建材による住宅の断熱リフォーム支援事業（断熱リノベ）」に申請し、補助金を得ることができました。この補助金は、一戸建て住宅なら補助対象の高断熱建材（ガラス・窓・断熱材）製品を用いて断熱改修を行う場合に、補助事業の実施に必要な建築材料（高性能建材）の購入経費、および必要な工事に要する経費が出るというものです。補助率の上限は対象となる経費の3分の1以内で、補助金の上限額は一戸建て住宅1戸当たり120万円です。

　この改修では柱の径が105mmで、そのため壁の断熱材の厚みが補助対象に達していなかったことが工事中の解体で判明。壁を除いた窓断熱、床断熱、天井断熱が補助の対象になり、84万円の補助金が出ました。

　断熱リノベの補助申請は書類が多く煩雑で、公募時期や工事期間にも制約があります。しかし補助金の額は大きいため、高性能の断熱改修ができるメリットがあります。

　ちなみに、耐震改修の補助金はその工事に要する費用の2分の1までで、100万円が限度額です。今回は100万円の補助金が出ました。

　断熱改修と耐震改修の補助金を合わせると184万円です。改修を行う場合に、このような補助金利用を視野に入れると弾みがつきます。

省エネ改修の内容

改修後の内容、費用の内訳をまとめたものが図8です。

杉並の家 環境性能、設備機器の選定およびコスト （図8）

床面積：1階床面積43.51㎡／2階床面積43.51㎡／延べ床面積87.02㎡

◎パッシブ環境性能

	部位	既存	改修後	コスト	備考
断熱	床	なし	フェノールフォーム1種2号45mm	287,897円	
	壁	グラルウール10K 50mm	吹込用セルロースファイバー 100mm	757,180円	
	天井	グラルウール10K 100mm	吹込用セルロースファイバー 200mm	348,509円	
	開口部	アルミサッシ+単板ガラス	樹脂製サッシ+ペアガラス（空気層13mm）防火戸 既存アルミサッシ+樹脂製内窓ペアガラス（空気層12mm）	1,277,370円	
			内窓 インナーサッシ ペアガラス（空気層12mm）	628,110円	
日射遮蔽	西面の日射遮蔽		1階西側面：日射遮蔽型Low-Eガラス	開口部に含む	
日射導入		店舗と貸室	1階2階南東の窓からの日射導入		
通風	室内での風の流れ	室内建具開き扉	風がながれるように室内の建具を引き戸とする		
	室内への風の取入		風の入り口と出口になるよう窓を計画		
	夜間の通風		掃き出し窓はシャッター付き		防犯性能
調湿・自然素材	床	Pタイル、畳	杉無垢材	材 3,650円/㎡	
	壁	プリント合板、聚楽塗り	超破水調湿和紙壁紙	材工 1,400円/㎡	参考ビニールクロス材工1,000円/㎡
	天井	退化ボードVP、目すかし木製	超破水調湿和紙壁紙 2階主寝室は既存の天井	材工 1,400円/㎡	
	室内建具	フラッシュ戸	木框戸+ガラス（飛散防止フィルム張）		採光と人の気配
健康性への配慮	塗装		床 無塗装 木枠・手すり等 自然素材		

◎設備機器の選択

暖冷房	居室	なし	LDK,主寝室 エアコン	350,000円	
換気	24時間換気設置		第3種換気方式（居室に給気口 トイレからファンで排気）	138,166円	
給湯		瞬間式ガス給湯器	潜熱型瞬間式ガス給湯器	2,217,900円	
	浴室	バランス釜浴槽の浴室	ユニットバス 高断熱浴槽	350,000円	
	水栓	2バルブ水栓	台所：手元止水機能水栓		
			台所以外の水栓：シングルレバー湯水混合水栓		
照明		蛍光灯	LED照明		
	廊下		人感センサー付フットライド		
	玄関・納戸		人感センサー付照明		

省エネ性能

改修前は他の場所に住んでいたため前後の比較はできません。

杉並の家　改修後の外皮性能と1次エネルギー消費量 (図8)

	基準値	設計値	
外皮	0.87W/㎡K	0.63W/㎡K	基準達成
平均熱貫流率UA値	2.80%	1.80%	基準達成
平均日射熱取得率ηAC値	68.2GJ/(戸・年)	63.1GJ/(戸・年)	基準達成

この建物の設計1次エネルギー消費量
10%削減 503MJ/(㎡・年)

0

◀少ない　　　　　　　　　　　　　　　　　　多い▶

1次エネルギー消費量基準 ➡ 適合
外皮基準 ➡ 適合

誘導基準　　　省エネ基準
(10%削減)　　561MJ/(㎡・年)

杉並の家／2018年2月11日／自己評価

　今回改修した古い住宅も、ご夫妻がそれまで住まいとしていた近所の公団住宅も設備や建築年数が古く、お二人は「冬は寒く夏は暑い」という室内環境をそのままに受け入れて暮らしていらっしゃったようです。しかし今回の改修で床・壁・天井に断熱を施し、サッシの性能は温熱環境だけでなく外部からの防音効果も上げることになりました。水まわりのキッチン、脱衣室、浴室、トイレの設備は最新になりました。自然素材でできた室内に改修された住まいは、夏冬とも非常に快適と喜んでくださっています。

最後に

　高齢になって年金生活に入るステージで省エネ改修を行うことは、水道光熱費の削減という経済的なメリットがあります。

　省エネ性能が高い家に改修しても、あふれるように設備を使えば省エネになりません。快適性を損なうことなく、エネルギーを削減する暮らし方を見いだしていくことも大事です。最終的には住み手の暮らし方によって省エネ化が図れます。そのことを頭に置いて暮らし方を工夫してください。

　竣工後の省エネ行動の推進のために、住み方のアドバイスが書かれたパンフレットもありますので参考にしてください。

　また、今後は人口減少も含めて社会が収縮していくことが予想されているため、また既存住宅の活用のためにも、住宅の改修には誰でも使える補助金制度の創設が必要であると痛感しています。

取り組み事例

2

執筆、写真
小林 光

羽根木エコハウスの
リノベによる進化

　私、小林光は、「羽根木エコハウス」の住人です。この家は、世の中にあまたあるエコハウスの中でも初期の方の作品で、2000年竣工です。

　ここでは、このエコハウスの建築当初の姿、そしてそれがその後20数年を経るうちに、どのようにリノベーションされていったかを紹介します。新築以来の時の流れの中で、何が壊れて更新され、あるいは、壊れなくともどう改善されていったか、などを報告します。また併せて、それぞれの改善の取り組みの費用や効果についても一緒に考えていきます。前の節で紹介した、ある時点で一挙にリノベーションをする事例と比べて見ていただけると、住み続ける中でどのようにリノベーションに取り組むことになるのかを考える上で、参考になればと思っています。

　さて、性能にいっそう優れたエコハウスに向けたさまざまな取り組みの効果などを評価する場合、二つの方法が考えられます。

　ひとつは、いろいろと取り組み内容が異なるエコハウスを多数集め

※この節では、本格的な工事が不要なリフォームや製品の買い替えも「リノベーション」として表記しています。

て、どのような取り組みが有効だったかを調べてみる方法です。もう
ひとつは、一軒の家に着目して、どのような対策が、そしてそれらが
順次加えられていくことに応じて、性能がどの程度改善されていった
かを調べてみる方法です。本節の説明は、後者の方法によるものです。
多数の家を対象にして役立つ取り組みを特定するのも良い方法ですが、
住んでいる人々の数も住み方も違う上、立地の環境もまちまちで、あ
る取り組みに着目して効果を特定するのは難しいところです。他方、
一軒の家に着目する方法では、ある取り組みが他の家でも同じ効果を
期待できるかどうかを見るにはあまり向きませんが、追加された取り
組み以外には変化が少ないので、種類を異にするさまざまな取り組み
の効果の大小などを見るにはとても便利です。

　以下のお話では、ひとつひとつのリノベーションの取り組みの効果の
大きさなども紹介しますが、その大小などは読者のお宅では異なった
ものになるかもしれません。したがってここでは、皆さんがおうちで暮
らしていくと、時の流れの中でこんなことが起き、こんな選択肢に直面
し、それがこんなチャンスを生むんだなといったことを考える、一種の
将来シミュレーションとして読んでいただけるとありがたいと思います。

なぜ、エコハウスを建てたのか？

　私は長年、環境を守るための行政を担当していました。37年間、環
境省（任用された1973年にはその前身の環境庁でした）という役所
で働き、都市の大気汚染や地球温暖化、水俣病被害の補償などの問
題に取り組んできました。仕事の内容とは、煎じ詰めてみると、環境
をよくするような行動を始めるよう企業や一般の市民の皆さんに働き

かけることに尽きます。他人（ひと）さまにお勧めするのに、自分では実行しないというのでは筋が通りません。特に地球温暖化対策の場合は、温暖化のおもな原因物質は二酸化炭素（以下、CO_2）であって、この物質は物を燃やせばどこからでも出ます。家で使う電力は発電所で作られますが、そのときにもたくさんのCO_2が出ます。そうしたことから、日本のCO_2を減らすためには、一般のご家庭でも取り組んでいただくことが避けて通れなくなっているのです。家を新たに建てる際に、私はこのことに特に留意をしました。私が、CO_2減らしの対策を市民の方々にもお願いしていくときには、対策に伴い往々生じる苦労を知っておくことは欠かせませんし、どんな対策や取り組みなら労少なく効多いのかの実体験があれば説得力のあるお話もできるでしょう。そうしたことが頭にあって、足腰が不自由になってきた両親からの求めに応じて、2世帯、すなわち3世代同居の家を建てるに際し、エコハウス、それもフルコースのエコハウスにしようと決めて取り組むことにしたのです。

　期待される取り組みの生きた見本になることはもちろん、それだけでなく、自分が政策を描いていく上での材料や発想を提供するエコハウス——それが羽根木エコハウスだったのです。

　そしてここでの20数年の体験から、リノベーションについても何がしかのお話ができる材料が出てきました。ぜひ、わが家の経験を一つの参考にしていただいて、皆さまのお宅をいっそう快適で、地球にやさしいものへとリノベーションしていっていただければと思います。

　ここで、念のためですが、なぜご家庭での取り組みが避けて通れなくなっているのかについて、簡単に見ておきたいと思います。

　図1に示す円グラフは、日本全体から出てくるCO_2の量とその量に応じた内訳を示しています。全体の約15％は、家庭の暮らしに伴って出されています（工場から出されるもののうちにも、国民が最終的に

使う製品を製造することに伴って出されているものもありますが、それを減らす責任者は工場です。他方、電気について言えば、家庭で使う電力の発電に際して出るCO_2は、図2では、家庭に責任がある排出量として扱っています）。さらに図3の円には、家庭からのCO_2排出量のさらに内訳が書いてあります。自家用自動車を持ってらっしゃる場合は、ガソリンなどを使うことによって出るものが相当あります。それ以外ですと、暖房に伴うもの、照明によるもの、そして冷蔵庫の利用によって出されるものが際立って多く、しかしそれらだけではなく、家庭の暮らしのありとあらゆる場面からCO_2が生まれることが見て取れます。ちなみに、日本人はお風呂が好きなので、給湯に伴うCO_2排出量は欧米よりも多いに違いないと思います。

　一方で、地球の気候が大きく悪化してきたことが実感されるまでになりました。

　気候の悪化をなんとか耐えられる範囲にとどめよう、というのが2015年に決められたパリ協定[*1]です。国際的には、2050年かそれ

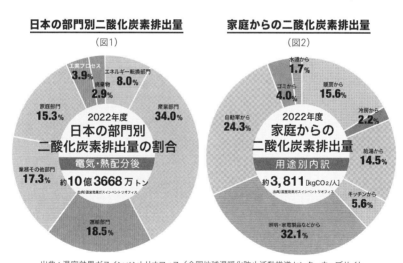

日本の部門別二酸化炭素排出量（図1）

工業プロセス 3.9%
エネルギー転換部門 8.0%
廃棄物 2.9%
家庭部門 15.3%
産業部門 34.0%
業務その他部門 17.3%
運輸部門 18.5%

2022年度
日本の部門別
二酸化炭素排出量の割合
電気・熱配分後
約10億3668万トン
出所）温室効果ガスインベントリオフィス

家庭からの二酸化炭素排出量（図2）

水道から 1.7%
ゴミから 4.0%
暖房から 15.6%
冷房から 2.2%
自動車から 24.3%
給湯から 14.5%
キッチンから 5.6%
照明・家電製品などから 32.1%

2022年度
家庭からの
二酸化炭素排出量
用途別内訳
約3,811[kgCO2/人]
出所）温室効果ガスインベントリオフィス

出典：温室効果ガスインベントリオフィス／全国地球温暖化防止活動推進センターウェブサイト
（https://www.jccca.org/）より

＊1　2015年12月に国連気候変動枠組条約第21回締約国会議（COP21）で採択され採択されて2016年11月に発効した、地球温暖化防止に関する国際約束。

家庭における消費電力量の内訳

（図3）

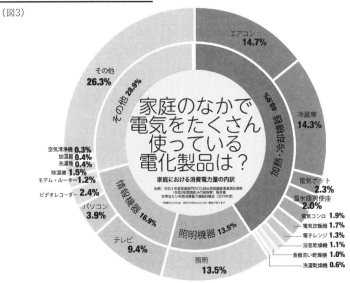

出典：令和3年度家庭部門のCO2排出実態調査事業委託業務（令和3年度調査分の実施等）報告書
世帯当たり年間消費量の機器別構成（2019年度）※四捨五入のため、合計は100%になりません。
全国地球温暖化防止活動推進センターの資料による。
温室効果ガスインベントリオフィス／全国地球温暖化防止活動推進センターウェブサイト
（https://www.jccca.org/）より

以降なるべく早く、CO2の全世界排出量を実質ゼロにすることが期待されています。日本では、この協定の規定に沿って、政府が国内計画を策定していて、そこでは、2030年の第一歩の取り組みとして、日本全体では05年に比べ46%減らすこと、そしてその中で家庭に関しては、2013年に比べてCO2を66%ほど減らすことを求めています。

これまで家庭生活は、特別に環境対策を要請されずに営まれてきましたが、気候危機と言われるほどの地球環境の悪化に対処するためには、もう環境対策と家庭は無縁ではいられなくなったのです。地球に住まわせていただく上での、いわば責任として、皆がCO2を減らすことになったのです。

そして、私はその先触れ役を担ってみた、というわけです。

エコハウス化は環境オタクでなくとも、ご利益いっぱい

　ところで、先触れ役をしてみて私は、この家庭に関する目標は、できないことはないにしても実は大変な数字だと、感じています（なぜそう申し上げるのか、詳しいことは、この節の最後の方で総評として取り上げます）。どうしたら、目標を実現できるのでしょうか。

　お堅い話ですみません。ついつい堅い話をするのは、正直に言えば私はいわば奇人で、仕事が高じて自宅のCO_2排出量に対しとても強い関心を持つようになり、ついには、それが減っただけで快感を覚えるようになってしまったからです。しかし大多数の人は、地球に良いことをするのはやぶさかではなくとも、それ自体が喜びになることはなく、もっと実感できる種類の喜びを歓迎するのではないでしょうか。ご安心ください。私が、環境オタクでない普通の市民の方々に強調したいのは、CO_2の削減の話ではありません。地球のために一肌脱ぐとは、お金がかかったりする悪いことずくめの難行苦行、にはまったく当たらないということなのです。

　実際はどうでしょう。たとえば、家の冷暖房がよく効くように断熱性を高くすると、家中にわたって温度ムラの少ない快適な空間ができます。快適であることは健康にも良い、ということになります。そして、エアコンが頑張らなくともすむ分、お財布も助かります。太陽光発電もだいぶ安くなってきましたし、屋根借りビジネスなども出てきたので初期投資が要らずに太陽光で作った電気を使うこともできるようになりました。その結果、電力会社よりも単価の安い電力を使うこともできますし、なんといっても災害などで停電になっても、日照さえ戻れば自宅では電気を使える、といった防災に関わる安心感も得られます。これらの

点は、羽根木エコハウスのデータを使っておいおい説明していきます。

　遠慮することはありません。自らのお住まいをエコハウスにするというのはあくまで手段と割り切りましょう。そして、快適さや健康上の利点、お財布に対する貢献、そして災害時の安心感といった良いことをこそ目一杯追求し、楽しんでいただければと思います。

羽根木エコハウスの 新築時のスペック

　羽根木エコハウスを設計したのは、1999年。設計と施工監理に当たった人は、私が建築工事を発注した工務店の、当時はお抱え建築士であった郡山芳斉さんです。この工務店は、わがエコハウスの根幹的な仕組みであるOMソーラーシステム（太陽熱による床暖房の仕組み。CHAPTER1を参照ください）を専門的に手掛ける建築工事屋さんで、そうした工務店の連合体の世話役もしていた、技術の確かなところです。郡山さんは、20年以上も前のことでしたがその当時すでに、環境対策に力を入れた住宅を数軒、設計する経験を積んでいらっしゃいました。私たちは、その郡山さんと相談する中で、建築の基本的な考え方を煮詰めていきましたが、それは以下のようなものでした。

　第1は、年齢が違う3世代、そして2世帯が、程よい距離を保ちつつ仲良く暮らせる間取りや設備にすることです。一例をあげれば、老人専用室をなるべく広く取るだけでなく、老人専用のトイレも設け、トイレの数は全体で3か所にしました。しかし、敷地は110㎡、建蔽率は60%、容積率は150%という制限があったので、玄関、台所やお風呂は共用にし、また、2世帯が団らんするところは食堂とし、ここにも重点的に空間を割きました。2世帯住宅と今で言う場合は、その定義に

は当たらない間取りですが、老人中心の1階と私たち子ども世帯の2、3階、といった感じに仕分けることはできました。

　第2に重点を置いたことは、周囲の環境への開放です。世田谷区の羽根木は、戦前最後の住宅開発地に隣接しているものの戦後の住宅立地が多く、各家の敷地は比較的小さくて、世田谷の一般的なイメージに比べると建て詰まっています。しかしわが家では幸いにも、東に区

羽根木エコハウスの東面のファサード。

有の小緑地があって良い自然環境になっています（私が子どもの頃は、もっと広い、大地主さんが持つ雑木林でフクロウも鳴いているほどでしたが、その雑木林は宅地として開発され売却されました。その際、ごく一部、ちょうどわが家の目の前が区に寄付され、緑地として保存されたのです）。そこで、緑地に面する東面は、1階も2階も大きな開口部やベランダにすることにしました。家の中から豊かな緑が見えるのは、心の落ち着きにつながります。写真は、その小緑地の方向から見た羽根木エコハウスです。

　そして第3が、エコハウス、それも当時のフルコースと言えるものにすることです。これは私が、自分の仕事にも生かしたいからで、特注品はないですが、当時一般に市販されていた環境設備はすべて網羅することにしました。

　本書は、リノベーションやリフォームに当たって環境性能に着目することによって、いっそう暮らしやすい家へと進化させることがテーマですので、以下では、まず、羽根木エコハウスでグリーンなリノベーションが始まる、その前の姿を少し詳しく紹介しましょう。なお、この住宅

を造るに至った経緯や建築工事の間の課題や苦労、そして新築後5年間程度の様子については、この本と同じ出版社の木楽舎から『エコハウス私論』という本を出していただいて詳述しています。より深いディテールにご関心のある方はそちらにも目を通していただけると幸いです。

　さて、多くのエコハウスでは取り組みの区分として、省エネ、創エネ、その他の取り組みというふうに分けた整理がよくされますので、わが羽根木エコハウスの最初の姿も、その整理の仕方で紹介しましょう。

建物自体の省エネ性能

　省エネという観点では、まずは断熱に力を入れました。断熱がなぜ重要か、とか、どうしたら断熱性能を高められるかは、前掲のCHAPTER3などに詳しいので技術的なことについてはそちらを見てください。大事なことは、壁の断熱のための費用は比較的安いので、費用対効果にとても優れた取り組みになるということです。今日の目からはまだまだ不十分と言えますが、羽根木エコハウスは、20世紀末の東京のものとしては先進的な断熱を施しました。具体的には、壁には（今では標準的ですが）密度16Kのグラスウールを100ミリ、屋根下にはさらに倍密度（32K）のものを100ミリ、といった具合です。ただし、後で見るように、床下の断熱が弱かった部屋があり、後にその強化をしました。

　断熱性を高める上で最も重要なのは、開口部の性能アップです。一枚板のガラスにアルミのサッシの組み合わせでは、壁に穴が開いているのとそう変わりがないと言いたくなるほどです（詳しくは、98ページからをご覧ください）。羽根木エコハウスでは、すべての窓を複層ガラスとしました。これによって、熱の出入りは単板ガラスの四割程度に抑えられました。けれども断熱サッシ枠は、当時は商品が少なく、ほとんど採用できませんでした。今ならさまざまなタイプの枠断熱サッ

シがありますので、時代の進歩を感じます。

　高断熱で高気密、というのがエコハウスの基本の考え方です。他方、この高気密ということが、息苦しさやシックハウスを連想させて悪い印象を生んでいるのも事実です。しかしCO_2や、家具などの合板に含まれる化学物質などによって、室内空気が高気密の場合には汚染されやすくなるため、これを避けるようにと、今日では新築の家は気密性を高めた上で、必ず自動の換気装置を備えることになっています。けれども、羽根木エコハウスはそうした規制ができる前に建築確認を得た家ですので、自然換気の家です。特に冬場には、再生可能エネルギーである薪をストーブで燃やして暖房できるようにしたこととのバランスで言えば、機械換気がないまま今日の目での高気密住宅にしてしまうと、おそらくストーブは燃えにくくなってしまっていたと思います。気密性の良否は、施工の精度にもよるので、設計だけでは分かりません。そこで実測をしました。気密性の尺度はC値と言い、結果は4.6でした。表面積1㎡に家を縮めた場合に、家の表面積当たり4.6㎠の空隙がある、という意味です。普通の家は、この数値は8㎠程度といわれます。住宅新築時に公的な融資を受けられる高品質な家とされる基準が、C値5以下ということなので、わが家の気密性は当時としては十分なものでした（逆に言うと、隙間が5㎠以上あると、せっかくの暖冷房のエネルギーを失う度合いが高くなるので、お薦めできません）。

　この気密性や壁や窓の断熱性能を前提にして、Q値という、家全体の断熱性の程度をOMシステムの開発元のOMソーラー協会（現在は株式会社）に計算してもらいました。あくまで机上の計算で、カーテンなどの効果も加味して、その値は2.0とのことでした。その意味するところは、家内外で1℃の温度差があったとき、先ほどのような隙間や換気に伴う熱の損失に、さらに壁など家全体から流れ出ていく熱の量を加えてW（ワット）で表示した場合、延べ床面積1㎡当たり、かつ1時

間当たりで2Wの熱が逃げる、ということです（2014年以降は測定法が変わり、家の断熱にはU_A値という尺度を用います。U_A値では換気の熱損失は除き、床面積当たりではなく、床や屋根など外気に面している表面の総面積当たりで計算した値を用います。考え方は同じようなものですが、分母となる面積が大きくなって数値自体がもっと小さくなるため、直接にQ値とは対比できません）。羽根木エコハウス新築時点での家の断熱基準はQ値であって、東京などでは2.7以下とすることが推奨されていましたので、それに比べれば「2.0」の値は25％以上も熱の損失が少なく、かりに青森県に建てたとしても、同県で当時推奨されていた基準をほぼ満たせる高断熱の、したがって冷暖房に関して省エネな住宅になりました。もっとも、この程度の断熱性では北海道では及第点はもらえません。

　なお、こうした建物自体の省エネ性能を確保することに加え、家に置く家電製品についても当時の最善の性能のものを選んだことは言うまでもありませんが、そのことについては、後の方のページで見ていきます。

再生可能エネルギーの取り入れ

　省エネがいわば基礎的、防衛的な環境対策とすると、積極的な環境対策とは、太陽熱や光のエネルギーを取り入れ、活用することです。この点にも、羽根木エコハウスは力を入れました。

　まず、前述したOMシステムです。これは、屋根にガラス面を設け、その下側に軒下から取り入れた空気を通して太陽光で加熱し、その温まった空気を1階の床下に送り込んで床暖房に使うというシステムです。この仕組みではさらに、1階にまで送り込む空気の通り道で、循環する熱媒体の液体を温め、その熱媒体が、お湯を貯める槽まで熱を運び、そこで水をお湯にまで温める（55℃まで加温します）ことも併せてできます。暖房と湯沸かしを兼用する仕組みですが、寒い時期は暖

房を優先し、春や晩秋は、その両方、夏は湯沸かしだけをする仕組み
になっています（ちなみに湯沸かしが太陽熱だけでは不十分な場合も、
貯湯槽からガス湯沸かし器を必ず一旦通ってから給湯されますので、
使い手には、お湯不足で困ることのない仕組みになっています）。

　この仕組みが、エアコンや、あるいは灯油などのストーブ、そして
ガス湯沸かし器をどの程度節約することになったかは推計するしかあ
りません。わが家についての専門家の計算では、暖房のためのエネル
ギーは晴れた日であれば約6割が、また冬季を全体として見ても、東
京は冬には晴れが多いので、約半分は太陽熱によっているだろうとの
ことでした。また給湯では、1年を平均するとやはり4割は太陽熱でま
かなわれていると計算されました。自然のエネルギーはすごいと実感
しました。なお、給湯だけに太陽熱を使う温水器には、最近はとても
性能が良いものが出てきていますし、また、冬場には太陽の光を積極
的に室内に取り込むことで暖房の一助にすることも可能ですから、わ
が家のようなOM式などといった特別の仕組みを備えなければエコハ
ウスではない、と思い込む必要はありません。

　羽根木エコハウスでは、太陽熱を使うだけでなく、光のエネルギー
で発電をする太陽電池パネルも使っています。発電は、パネルが張れ
る面積によってどれだけ使えるかが変わります。ベランダに置ける小さ
なパネルで少しだけ発電して、非常時に備えて蓄電するような仕組み
もあります。わが家では、実は、直射光がどうしても必要な太陽熱利
用のために南屋根はみな使ってしまい、空いているのは、北側斜線規
制をクリアする結構急な傾斜の北向き屋根だけになってしまいました。
しかし、可能な環境対策にはすべてチャレンジするフルコースのエコハ
ウスとしては、効率を犠牲にしても太陽光発電もすべきと思い、この日
当たりの悪い北屋根にパネルを張りました。能力は2.3kWhで、南に向
けて張れば1年に2,300kWh程度発電するはずのところが、北向きな

ので1,300kWh程度の発電
量にしかなりません。それでも、
家で使う消費量の3割に相当
する電力をまかなっています。
ついでですが、この太陽電池
はアモルファス型といって、
電気への変換効率は落ちます
が、青くピカピカしている通

太陽光発電パネルは丈夫だが、10年過ぎたら、ときど
きは、点検と手入れがお勧め。

常のものとは違って、黒色で反射もほとんどなく、そう言われなけれ
ば気づかないものです。北屋根に反射の強い部材を張ると、そのさら
に北側にあるお宅を反射光が照らして迷惑ですが、幸いわが家の場合
はそんなことはありませんでした。

　太陽熱や太陽光以外の、いわゆる再生可能エネルギーの活用として
は、薪ストーブを備え付けました。薪になる木材は、近所の造園屋さ
んが剪定した枝をさらに長さ40cmくらいに切ってくださったものを分
けてもらい、1年ほど乾かして使っています。寒い時季でも毎日使うと
いうほどではなく、先ほどの太陽熱床暖房が効かない曇りや雨の日に
使うだけですので、暖房エネルギーを減らすことには、おそらくは1割
分も効いてはいないでしょう。けれども、ストーブの中でゆらめく赤い
炎を眺めていると、原始に戻って自然の恵みに直接頼っているような、

剪定枝の寸法を
そろえて薪にした
もの。そして煙突
の出口。

暖かさにほのぼのと包まれる安心感に癒さ
れます。ただし、薪ストーブにはデメリッ
トもあります。ばい煙です。わが家では、
ビニールなどはもってのほかで、薪だけし
か、それも広葉樹のもの以外は燃やさな
いことにしています。おかげで煙突掃除は
ほとんどしないで済んでいます。念のため、
煙の中のダイオキシンなども測定しました。
左の写真はその様子です。結果は、廃棄
物焼却炉での最も厳しい規制値をなお下
回る低濃度だったので、ほっとしました。

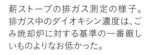

薪ストーブの排ガス測定の様子。
排ガス中のダイオキシン濃度は、ご
み焼却炉に対する基準の一番厳し
いものよりなお低かった。

　以上見てきましたように、羽根木エコハウスではその新築時点で、
熱需要や電力需要それぞれのおよそ3割は、自然（太陽）の力で自給
できる仕組みとなっていました。

　ちなみに、理科年表などにある1㎡当たりの全天日射量（赤外放射
も含む）データに、羽根木エコハウスの面積、約110㎡を掛け算すると、
わが家には年間46万MJ（メガジュール）という量の太陽エネルギーが
降り注いでいることが分かります。そしてこの値は、わが家で使う電力
（発電の自家消費分を含めて年間およそ4,600kWh）とガス（約210㎥）
の合計熱量、およそ2.6万MJの17倍以上も大きなものなのです。太陽
のエネルギーはすばらしい量でかつ無料です。こんな大きなエネルギ
ーを使わないのは大変にもったいないのです。

　太陽光パネルは、羽根木エコハウスでは新築時から付けましたが、
リノベーションとして載せることも十分可能ですし、今では、その発電
電力を10年間買う（値段は普通の電源より少し安い）との約束をすれ
ば、住み手の金銭負担なく太陽光パネルを設置してくれる企業も現わ
れています。こうしたことができるようになったのも、太陽光発電パネ

ルの製造原価が安くなったおかげです。太陽光発電は、家庭の電力購入支出を減らすだけでなく、パネルを作るときに使ってしまった電力を2年間で償却し、それ以降は逆にエネルギーを生み出す、本当に優れた仕掛けだと思います。

自然素材の活用など自然との親和性、その他のスペック

フルコースのエコハウスを実践して教訓を得ようという趣旨から、取り組み内容は多岐にわたっていました。

たとえば、基礎のコンクリートの性状を長持ちするものにすること、そして、基本は木造でしたが、比較的太い柱（12cm角、通し柱は18cm角）を使うことで耐久性を確保しています。それは、家を長持ちさせることによって、家屋の解体ゴミによる環境への影響をなるべく少なくするためです。この配慮は、もちろん耐震性を向上させることにも役立ちます。

また、床材は、ほとんどの場所で国産カラマツの間伐材から作ったムク板にしています。値段は幸い輸入品と変わらずでしたが、これで国内の林業の振興に貢献し、また、木が長年吸ったCO_2を空気にはき出さずに済んで温暖化を少しでも防いだと思うと感激しました。そんなこんなで、羽根木エコハウスの床面積1㎡当たりの木材使用量は0.216㎥と、当時の全国平均値の13%増しでした。また鋼材も多用しましたが、それは、鉄はリサイクルの優等生であるからです。ムクの木材も、再利用やリサイクルに適しています。

このほか、案外と見逃されがちですが、環境にもお財布にもよいのが節水です。羽根木エコハウスでは、風呂桶の残り湯を中水設備で曝気した上でトイレの洗浄水に使ったり、雨水タンクをいくつも置いて、その水を庭の水まき用にしたりしています。また、食事後の食器の洗

浄には食洗機を使っています。手洗いするより水の節約になる上、家事労働の軽減に劇的に貢献します。これは新築時からそうですが、今やわが家では、すでに常勤職でなくなった私が調理と片づけを担当することがかなりの頻度になっているため、家事労働軽減とは、実は私が楽になるという意味になっています。楽になるだけでなく、水道水は、水源の水を浄化したりポンプで圧力をかけて家庭にまで配水したりするのに相当のエネルギーを使い、それが水道料金に反映されていますし、また、CO_2を発生させてもいます。節水は、リノベーションのひとつのねらい目でしょう。これには、節水シャワーヘッドも効果的です。

　CO_2の削減量としてなかなか計算はできませんが、緑を積極的に取り入れることも重要です。わが家では新築時から、2階の南面は「緑のカーテン」でガードするようにして、夏の直射光を避けています。この緑のカーテンでは、春から初夏にはスイカズラやテイカカズラが花を咲かせ、甘い香りを漂わせてくれますし、蝶が訪れてくれたりして、とても和みます。

エコハウスの新築で分かったこと、実感したこと

　エコハウスを新築し使い出したとたんに、電気やガスの消費量、水道の購入量も、新築前に比べて大幅に減りました。建て替え前の羽根木の旧宅では、老親二人が住んでいましたが、月に最大900kWhもの電気を使っていたのです。それが新築後は、住人が7人に増え（わが家族4人に加え、大学に通うために下宿しに来た甥一人と老親たち）ても、せいぜい400kWhに減りました。年間の光熱水費は、建て替え前が約60万円だったのが、26万円も減って34万円になりました。

お財布への負担は、建て替え前に比べて43％も軽くなった勘定です。もちろん、エコハウスとして新築するには相当の投資が必要です。しかしその投資額は、わが家のように実験的にフルコースの取り組みをした場合でも計算上は30年ほどで取り返され、後は利益を生んでいくことになります（詳しくは、前掲の『エコハウス私論』を参照ください。何にいくらかかったのか、など詳しく記載しています）。今日では、仮に銀行にお金を預けていても金利は事実上付きません。そうであれば、家に投資して得を生み出すのも一つの手です。

　そして一番肝心なことは、暮らしが快適になったことです。羽根木エコハウスの前には、私は広尾の山の上にある官舎に住んでいました。そこは麻布の貧民窟と揶揄される古アパート。畳床の下はすぐ地面で、壁には断熱などありません。冬の朝起きると、まずはガスストーブを点けて、その前に座り込んで体を温めてからようやく活動を開始するという、変温動物のような暮らしをしていました。窓はべったり結露するので、窓枠などにたまった水を雑巾で拭きとるのが常でした。それがどうでしょう、引っ越しした後の最初の冬、あるとき気づいたのですが、一面雪景色の中で窓越しに雪見酒ができたのです。雪見酒が快適だ、と言いたいわけではありません。二重窓の断熱で部屋の温度が高く保たれている上に、結露もしないと言いたいのです。一戸建ての家では、マンションなどに比べて残念なことに冬の救急搬送が多いと聞きます。それは部屋ごとの温度差が激しく、それが心臓や脳の負担となって血管障害を引き起こすからです。室内環境が隅々まで暖かいエコハウスは、その可能性を大いに減ずることができます。

屋外は積雪でも曇りのない複層ガラス窓。

　そして、環境への貢献です。人類が地球に住まわせてもらう以上、地球を壊す住み方はできません。地球を壊してしまえば、結局そのツケは私たちの子や孫に回ってきます。最近の新聞記事では、世界各地で頻発する気象災害のせいで、損害保険料が高くなってきていることが報じられています。保険料が高くて保険に入れない、といった時代が来ないとも限りません。そんな将来にならないよう、環境を壊さないことは貢献どころか、もはや義務とも言えるでしょう。

　エコハウスを建てる前に比べて、CO_2の排出量がどのように減っていったかは、次のグラフ図3が示すとおりです。今では、ほとんど80%の削減を果たしました。これはついこのあいだまで、日本全体の2050年目標とされていたレベルと同じです。羽根木エコハウスは、30年後を先取りした実験とも言えます。このグラフを少し注意深く見ると、エコハウスへ建て替えただけでCO_2は約35%減り、光熱水費もだいたい比例して40%以上減ったわけで、エコハウスは効果が大きいことが分かります。そしてここで強調したいのは、その後の20年間建て替えはなくとも、こまめなリノベーションでさらに70%程度の追加的な削減ができ、建て替え前と比べて都合約80%の削減に至ったということが分かります。その足取りをこれから少し詳しく見てみましょう。リノベーションの意義が見えてきます。

羽根木エコハウスのCO_2排出量の推移 （図3）

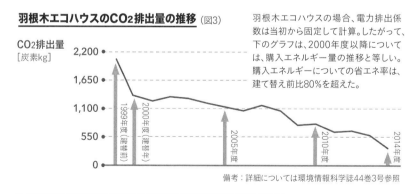

羽根木エコハウスの場合、電力排出係数は当初から固定して計算。したがって、下のグラフは、2000年度以降については、購入エネルギー量の推移と等しい。購入エネルギーについての省エネ率は、建て替え前比80%を超えた。

備考：詳細については環境情報科学誌44巻3号参照

時が経つにつれて起きる劣化とそれへの対処

　リノベーションでは環境性能が上がっただけでなく、光熱水費も建て替え直後に比べるとさらに17.5万円安い年額16.5万円へと、73%減になりました。どのようなリノベーションがどの程度に役立ったのでしょう。

　リノベーションを二つに分けると、自然の劣化への対応で行ったリノベーションと、こちらから意識して積極的な改善として行ったリノベーションがありますが、まずはその前者から見ていきましょう。

　なお、正直には自然の劣化とは言えない、初期故障もありました。たとえば、太陽光発電パネルの頂上部笠木の下からの雨水漏れ、中水設備から戻ってきたトイレ洗浄水が温水洗浄便座用の水に誤接続されていたことなどです。これらはリノベーションではないため、ここでは省略します（本人は楽しくないのですが、他山の石として、読者の方には笑ってもらえるかもしれませんので、ご関心があれば『エコハウス私論』を参照ください）。

洗濯機の代替わり、しかし水道消費は増えてしまった

　経年劣化で壊れたものと言えば、ほとんどが家電です。まずは洗濯機でしょうか。

　ドイツ製のドラム式洗濯機が最初に据え付けたものですが、回転軸が水平なので、重力の影響があるのでしょう、だんだんと振動や騒音が大きくなってきました。典型的な経年劣化です。ちなみにこの洗濯機は2代目で、1代目は最初の据え付けミスがあったためか3年くらいで排水が困難になり、同型機で買い替えをしました。その後、16年程

度使えたので、丈夫な機械であったと思います。しかし寄る年波に勝てなくなり、そこで、平凡ですが縦型の日本製品に換えました。今後の更新の容易さ、価格の安さが理由です。換えてみたところ、さすがに日本製で、電力消費は大幅に（1年間で51kWh）減りました。モーターがインバーター制御されているからです。ただし残念なことに、水の消費量はかえって増えてしまい、年間で36㎥、すなわち、1か月分強の水量が増えました。ドラム式洗濯機は衣類を水面にたたきつけて洗うのですが、縦型のものは、豊富な水流の力で洗っていて、原理が違うことに気づかされました。優秀な日本家電にもまだまだ改良すべきフロンティアがあると思いました。

食洗機は21年も勤続したが、交換

　ドイツの名誉のために、ドイツ家電のタフさ加減をひとつお伝えしましょう。それは食洗機です。AEG製の食洗機はほぼ毎日動き続けていましたが、実は20年目には食洗機を動かすダイヤルが取れてしまい、食洗機に的確な指示を出すのが困難になっていました。そこで、ダイヤルがもともとはまっていた軸を、通称カニフォーク（カニの身を取り出す際に使うあれ）を中に挿して回すことでなんとか使っていました。修理しなかった理由は、さすがに据え付けてから20年以上経ち、交換部品のストックがなくなっているからです。けれども、カニフォークで操作するのも億劫になり、21年目に同じメーカー（AEG）のものに買い替えました。ちなみに、初代の食洗機は月当たり30から40kWhの電力を消費していましたので、後述の電気冷蔵庫の買い替え後は、わがエコハウスの最大の電力消費者になっていたと思われます。しかし、食洗機は手による皿洗いで使う湯水を40%、そのための湯沸かしエネルギーを38%節約する（AEGの資料による）そうなので、全体として見ると環境負荷はもっと少ない家電と言えます。そして私は特に

強調したいのですが、食洗機を使えば、洗う手間はもちろん、水をふき取り乾かす手間も省くことができます。私のように退職して炊事当番になっている身には、とてもとてもありがたく感じられます。料理は大好きですが、布巾で食器の水気を取るのには喜びを感じません。こうした家事の軽減には崇高な効果があり、そのためにCO$_2$が出たって何が悪い、とも言いたいのです——脱線、すみません。

さて、この私としてはその環境負荷をまったく責める気のない尊敬する家電ですが、買い替えた結果はどうだったでしょう。実は、電気消費量は45%も減ったのです。びっくりしてメーカーのAEGに理由を問い合わせました。聞いたところでは、まずは洗浄に使う水を徹底的に減らして、お湯の量自体を大幅に、具体的には5%も減らせたのが功を奏したということでした。そのほかにも、モーターの直流化などいろいろな技術を組み合わせたそうです。リノベーションの典型のように感じました。

電気冷蔵庫はもう3代目

家電で一番電力消費が大きいのは一般には電気冷蔵庫です。これは、すでに3代目です。その顛末や効果を見てみましょう。

初代については、経年劣化というわけではありませんが、子どもたちが大きくなるにつれ食品を冷蔵しておきたい量は増え、ドイツ製ノンフロン冷媒冷蔵庫は小さい（321ℓ）ので買い替えました。2004年のことです。2代目は、ようやく日本でも発売されたノンフロン冷媒の日立製で、当時の省エネ基準を200%達成した、ものすごくエコな製品です。年間の電力消費は600kWhと、買い替え前より17%減り、容積は30%増の415ℓになり、自動霜取りや自動製氷にもなりました。利便性と環境性をはるかに高い次元で達成していてとても満足でした。しかしこの冷蔵庫も、15年間使っていると経年劣化で電力消費が増え

てきました。実測では年間821kWhへと効率が悪化してきたため、2019年に買い替えました。これも日立製、年間電力消費は268kWhと、2代目に比べ七割近く減ります。そのうえ、容積も20％大きくなって501ℓと、リノベーションの効果を実感しました（なお、冷蔵庫の置き方の工夫でもその効率は良くも悪くもなります。45ページを参照ください）。

マニアックだったので後継機がなくなったエアコン

　家電などの経年劣化に伴うリノベーションで最も苦労したのは空調設備です。エアコンは大きなエネルギー消費機器です。

　実はわが家の初代のエアコンは、商店などでは普及しているガスエンジンのものでした。電気モーターの代わりに、自動車のようなエンジンを使って冷媒のコンプレッサーなどを動かすのです。なぜわざわざそのような大げさな感じの機械を入れたのかと言えば、新築の2000年ごろでは、何台もの室内機を動かす力が出せる機種（マルチエアコン）は限られていて、それらの中で比較すると、これがほんの少し優れていたからです。すなわち、それぞれの冷暖房時の効率（COPと言われる。1の量のエネルギーを使用してどれだけの量のエネルギーを冷房用あるいは暖房用に室内外の間で動かせるかの係数。最近は、6倍などといった高性能のものがある）と、商用電源の熱電変換効率、あるいはガス内燃機関の熱効率とを掛け算して、総合的な冷暖房効率を考えてみると、ガスが少し有利だったのです。それに電力だと、その需要ピークではCO_2をたくさん出す発電所も動かすことになってしまうことも心配して、ガスエンジンのエアコンを入れました。しかし家庭用には大げさな機械だったのでしょうか、結局、メーカーは家庭用から撤退し、そのうち修繕部品もなくなりました。そこで、2015年の冬に、エアコンを電気のマルチ型に変更しました。苦労したと冒頭に書きまし

たが、何にかといえば、それは親機と子機とをつなぐ熱媒管や結露の排水管の造作です。子機も実は全取り替えなのですが、ここは実は、前に使っていたものと同じサイズで外観も同じものが販売されていたのでそれとの交換で済みました。しかし、この機器の使用断念にとどめを刺したのは、熱媒管のどこかからの熱媒（つまりフロン）の漏れだったのです。古い熱媒管を引き続き使うことができなかったため、一部は新たに外壁面に取り付けるなど家の外観デザイン上の犠牲を多少は払う必要がありました。電気やガス、そしてエアコン関係の配管は、将来の修繕交換に備え、交換しやすい場所に埋め込まないといけないなと痛感しました。読者の皆さまも、家を新築あるいは改築されるときにはぜひ気を付けてください。

　親機は1台そして子機5台の同時交換ですから、費用は120万円になりました。その効果はどうだったでしょうか。まず、費用面から見ると、ガス代は減り、電気代は増えましたが、通算すると、暖房期にも冷房期にも月当たり5,000円、空調期間4か月では2万円の節約（その期間の光熱費の4割弱の減少に相当）になりました。エアコンはいつかは交換しなければならない家電ですから、取り替え費用は避けられない出費です。しかし、最近の技術進歩に伴ってランニングコストは大き

断熱改修・ガスエアコンから電気エアコンへの更新等による効果 （図4）

平成28年の冷暖房CO2とその前年との比較

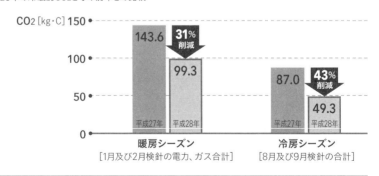

く減っていることが実感できました。もちろん、このことによって家の地球環境への貢献度合いも高まりました。交換後1年間の実測では、暖房期間ではCO_2を31%減らし、さらに冷房期間では43%もの削減になっていました。私にとっては二重の喜びでした。

雨掛かりの木材は交換頻繁

そのほか、経年劣化に対応したリノベーションでは、家の上部の方から見ると、OMシステムという太陽熱による床暖房の仕組みで空気を温める、ガラスでできた屋根面に埋め込まれたガラス製の箱（集熱板）の四囲のパッキンが劣化して雨漏りが起こったことがあります。最初の施工時にパッキンの取り付け強度が不足していたことが原因だったようで、これは単純な修繕で済ませました。

また、3階の屋上緑化してあるところの半分雨掛りの木製すのこは、当初の杉製のものはやはり腐ってしまい5年ほどでヒバのものに換えましたが、それでも腐りは遅くなっただけで止めるにはいたりませんでした。実は2階と1階のベランダのすのこも腐ってしまい、1回全部取り替えました。そのときに、3階南側の雨掛りのベランダの材木も換えました。それは南アメリカ産のイペ材への交換です。産地ではずいぶん減ってしまったと聞いているので、それを使うのはかの地の環境に良くなかったのではないかと気にはなりますが、こちらは本当に腐りに強く、この10年以上、なんの不都合も起きていませんし、まだまだ持ちそうです。1階風呂場の上がりカマチ（といっても、ユニバーサルを心がけた我が家ではフラットです）の木材（カラマツ）も、裏面から風呂場の水が沁み込んで腐ってしまいました。ここは木材を交換するだけでなく、その下側は、当初のモルタルから不透水のコンクリートに換えました。

木材はCO_2の貯留源としても、また、身の回りの空間を柔和な雰囲

気にする上でも大いに有益ですが、その場に応じた素材の使用とメンテナンスが重要です。

壊れない家電はない。備えて計画的買い替えを

　家屋内の各所で使っているファンにも壊れるものが出てきて、交換しました。それはファンの中でも最も頻繁に使う台所の換気扇と風呂場の換気扇で、いずれも1階にあります。台所の換気扇は6年で外部のシャッターが閉まらなくなり、同型のものに交換しましたが、それでもなんと7％の節電になりました。風呂場の換気扇も、20年目にして突然回らなくなりました。温度ヒューズのようなものが内蔵されていてそれが切れた、とのお見立てでしたが、もう修繕用の部品の保存がなく、全部の取り替えになりました。それだけでなく、風呂用換気扇を取り付けた後で風呂の天井が取り付けられていたので、交換工事は天井板を外す大掛かりなものになってしまいました。実は、交換前の風呂場換気扇は暖房や洗濯物乾燥などの機能のある優れモノでしたが、そうした機能を使ったことはなかったので、工事費がかさんだことから、換気のみの単機能のファンにして費用を節約しました。エアコン、そして風呂場換気扇の交換でも痛感しましたが、設備の交換がしやすいような工夫は、新築時から、そして実際の交換に迫られたときにも、将来に向けて必要だということです。

　また、リノベーションというほどのことではありませんが、テレビは、2000年竣工の頃はみなブラウン管式でしたところ、不況対策も兼ねて、デジタルテレビへの急速な移行がエコポイント付きで奨励されたときに3台買い替えました。この液晶型のものは大きくて、画像も精細になったにもかかわらず消費電力が低く、デジタル化で6割くらいの節電になりました。ただ、最近のテレビの大型化はなお進んでいるようで、それに加えて4K化などもあって、機種によっては消費電力がとても大

きなものがあります。購入に当たっては、単に省エネの等級を示す星の数だけでなく、消費電力の数値自体もチェックしてみてください。省エネ等級は、同程度の大きさで同種の技術の製品の間の比較で決まっているので、テレビ全体との比較ではないことに注意が必要です。

　以上のように、家電などの故障は、10年、20年などのスパンを考えると必ずあります。家の躯体を長持ちにすることは、環境を守る上でも、また生涯の可処分所得を大きくする上でもよいことです。しかしそのことに伴って、家に組み込まれた諸設備のメンテナンスや交換を必ず何回も行わないとならなくなります。そうした修理交換を行いやすいように新築し、あるいはリノベーションして改善していくことはとても大切です。

　それともう一言──家電の交換は計画的に進めるのがよいでしょう。と言いますのも、家電は新型が販売されると旧型は型落ちということで、値段が下げられて売られます。自宅の家電がいよいよ壊れて動かなくなったときがたまたま型落ち値下げの時期に当たる、ということはあまり期待できません。古くなった家電は、壊れるまで待たず、計画的に更新する方がお財布にやさしいと言えるでしょう。日本の家電リサイクル制度は本当によく整っていますので、壊れない家電を廃棄するのはもったいない、などと思う必要はありません。部品にまで戻され、ちゃんとリサイクルされるのです。

　ちなみに、わが家で壊れる前に更新した例は、ポイントゲットに釣られて行った前述のテレビ（同時にVHSのビデオはDVDなどのデジタルに換えました）のほか、ガス給湯器があります。10年の機器保証期間は過ぎていましたが、特段の不都合はなかったのです。しかし、温かいシャワーやお風呂に入れなくなってからでは困ります。このため、エコジョーズに買い替えました。これは言わば攻めのリノベーションなので、節水のところで紹介します。

攻めのグリーン・リノベーション

家電の更新による効果をひとつにまとめると図5のとおりです。わが羽根木エコハウスでは、さらに積極的な改善も試みてきました。リノ

家電の買い替えは、電力消費削減に著効 (月間平均値の削減状況)(図5)

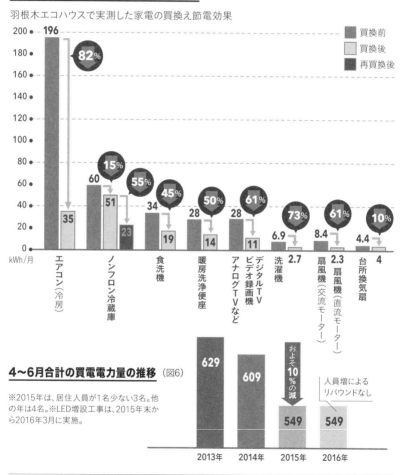

羽根木エコハウスで実測した家電の買換え節電効果

凡例:
- 買換前
- 買換後
- 再買換後

kWh/月

- エアコン(冷房): 196 → 35 (82%)
- ノンフロン冷蔵庫: 60 → 51 (15%) → 23 (55%)
- 食洗機: 34 → 19 (45%)
- 暖房洗浄便座: 28 → 14 (50%)
- アナログTVなど: 28 → 11 (61%)
- デジタルTVビデオ録画機: 6.9 → 2.7 (73%)
- 洗濯機: 8.4 → 2.3 (61%)
- 扇風機(交流モーター): 4.4 → 扇風機(直流モーター) 4 (10%)
- 台所換気扇

4〜6月合計の買電電力量の推移 (図6)

※2015年は、居住人員が1名少ない3名。他の年は4名。※LED増設工事は、2015年末から2016年3月に実施。

- 2013年: 629
- 2014年: 609
- 2015年: 549 (およそ10%の減)
- 2016年: 549 (人員増によるリバウンドなし)

ベーションを行った時系列ではなく、難易度、つまり簡単なものから込み入ったものの順で紹介していきましょう。

照明のリノベーションは、
いつでもできて、とてもお奨め

まずは照明関係です。わが家はフルコースのエコハウスを目指していたので、2000年の竣工時には、照明としては、一番多くの箇所で高周波蛍光灯というものを採用していました。蛍光灯の管自体は同じですが、インバーターを使って高い周波数にし、電気の流れをよくする仕掛けです。しかしその後、LEDがどんどん普及し始めました。蛍光灯も白熱灯に比べて省エネですが、その蛍光灯に比べてもLEDはおおむね半分の電気しか消費しません。値段は高いのですが、蛍光灯よりははるかに長持ちなので、蛍光灯の場合の買い替え費用を考えるとLEDの方がお得です。お財布によくて、かつ手間要らず、というわけです。リノベーションの優等生です。

そこでわが家では、白熱灯の球（おもに常夜灯などの小型ランプ）や電球ソケットに入るスパイラル形蛍光灯が切れたら電球型のLEDに換え、蛍光灯（特に高周波型でなく、グロースターター式のもの）の点灯が悪くなったら直管型のLEDに交換（7か所）していきました。しかし、高周波型の器具にもそのまま取り付けられる直管LEDは製造量が少ないのか価格が高いのに気が付き、そうした箇所（11か所）は2016年に、思い立って一斉に器具自体をE26のソケットに換えてしまいました。せっかくの柔らかい線光源が点光源になってしまったのはちょっと残念でしたが、その工事費は31,000円と割安でした。その際には、まだきちんと点灯していたスパイラル形蛍光灯や白熱灯も思い切ってLEDに交換しました。

このリノベーションの節電効果は推計するしかないのですが、結構

なものだったようです。その年は娘がたまたまひとり暮らしをしていて、翌年羽根木に復帰したのですが、そうすると水道もガスも13〜14%程度の増加になったのにもかかわらず、電力には増加が見られませんでした。娘がいた機器交換の前年と娘が復帰した機器交換の翌年の電力消費を比べると月20kWh程度（10%相当）の差があり、これが照明リノベーションによる節電分に見合うと言えると思いました。ここからお財布に与える効果を計算すると年間7,000円の節約になり、したがって工事費は5年弱でペイバックして後はもうかる、という良い投資になりました。

　照明ランプを換える、というのが最も簡単な方法ですが、場合によってはスイッチを換える、という手も使えます。たとえば、消し忘れの多い照明があったとしましょう。そこのスイッチを一時点灯スイッチというものに替えると、消し忘れてもあらかじめセットした時間が経てば自然に切れてしまいます。羽根木エコハウスでは、このような仕組みの高度なもの、すなわち人感センサーでオン・オフするもの1か所（台所）を含め、7か所を一時点灯スイッチに換えました。そのうち2か所は風呂と洗面所の換気扇です。換気扇が回り続けていても、静かな音がするだけでスイッチの切り忘れに気づきにくかったからです。また、冬だけ使う電熱暖房機も消し忘れが危惧されました。脱衣所兼用の場所に置く400Wのもの（経緯は後述します）、そして私の小さな書斎に置く200Wの暖房パネルですが、これらには、プラグとコンセントの間にはさむタイマーを付けました。こうすることにより、消し忘れても無駄に電力を使ったり火災の危険が生じたり、といったことがなくなります。消し忘れは、本来は不注意を改めればよいので、注意力をデバイスに置き換えて不要にすることが正しいかどうかは悩ましいですし、そうした対策を取ったからといって大した節電ができるものでもないでしょう。しかし、簡単なグリーン・リノベーションなので紹介しました。

カーテンなども気軽にねらえる
リノベーションポイント

　家で最も熱の出入りが多く、冷暖房の必要性を大きくしてしまうのは窓です。ここの対策の決め手は、二重ガラスにしたり、枠断熱サッシにしたりということ（後述）ですが、そうした正攻法でなくともそこそこの効果を得られるリノベーションがあります。

　羽根木エコハウスでは、1階客間の大きな掃き出し窓と東面の腰高両開き窓の内側に、リノベーションで断熱カーテンを設けました。断面がハニカム状で空気層を抱き込んでいて、それが断熱効果を生んでいます（下の写真参照）。この部屋は、旧老親室であったので、断熱には力を入れてきたからです。冬の夜はこのカーテンを使うとして、夏の暑い時季はレースのカーテンなのですが、赤外線を強く反射する遮熱カーテンも取り付けました。これらによる月当たりとか年当たりの環境改善効果を直接に測定することは難しいので実行してはいませんが、冬の20日間だけ、最初の10日は断熱カーテンを使わず、後半は必ず使って室内外の気温差がどのくらいになるかを測定し、比較してみました。これによると、カーテンを使えば、部屋の中心部で内外気温差が1℃程度は高くなるとの結果が得られました。もっと手軽には、手持ちの放射温度計などである瞬間のガラス内側面とカーテン内側面の温度を測れば、そこには大きな差が出ます。住み心地改善に大きく寄与していることはまちがいありません。

　老人室の真上が居間です。正面に緑地があってこれを借景とするため、ここ

断熱カーテン。

にも1階以上の大きな掃き出し窓がそれも2面あって、冷暖房負荷を高めてしまうため、わが家のウィークポイントになっています。そこで、この部屋では内側にカーテンを付加する作戦でなく、外側での遮光作戦を取ることにしました。

　具体的には、東側は手動の巻き上げ式オーニングをリノベーションで追加しました。張り出し幅2m程度の布製可動庇（ひさし）です。夏は深く張り出して、その下のベランダに陰を作り、熱せられたベランダからの熱赤外線が居間に入ってくるのを防ぎます。

　他方、冬は布を巻き上げ、日差しをいっぱいに居間に呼び込みます。この効果も数量的には示しにくいです。けれども子どもたちは夏休みの自由研究で、夏に1日おきにあえて布を巻きとって室内温度を計測し、布を出した日の室内気温と比較すると、平均的には1℃程度、布の庇があった方が低かった、という結果を得ていました。私は、季節のよいときは、この庇の下のカフェテーブルと椅子を使ってランチをいただいています。庇がなければ直射光で居づらいのですが、とても良い空間ができました。またこの庇は、バーベキューの日にたまたま小雨になってしまった、といったときにも大いに役立つ優れものです。グリーンな話ではありませんが、こうしたことがお好きな方には良い選択肢になるのではないでしょうか。ついでですが、南面の一番直射光がきつい引き違い掃き出し窓については、新築当初からベランダにプランターを置き、ベランダの先端は鉄製グリッドで1.8m高まで立ち上げ、そこに各種のツタ植物をからませた緑のカーテンとして遮光をしています。そしてリノベーションとしては、その緑の

オーニング写真。奥に見えるのは、南側の緑のカーテンの一部。

カーテンの上部とさらにその上の壁面とを斜めにカバーする、可動式ではない光半透過型のオーニングを設けて遮光性を強めました。半透過型にしたのは、植物には光が必要だからです。

　カーテンやオーニングといった柔らかい小物でも、このように環境上でも住み心地の上でも有効なリノベーションができると言えます。ちなみに、後で登場する、窓枠を改善するというアプローチを紹介するコーナーで書いた階段室の二連小窓についても、本格的なリノベーションをするまでの間、蛇腹のカーテンで冬の夜の寒さを防いでいました。詳しくは、後のページをご覧ください。

緑は百難を隠す

　緑のカーテンは羽根木エコハウスではその新築時からの企画でしたが、新築時でなくともいつでも始められるリノベ王です。夏の遮光、遮熱に良いことはもちろん、ゴーヤーやインゲンだったら収穫もあります。

　もし特に南側の壁面に日差しが強く当たるなら、そこに樹木を植えるのも有効です。羽根木エコハウスでは、南面を夏の日射から守るため、郷土種の落葉樹で育ちが早いハンノキを使っています。写真は、このハンノキと2階の緑のカーテンがつながって緑一杯の夏の姿です。なんといっても緑の効用は絶大です。遮熱だけでなく、修景に役立ちますし、鳥や蝶なども喜びます。酸素は出すし、花が咲けば香りも良いし、火事などでは、樹木の持つ水分が炎から家を守ってくれます。江戸時代の民家では防風のために北側にも屋敷林を設けていました。その効用をお金やエネルギーで評価する

南面の夏の直射光を防ぐ、植栽（緑のカーテンなど）。

ことは難しいですが、便利一辺倒の現代的な住生活に伴うさまざまな弊害をだいぶ緩和してくれるに違いありません。

　羽根木エコハウスでも、リノベーションとして緑の増強をしました。それは小面積の屋上緑化で、2007年9月のことです。これは中級コースになりますが、紹介しましょう。

　もともと3階には小さなテラスが二つありました。北側は太陽光発電パネルの保守点検にすぐ出られるように、そして、南側は物干し用です。ここは防水した上で木製のすのこを置いていました。そこで、家全体の断熱を高めるため、屋上緑化をすることにしました。めったに使わない北側は全面的にすのこを撤去し、軽量土（椰子がら繊維を発酵させたものが主）を厚さ10cmほど敷き、成り行きに任せました。結果的に、今では普通の野原にあるような雑草が箱庭的に生えていて、和みます。南側は、物干しに使うので、すのこは半分くらい残して緑化をしました。ここは頻繁に使うので植生も放任ではなく、植え込んでいます。今は、乾燥にも強い海岸植物のイワダレソウ、そして料理に使うハーブ類（イタリアンパセリなど）を生やしています。植生に合わせて、土地が過湿にならないよう発泡コンクリートなどを混ぜた人工軽量土にしています。これらの部分を緑化したからといって、その下の階の天井部分が冷える、といったほどの劇的な効果はありませんが、緑化前のFRP防水[*2] 面やすのこの温度を放射温度計で測ると夏の昼間は60℃くらいになっていましたが、緑化後はせいぜい32℃程度まで落ちました。3階の部屋への照り返しと熱線は大いに減ったと思われます。

3階南テラスの屋上緑化。リノベ前は、全面がスノコだった。

---

*2　FRP（Fiber Reinforced Plastics、繊維強化プラスチック）はガラス繊維などの強化材（補強材）で補強されたプラスチックを指し、FRP防水は液状の不飽和ポリエステル樹脂に硬化剤を加えて混合し、この混合物をガラス繊維などの補強材と組み合わせて一体にした塗膜防水のこと。

ところで、本書で時々登場する放射温度計──これは最近のコロナ禍下で、人の体温を非接触で測るためのデバイスとして最近よく見られるようになったものです。通販で買えますし、大した値段ではないので一家に1台あるといろいろと楽しめます。一番のお勧めは、冬の寒い朝、ご自分の家の寒いところを発見するのに使うことです。小中学生のいらっしゃるご家庭なら、お子さま方の理科の自由研究に独自のデータを提供できるかもしれません。

水道水を節約し、雨水などを使う

　グリーン・リノベーションで目の付け所のひとつは水関係です。水道料金は結構高くて、羽根木エコハウスでは、年間（2019年）ではガス料金とほぼ同じ3万8,000円で、光熱水費全体の23%を占めました。また、CO_2排出量に占める割合はだいたい6%くらいで、これだけだと小さいように見えますが、一般的にガスの消費のおよそ3分の2から4分の3は給湯用と見られていますので、これに伴う量（14%相当分）を足すと、家が出すCO_2の少なくとも約20%が水の使用に伴っていることになります。どちらの面でも、なかなか水に流すわけにはいかない大きな存在感です。

　わが家では、節水を考えて（いや、家事軽減を大いに考えてですが）新築時から食洗機を使っていますが、リノベーションとして取り組んだのは、シャワーヘッドを節水型に変えることです。すでに3代目です。

　1代目は特に特色はなかったのですが、2代目は、水の出るひとつひとつの穴を小さくして、全体として出る水量は減らすけれども、圧力が強くなることでシャワーに当たっている感を出したものです。そして、現在のものは、TOTO製のエアインシャワーというもので、水流はボタボタとした大きな水滴風に落ちてきて、太く豊かにお湯が出ているような錯覚を誘います。この3代目に換えたのは2013年。特段ほかの

節水対策はしていなかったのですが、それ以降、水道使用量が約6％も減りました（実は、すでに書いたように洗濯機の買い替えで、その後に8％くらい水道使用量が増えたので、節水シャワー効果は帳消しになっています）。うれしいことに、シャワー水量が減った分だけ給湯器がガスを使わなくなるので、これも見逃せない効果です。羽根木エコハウスの新築当時は、今ではエコジョーズと呼ばれる高性能湯沸かし器は売られていなかったのです。しかし2015年、攻めの省エネ・リノベーションの切り札のひとつとして、満を持してエコジョーズに切り替えました。ちょうどそのしばらく後に娘が学校の近くのワンルームマンションへ1年半ほど引っ越したため、給湯器の変更によるガス削減量は長期間にわたっては計測できなかったのですが、調理用も含めて全体の約12％を減らしたとの結果が得られました。従来型の給湯器と比べたエコジョーズの効率アップは15％ですので、わが家の場合は、ガス需要のほとんどがお湯の使用に伴うものと言えます。この数字から考えて、節水シャワーヘッドによる水道消費減はほとんどストレートにガス消費減につながっていたと思われます。シャワーヘッドは、通販で購入（14,000円程度）したものを自分で難なく取り付けできますので、ハードルの低い、ねらい目のリノベーション（わが家のケースでは2年くらいで元が取れる）と言えるでしょう。

　節水といえば、上水道でなければいけないもの以外を他の水源に代えていくことが考えられます。

　わが家では設計当初から、トイレのフラッシュは風呂桶残り水の中水です（ただし、老親が亡くなって以来、お風呂に入る人数や回数がめっきり減ったので、今では水道水にほとんどを頼っています）。リノベーションとして行ったのは、雨水タンクの増設です。新築時にはひとつだったタンクが今日では三つになりました。一番最近（2017年）に取り付けたのは227ℓとわが家でも一番大きなもので、工事費込みで4万

円弱になりましたが、幸い世田谷区では、洪水対策も兼ねて雨水タンク補助金制度があるので、それも活用し、実質負担は1万5,000円程度で済みました。また、タンクの要らないのが地下水です。わが家では、エコハウス新築の際に地下水位が浅いことを確認しましたので、根伐<ruby>根伐</ruby>り底からヒューム管を立ち上げておきました。災害時などいざというときには簡易な電池式ポンプを降ろして井戸代わりにしようという魂胆だったのですが、雨水タンク増設時についでに手漕ぎ式のポンプを付け、いつでも水を汲めるようにしました。これはさすがに工事費込みで約20万円になりましたが、災害対策と思うと心強かったです。これらのタンクや井戸の水は、日常は植物への散水に使っています。

　ところで、前のページでいかに太陽光のエネルギーが豊かかを数字で示しましたが、雨水も実は大変潤沢なのです。わが家のたった110㎡の敷地に年間1,700㎜の雨が降りますので、その合計は約190㎥です。これはわが家の最近の上水消費量の182㎥よりもやや多いのです。雨水を使うのは節水と、そして自分や街の防災に意味のある貢献ができるのです。

ガラスを換える

　ガラスの交換は中級コースのグリーン・リノベーションです。すでにCHAPTER3で、YKK AP社が断熱性の高い窓の効用を詳しく説明されていますので、ここではその働きは省いて、羽根木エコハウスでは何をしたかを説明します。

　フルコースのエコハウスを目指して新築したわが家では、当初から窓ガラスは例外なくすべて複層ガラスでした。昔住んでいた広尾の官舎に比べるとそれでもう十分暖かく、冬の結露もなくなっていたのです。しかし長く住んでいるうちに目が肥えるというか、温熱環境の快適さへの要求が高まっていきました。いや、大きな窓のそばに寄ると

冷気を感じる、あるいは、暖房費をもっと抑えながらいっそう暖かい家にできるのではないか、などと思うようになりました。さらに、築後16年目にして、南面の窓2か所で、複層ガラスの内側の気密性が失われて内部に水が入ったのでしょうか、カビが生じてしまいました（次のページの写真）。ガラス屋さんに聞きましたが、修理の方法はないそうでした。そうした中、すでに触れたように、長年使っていたガスエンジンのエアコンが熱媒漏れで動かなくなり、好むと好まざるとにかかわらず工事が入ることが必至になりました。2015年の冬シーズンのことです（詳しくは前掲の、経年劣化に伴うリノベーションを扱った箇所の214ページを参照ください）。それならいっそ、ガラスの入れ替えもしようと決断したのです。その決断を後押したのが、当時、国（経産省と国土交通省）、そして世田谷区などが用意していた省エネリノベーションの補助金でした。また、固定資産税も減額になるとも宣伝されていました。工事の内容を決定し、補助金申請をしたりして16年1月には用意が整い、いよいよガラスの交換工事をしました。

　交換したガラスは、わが家で一番大きな、1階客間（旧老親室）の東面引き違い窓と、2階居間の東および南面の引き違い窓、そして、1階の同じく客間の南面腰高両開き窓の4面です。これらのうち南面の二つが、カビが入ってしまったものです。寒暖差が激しく、伸縮を繰り返したからでしょうか。今度採用したガラスは、最強の断熱性を誇る真空ガラスです。熱の貫流率[*3]で見ると、単純な複層ガラスが2.8W/㎡·Kであるのに比べ、その半分の1.4Wに抑えることができます。工事中は次のページの写真のように、窓枠を含めてみな一旦撤去されてしまったので冬のさなか寒い思いをしました。そうした我慢をして入れた真空ガラスの成果はどうだったでしょうか。家の外とガラス窓直下の床の温度の差を工事前と工事後それぞれ1か月の短い間でしたが実測してみました。グラフ（図7）のとおり、1階客間東面窓は2.5℃、

---

*3　壁の両側の温度を1℃としたとき、1時間あたりに1㎡を通過する熱量のこと。熱の通りやすさを示す指標で、数値が小さいほど熱が通りにくく断熱に長けた部材ということになる。

複層ガラスの間にカビが生えた様子。

そして2階居間東面窓では3℃弱、それぞれ暖かさが増していました。比較は無暖房の日に限ったものです。すばらしい効果で、大満足でした。

　さて、気になるのが費用です。ニューフェイスの真空ガラスはまだ高価で、工事の手間賃すべて込みで約182万円になりました。これに対して申請が簡単な（しかし補助額は低い）世田谷区からの補助金（1割補助）を頂戴し、163万円余が実質負担でした（ちなみに、経産省の補助金は申請書の難易度が高く技術者でないと書き込めませんでした。また、国土交通省のものは難易度はそれほどではないためか、もう予算がなくなっていました。ですので、この区の補助金が唯一の助け舟でした）。はたしてこれを高いと見るか、それとも、無暖房でもこれまでより2〜3℃暖かい家に暮らせることを幸せと考えるか、また投資のペイバックはどうなのか、などは、この16年目に一斉に同時に行った大規模なリノベーション全体の効果として、後のページで考えてみることにしましょう。

通常型の複層ガラス窓を真空ガラス窓に改修する工事の様子。

この省エネ・リノベの体感的な効果 （図7）

窓のリフォームによる断熱性向上
20 ● ［℃／日平均］

■ リフォーム前の1月
■ リフォーム後の1月

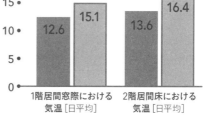

15 ●
12.6　15.1
13.6　16.4
10 ●
5 ●
0

1階居間窓際における
気温［日平均］

2階居間床における
気温［日平均］

計測：大庭みゆき

断熱材を増やす

　2015年の冬シーズンに集中して行った大規模リノベーションにはもうひとつの対象がありました。それは、2階寝室床下の断熱材の強化です。ここの真下は、実は駐車場で、つまり外気に接しているのです。にもかかわらず、これは当初設計時の配慮が不足していたのでしょう、断熱は、この寝室が乗っている鉄製の薄板にウレタンフォームの吹き付けによる断熱を施してあるだけでした。吹き付け断熱は経年的に効果が薄くなるとも聞きますが、寝室の床ははだしでいると寒く感じるものでした。どうせ工事が入るなら徹底してやってしまおうと考えました。具体的には、その鉄板床と、駐車場の天井に当たるスパンドレル板との間を密閉できる形にした上で、そこに高性能グラスウールを100㎜厚で充塡しました（工事中の写真で対策前後をよく分かるようにしています）。熱の貫流率は、0.375W/㎡·Kと、先ほどの真空二重ガラスをはるかにしのぐ断熱になったのです（従前と比べると、3割以上の熱漏れの削減です。それにしても窓の断熱がいかに重要かが分かります）。

　その温熱環境向上の効果はどうだったでしょうか。これも実測しました。ガラスの場合と同じ1か月の比較ですが、グラフ（図8）のとおり、

寝室床下の断熱材増強工事。

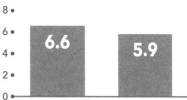

エアコン不使用日における客間、居間の室内外温度差の増加度合い （図8）

10 ● [℃／日平均]

6.6	5.9
1階客間東掃出窓床面における内外温度差 [日平均]	2階居間東掃出窓脇における内外温度差 [日平均]

計測：大庭みゆき

寝室のエアコンを使わなかった日の内外温度差は、日平均で2℃高くなりました。2℃といえば少なそうですが、足の裏には十分実感できる違いが出ました。そもそも暖房は、屋外のたとえば5℃を室内で20℃に上げるという15℃の増加をするものなので、それが13℃分の増加でよいとなると13%程度の省エネになるために、お財布にもそれなりに利がありそうです。

　ところで、この断熱材充填は工事としてはややこしく、リノベーションとしてはやや上級のメニューですが、断熱材は価格は安いため、総工事費では33万円程度で済みました。断熱材を、壁なり、屋根下なり、床下に入れる工事は、住みながら実行するとなると大掛かりになりますが、費用対効果はとても良いのが特徴です。どなたも歳を重ねていくと寒がりになります。天国では断熱工事は要らないでしょうから、そのために貯金をする必要はありません。それより、俗世で早めに天国気分を味わうのも、悪くないお金の使い方だと思います。冗談はともかく、病気に備えて貯金するのも必要でしょうが、暖かい暮らしをして病気自体を減らす方がなお良い気がするのです。

　さてここで、2015年冬シーズンに一斉に行った大規模リノベーション全体の損得を見てみましょう。エアコン親機と子機5台の取り替えに120万円、真空ガラスへの交換などに163万円、床下断熱強化に33万円、締めて316万円がかかりました（正確にはその翌年の建物分の固定資産税が3分の2まで軽減されましたので、実負担はもう少し減ります）。このうち、壊れたエアコンを交換するのは仕方のないことですので、それを省くと、196万円が攻めのリノベーションの投資額です。ほぼ軽自動車1台分ですね。そうした結果、大規模リノベーション前の2014年の光熱費年間約14万7,000円が、今日の12万6,000円へと2万円安くなってきたのです。投資のペイバックは100年近くとなり、商売と見ると引き合いません。しかし暮らしは商売ではありません。暮ら

しの中で、自動車がくれる楽しみや利便に比べて、優れた温熱環境が与えてくれる居心地の良さや健康が見劣りするとも思えません。そして自動車の場合は、ガソリンなどの燃料費をさらに負担しないとそもそも走りませんので、何年経ってもペイバックはできません。今日のように銀行に預けていてもほとんど利子のない時代でしたら、お金はただ置いておくか、使うかの二択です。今回、使い道は居心地の良さのためで、元本はそのために使ってしまいましたが、ずっと続く暖かさと毎年2万円をおまけの利子として長く楽しむのも、一粒で二度おいしい話ではないでしょうか。　念のためですが、暖かさが改善されるということは冷房の効きも良くなる、ということです。実際、費用軽減面やCO2削減面での絶対値での貢献は小さいのですが、相対的な改善割合は、暖房期の約30%に比べ、冷房期は40%強もの改善を見せました。不思議かもしれませんが、暖房幅が20℃近くあるのに比べると冷房幅は10℃もなく、もともとエネルギー消費が少なめである上に、その空調幅が大きな割合で減るからです。今後の地球温暖化の進行、熱中症のおそれを考えると、冷房の効きを良くするためにこそ断熱をする、という時代が来るでしょう。

窓枠を改善する

　窓枠の改善という意味では、竣工後比較的に早い時期に（したがって、その費用や効果については記録がもはや残っていないのですが）、網戸がなかった4か所、たとえば1階のテラスドアに網戸を加えて通風を改善しました。季節の良い時期に家の中を風が通るのは気持ちの良いものです。ついでですが、今でもリノベーションの知恵がないのが、雨の日に雨水が降りこまない形で通風をできるようにすることです。雨の日は東風が多いですが、わが家では、東面は緑地の借景をするため広く開いていて、庇などを付けていなかったためです。

さて、本格的に窓枠を取り替えた話を始めましょう。2019年のこと
です。15年の冬シーズン以来のリノベーションとして、春浅い3月に家
の北側など日陰にある小さな窓の断熱改修を行いました。この時には
窓ガラスも換えましたが、それが目的だったのではなく、内側に窓を
追加するなどして窓枠全体の気密性や断熱性能を高めるための工事
を行ったのです。1日で工事は段取りよく終わりましたが、リノベーショ
ンとしてはやや上級コースだと思います。

　小さな窓とは、北側にある三つ、すなわちトイレの明かり取りと換気
の窓、そして洗面所と風呂場の、それぞれ同じく明かり取りと換気の
窓と、さらに、西側階段室の明かり取り兼換気のための二連の横滑り
出し窓の合計4か所のことです。北側の三つは、ガラス自体は複層な
のですが、横に細長い短冊状の多数のガラスが一斉に開いたり閉じた
りするジャロジー窓で、気密性に乏しいという点で、夏は構わないの
ですが冬は寒いのです。冬の寒さには、枠の面が断熱されていないこ
とも関係していました。また、西側の二連窓は駐車場の方に開いていて、
夏や雨の降っている日などの換気にとてもありがたいのですが、窓枠
が占める面積が大きく、断熱が施してなかったことが寒さの原因でし
た。ちなみにこの二連窓には、お手軽なリノベーションのところで紹介
したカーテンによる対応ということで、早い時期に、蛇腹で伸び縮み
するスクリーンを設け、冬の夜に使っていました。しかし私も歳を取る
につれ、脱衣などに使う洗面所や風呂場の寒さが気になるようになり
ました。もちろん無防備ではいけないので、脱衣所には800W（弱な
ら400W）のシーズ線の暖房機を冬には置いて使っていました。

　この窓のリノベーションを決めたのは、品川にあるYKK　AP社のシ
ョールームを見学して説明を聞いたときです。このショールームはとて
も面白く、小部屋なり実際の窓なりが何種類も設けてあり、その外側
は冬の寒さにしてあるのです。そうすると、ガラスの違い、窓枠の違

いでどれだけ室内の寒さが違うのかが体感できてしまうのです。窓ガラスは三重まであり、赤外線を反射するものなどコーティングにも工夫をしていろいろな効果を出します。さらに重要なのが窓枠で、これが昔のようなアルミですと、熱は素通しになります。写真は、私が谷川岳近くの水上温泉に泊まったときに撮ったもので、障子を開けると、窓は氷で本当に凍っていました。これでは、寒くて当たり前です。羽根木エコハウスも、換気などが主目的で設けた小窓類では、環境対策が行き届いていなかったのです。YKK AP社では、そうした残念な窓をお持ちのご家庭が何もできないままではいけないと、既存の窓枠を取り外さず、そこに、いわば覆いかぶせる形で断熱の窓枠を加え、（その分窓ガラス部分は減りますが）窓の

改善をする商品を開発したのです。既存の窓枠を撤去して新しい断熱窓枠をはめ込めばもちろん問題は一挙に解決するのですが、工事は壁面にまで及ぶ大規模なものになります。これを避ける簡易な工法と言えます。

窓が氷で凍っていたときの様子。

　なるほど、できるんだ、と感じ入った次第で、さっそくお願いすることにしました。窓の大きさや形状によって対処方法は千差万別ということで、下見に計測に来ていただき、作戦を考えました。サッシは、実際は、個々の窓の寸法にしっかり合わせて切り詰めて作る、いわば一品生産なのでした。小さすぎて新窓枠をかぶせられない箇所がひとつ発見され、そこは、効果は同じですが窓の厚さが増す形のフィックス（はめ殺し）の内窓にすることにし、他の箇所は、新しい窓枠に付くガラス面を短冊面のジャロジーではなく、一面ガラスの縦滑り出し窓にすることにしました。もともとジャロジーでない階段室は、面積が大きな窓枠に

断熱性のあるものをかぶせる形です。ついでですが、せっかく付けた蛇腹のシェードはもちろん残しました。多々ますます弁ず、ですから。

　ビフォーアフターの一例の写真はご覧のとおりです。窓面は小さくなりましたが、しっかり換気機能はついています。

　そして、効果はどうだったでしょう。屋外と窓直下とで温度の測定を行い、1時間ごとの気温差をプロットしたのがグラフ図4です。25℃といった暖かい領域では、室内の方がかえって涼しく、他方、5℃といった寒い領域ではリノベーション後は、室内でその前に比べ4〜5℃暖かくなっていることが分かりました。いえ、別に測らなくても体感は明らかでした。

　この工事にかかった費用は締めて120万円。この工事の前1年間、アメリカの大学の先生として出稼ぎに行っていたので、手元に現地の給与が少し残りました。これを皆はき出す形で支弁しました。アメリカで得難い経験をしましたので、金銭利益はなくてもよかったのです。その上で、暖かい洗面所や風呂場が手に入りました。これが引き合う支出だったかどうかの私の考えは、もう読者の皆さまには耳タコでしょうから繰り返しません。ここでは、著名な経済学者の声を紹介しましょう。日本経済研究センター理事長の岩田一政先生は、私よりもいっそう本格的にご自宅の各所の窓の断熱性を改善する工事をしたそうです。そ

して、そのための出費は、すばらしい室内環境を手に入れられたことで十分報われている、CO_2も削減されたが、これはたまたまその付随の結果であって、CO_2削減はタダでできる、という趣旨のことをおっしゃいました。窓の断熱性改善は環境のためではなく、住み手のために行うもの

2019年の初春には、北側の水まわりの小窓など4面の断熱強化をした。

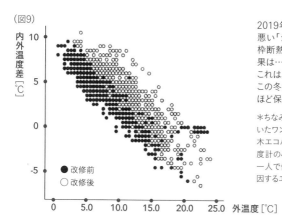

（図9）

内外温度差 [℃]

2019年、窓のうち、断熱性・気密性が悪い「ジャロジー窓」3面など、4面を枠断熱・複層ガラスの窓に替えた。結果は…。
これは、本宅（羽根木エコハウス）でのこの冬のリノベ実績。寒い時には、4℃ほど保温効果向上。

＊ちなみに、娘が2014～15年度に住んでいたワンルームマンションでは、本宅羽根木エコハウスでの電力消費量（3人分2年度計の4,849kWh）の約70%もの電力を一人で使っていた。専ら、断熱の悪さに起因するエアコンの高稼働が原因。

● 改修前
○ 改修後

外温度 [℃]

計測：大庭みゆき

です。かりに環境大嫌い人間であっても、窓環境の改善は引き合うのです。ですが、どうしても金銭的なご利益を知りたい方のために補足します。暖かくなったので、わが家の場合は、脱衣スペースにある800W電熱器は400Wのものに置き換えました。このため、年間で18kWh、500円分くらいの節電になるでしょう。一粒で二度おいしい話が少し小さくなりましたが、この場合もお財布にやはりリターンはあるにはあるのです。なお、本書執筆中の2024年2月には、これまでリノベーションをしてこなかった窓（3階書斎と2階寝室の南面上下引き違い窓、そのほか3階の北面や東面の小さな窓の計6か所）の断熱改修をしました。これは攻めのリノベーションを考える以前に、ガタがきてしまった上下引き違い窓の修繕をすることをきっかけにしたものです。2024年は暖冬だったので測定ができませんでしたが、その効果が、これから先の冬に出ることを期待しています。

蓄電池を用いて太陽光発電を自宅で活用

蓄電池の導入は、かなり上級コースのリノベーションです。しかし今後、風水害による停電が増えることを考えると、そして、いつ来てもおかしくない震災に備える上でも、自前の電源を持つことは安心で

すし、とても重要でもあります。

　さらに、従前から太陽光パネルを屋根に置いていて、自家消費できない余剰の電力をFIT制度によって高い値段で売っていたお宅では、10年経つとこの制度から外れ、余った電気は大変に安い値段でしか売れなくなります。であれば、安くしか売れない電気ならそれをためて家で使い、その分高い価格の電気を買わないで済ます、という対応をすることがお財布の観点からは合理的になります。ちょっと計算してみましょう。わが家の場合、年間400kWh弱を単価8.5円で東電に売っています。そして、電力会社からは単価27円程度（平均単価は30円くらいですが、基本料金を除いて従量部分だけを取り出すとこの値段です）で、年間3,400kWhくらいを購入しています。したがって、売る電気を自家消費に回し、その分買電を減らせれば、年間8,000円くらいのもうけが出ることになります。

　この年間8,000円のもうけがかりに15年続くとして、それをペイバックできる初期投資額は12万円です。ところで、12万円では、年間400kWhになる余剰電力を余さず吸ったりはいたりする蓄電池システムを組むことはなかなか難しいと言わざるを得ません。幸い、国や東京都や世田谷区の補助金があるのですが、蓄電池の値段がもう少し安くなる必要があります（ちなみに欧州では、家庭用のリチウムイオン蓄電池の値段が買電量の節約で得る利益と釣り合うほどに十分安くなり、蓄電池を置く家庭もどんどん増えているとのことです。日本もそのうちそうなるでしょう）。現時点であるひとつの可能性は、十分な能力を残している中古の蓄電池を安い価格で購入することです。それともうひとつは、前述した災害対策のために、余分な出費をどこまで乗せられるかも重要です。12万円の倍、あるいは3倍払っても災害時の安心のためなら安いものと言うべきでしょうか。

　わが家では、FIT制度の10年以上前から太陽光発電をし、余剰電

力は東電に販売してきましたが、2019年11月にこの制度から外れました。卒FIT第1回生です。そこで、いよいよ蓄電池システムを真剣に検討することにしました。相談相手は、東北大学の環境科学科で長年教育研究を行ってこられた田路和幸名誉教授です。蓄電池システムや直流の利用などで多くの実践的な研究をしていらして、最近年は、日産の電気自動車・リーフに積んであった中古のリチウムイオン電池（ひとつの電池は残容量12〜14kWh相当）を住宅で活用するシステムの組み上げに力を入れていらっしゃいます。羽根木エコハウスでの売電量、そして考えられる自家消費先などを逐一調べて、システム全体は図のようなものにしようということになりました。

　技術的に詳しいことは省き、俯瞰的にその働きを見てみましょう。

　特徴の第1は、すでに述べたところと重複しますが、中古のリチウムイオン蓄電池（これは図10でLiBと書いたもの。田路先生が別の実験に使っていたSONY製の中古品）の余力を活用することです。うまくいけば、これからどんどん増える中古蓄電池対策の一つの方途にもなるでしょう。

　第2に、このシステムでは、蓄電池からの電力は家の外に流れることは一切なく、家の中で使い切ることにして、電池の容量はさほどでなく3.6kWhにとどめています。それでは2日間くらい日照がないと電力不足が起きるのですが、その際には、系統からの商用電源が滑らかに注ぎ足される仕組みになっています。系統電力とのこうした関係が第2の特徴です。

　第3には、これは羽根木エコハウスに固有の話になりますが、当初からあった完全独立の非常用回路に蓄電していた150Wの太陽光パネルや定格70Wの風力発電機を、このシステムの電源に加えたことです。売電していたのは2.3kWのパネルからの電力ですが、それを自家消費に回すだけでなく、これに加え、これまでは非常時にしか使えず

羽根木エコハウスの蓄電池利用自家消費強化システムの改良 （図10）

（2022年10月）

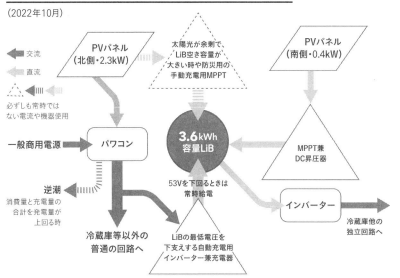

ためる量はわずかで余りは捨てていた電力が、有効に活用できることになったのです。

　そして第4は、災害対策の観点が強く打ち出されていることです。このシステムでは、系統への逆調を起こさないため、蓄電池の電力を使う先を限定しないとなりません。いろいろ吟味しましたが、冷蔵庫（これだけで年間約270kWh、売電実績量の約7割を使う）、災害時でもテレビを見るためのテレビ電波ブースター、地下にある雨水ピットの排水ポンプ、床暖房のために屋根下暖気を床下に送り込むファン、そして各所にあらかじめ商用電源の電灯線とは別に配線してある非常用電源コンセントを、配電先に決めました。いずれも、災害で停電してもなお使えたらありがたいという使用機器につなげました。

　この工事は、2020年7月末に行われました。買電量がどれだけ減るか、そしてそのために売電量がどれだけ減らされたかがポイントですが、まだ十分なデータが取れていません。ちなみに費用面を見ると、

このリノベーションは田路先生との共同研究ということで、蓄電池そのものはお借りしているのでその費用が入っていません。それを除き、配線工事の材料費、新たに必要になった制御機器や部品代、人件費や輸送費など一切合切を含めて10万円です。中古の蓄電池代も、これは容量が小さいので、分相応に仮り置きで加えると、合計50万円と、当初に頭の体操をした災害対策の費用を含めると、期待利益の3倍という投資額の目論見におおむね合致したものとなりました。売り物にするなら利益を乗せる必要がありますが、卒FITのご同輩には買ってみたい商品になるでしょうか。なお、リーフの中古電池の場合は容量が大きいのでこれを使ったシステム全体の価格は、200万円台となるようです。新品の蓄電池なので少しお高くはなりますが、卒FITのお宅に後付けで蓄電池（容量11.5kWh相当）を組み込む工事は可能で、例えば、小林の八ヶ岳に新築したスーパーエコハウスで採用したスマートソーラー社の場合では、設備と工事費込みで170万円（税抜き）で請け負っています。

　詳細は省いたのですが、このシステムは、台風直撃が予報された場合は、手動で、蓄電池を満充電にしておくこともできます。なかなか優れたシステム設計です。しかし、災害にこれだけ備えはしても、やっぱり災害は来ないでくれたらな、と思うのが正直な気持ちです。

購入する電気を替えるなど、自宅以外での 取り組みを支援し、社会をリノベーションする

　ここまでは、自宅で実際に行ったリノベーションを見てきました。けれども、リノベーションする対象は自宅だけに限られません。リノベーションの必要もない快適な住宅を堪能している方もいらっしゃるでしょう。あるいは、屋根に太陽光発電を載せたくとも、資力がなかったり日当たりがわるかったり、というお宅もあるでしょう。でもあきらめること

はありません。世の中をリノベーションすることに力を出してみませんか。

　そうした方法には、電力の購入先を選ぶ、という手があります。羽根木エコハウスでは、どのお宅とも同じように、電力小売り自由化までは東京電力から電気を買っていました。しかし、特に東日本大震災の後は、石炭火力発電所から出される電力がますます多く混ぜられるようになって、電力1kWhの生産に伴うCO_2の量（業界用語では電力の排出係数と言います）が大きくなってしまいました。わが家では、CO_2排出量を減らす取り組みを一所懸命しているのですが、自宅での省エネの成果が排出係数の増加で相殺され、CO_2排出量がむしろ増える、といった計算になることも起きてきました。わが家では、自分の努力の成果がきちんと反映されるよう、計算上は家の建て替え前の1999年ごろの排出係数を、どの年の計算でも比較対象として使っていました。しかし電力小売り自由化となって、はたと気が付いたのです。それは、電力の購入先はお客さんが選ぶのだから、私のCO_2排出量は自分に電力を売っている会社から仕入れる電力の排出係数によって計算しないと筋が通らないということです。そこでさっそく、購入先をみんな電力（会社名はアップデーター）にしました。ここは、世田谷に本社を置いて、再生可能エネルギーから発電した電力を中心に仕入れて配電することをポリシーとする会社です。私の払った電力代金は、再生可能エネルギーで発電する人に渡り、世の中にそうしたグリーンな電力を増やすことに役立てられます。

　まだ実行していませんが、自家消費できなかった電力を売る先も選べる時代です。たとえば、地元の世田谷区役所や東京都庁はRE100という運動に賛同しています。自分たちの庁舎で使う電力を、多少高くても再生可能エネルギー100％で発電した電力でまかなうというのです。そして、そのRE100電力として、卒FIT電気を積極的に買いましょうという事業を組み立てています。ここでは、卒FIT電力には、エ

ネルギーとしての価値だけでなく、環境を守るという価値も上乗せされて評価されます。たとえば東京都の場合は、そうした環境価値として1.5円を上乗せして買い取ってくれるのです。自分が売った電気の環境価値を価格としても評価してくれるのはありがたいことです。これも、社会のリノベーションに対する住み手の貢献と言えるでしょう。

電力のことばかりを言いましたが、自分のお金も、社会のリノベーションに特定して使ってもらうこともできます。銀行預金は、銀行それぞれの判断で投融資されますが、世の中にはグリーンボンドという債券が出てきていて、こうしたものにお金を出すと世の中のグリーン・リノベーションを目指す事業にお金が使われることになります。私も、東京都が初めて出したグリーンボンド「環境サポーター債」を買いました。ちなみにこれは即日完売だったそうです。寄付金には控除の仕組みがあるので、寄付金とは、実際は、自分の払う所得税を減らしてその分を（少し持ち出しはありますが）自分が賛同する活動を行う団体に差し上げるのと同じことです。

電力やお金だけではありません。グリーンな商品やサービスを買うことも、世の中をリノベーションすることにつながるのです。住み心地を改善することが、実は同時に、社会をグリーンなものにリノベーションすることになるのです。グリーン・リノベーションは、生活のあらゆる局面で進めることができるのです。自分のリノベーションをし尽くしたのなら、社会のリノベーションに力を入れていくのもおもしろいですね。

ここまで来て思うこと（まとめ）

ここでは、羽根木エコハウスというひとつの家を素材として、そこで

行われたリノベーションの効果や費用を説明してきました。23年にわたる取り組みの記録なので、なかなか類例を見ないものと自負しています。しかし残念ながら、長い時間の中で数字が散逸してしまったために十分な説明ができなかったものもあることが悔やまれます。また、紹介を端折ってしまったリノベーションもあります。それは、老人用の各所の手すりの増設などです。この本のテーマは、自然の恵みを活用しつくして快適な暮らしを実現することにありますので、介護・福祉を直接に目的とするリノベーションは省いてしまいました。けれども、要介護認定のない人でも、段差解消や手すり設置、洋式便器への交換などで、合計19万円までの補助を受けられます。介護保険制度は簡便に利用できますので、ぜひ活用してください。また、わが家ではしていませんでしたが、耐震改修もリノベーションの重要な対象になると思います。

　さてこの23年、不具合を生じたら、あるいは不具合がなくともさらに一段高い快適性や省エネなどを求めて、さまざまなリノベーションをしてきました。感想は、と問われれば、第1に、家の住み心地は、やはりその性能に大きく左右されるということです。具体的には、寒い家や、結露しカビが生えてしまう窓枠などを我慢して暮らすことは大きなストレスだということを強く感じました。我慢するより直した方がずっと気持ちよいです。お金は必要ですが、それを使って自宅の住み心地を改善するのは、報われる度合いの高いことだと実感しました。

　2番目の感想ですが、地球温暖化を防ぐ手段としてのみ、家のリノベーションを訴えることには説得力がないな、とも強く感じました。私は、月ごとの電力やガスなどの消費量からCO_2を計算してそれが減っていれば快感を覚えるのですが、そこまでする人はとても限られていると思います。地球のためにという動機も大きな意味があるのは間違いのないことですが、せめて私たちの子や孫が災害などで困ることを減らそう、といった動機づけの方が現実感や納得感があるのではない

かと思いました。

そして、動機づけはできたとしても、もうひとつ大事なことは、技術的な可能性に難がある点です。私のように環境マニアであっても、10年くらいの時間でCO_2を40％も削減することは困難だ、ということを感じました。209ページの図3のグラフをもう一度見ていただければ分かりますが、エコハウスへの建て替え後、ここまでに読んでいただいたような床面や窓などの断熱改修のリノベーションを含め、可能なありとあらゆる改善を、もちろん機会をとらえてですが実施してきました。そしてその成果は、CO_2ベースでは20年間で約70％の削減ですから、わが家でも、10年間と時間を限られてしまったら40％削減はできていなかったかもしれません。

ですので、政府が普通の家での確実な削減を期待するなら、リノベーションをやりたくなるように、相当に魅力的な支援を行う必要があると思います。たとえば高齢者の健康対策といった切り口で、あるいはエコ産業の振興策として、リノベーションへの補助金を増やすということも有用だと思います。こうした補助は、経済的に見れば投資です。たとえば、医療費の削減といったことで良いリターンが期待できます。ぜひ皆さんも機会があれば、地域選出の政治家の方や自治体の首長さん、議員さんに対して意見を伝えていただきたいと思います。

けれども、補助金がないとやらないというのでは、損をするのはご自分です。まずは手が届くところから始めてみて、世の中が、おお、リノベーション良いじゃない、という方向に変わっていくことに力を添えていただければと思います。だって、リノベーションは自分の住み心地が良くなるものですから、みすみすやらずにいてはもったいないのです。

たとえばわが羽根木エコハウスでも、まだまだやれることがあると思います。夏がますます酷暑になることを考えると、夏の昼間に屋根に散水して気化熱で家を丸ごと冷やすなどいうのもあると思います。

わが家では幸い地下水位が浅いので、地中熱ヒートポンプでの冷暖房に更新して、冷暖房期は今より少ない費用で全館空調にするなどもよいかもしれません。ぜひ、一歩上の快適性に向けてチャレンジしてみたいです。

　他方で、壊れたら修復せずに撤退しようと思う対策もあります。たとえば、中水設備です。バスタブの残り水を曝気処理してトイレの洗浄水に使ってから下水に流すのはいいですが、実は、水道原水を作って配水する以上に多くの電力を使うので、社会的にはもったいないことです。できることなら、雨水をよく濾して使う形が良いと思っています。風力発電機については触れませんでしたが、今のはもう3代目です。やはり、動く部品、それも速度の変化が著しい部品からなる機材なので長持ちしません。その上、発電量は少ないです。商業発電の風車は大きいですが、それは、発電量が直径の2乗で増えていくからです。わが家の風車のように、都会で風が弱いところにあって直径が70cmくらいですと、1日の発電量は、よくても60Whにしかなりません。風を感じるなら、風見鶏でもよいかもしれません。

　ところで、エコな家にはいろいろな福がある、との確信が得られたことから、私は自分の家の快適性能を上げるだけでは満足できず、世の中にエコハウスをもっと増やし、多くの人に快適な暮らしを楽しんでもらわなきゃ、と思うに至りました。

　幸い、新築一戸建ての環境性能は飛躍的に上がってきました。最大手のあるハウスメーカーに聞きましたら、最近の一戸建てオーナー住宅では約8割が太陽光パネル付きで建築されるそうです。断熱性能もとても優れています。これからのエコハウス化の焦点は、オーナー住宅でなく賃貸住宅、とくに集合賃貸住宅になると思いました。それは、住宅総数のなんと35%程度が賃貸住宅だからです。ここにこそエコハウスを広げたい、と思ったのです。

そう思っていたところ、たまたまわが家の隣接地にある母方の実家で、当主の伯父、そして伯母が相続する子どもがいないまま亡くなったので、遺言で私と弟が土地を相続することになりました。ならば、ここにエコな賃貸住宅を建てようと決意したのです。そして実際、2015年にはエコ賃貸が竣工し、それ以来、住み手の2家族の方々にはエコハウスの快適性を堪能していただいています。アンケートをしたことがありますが、かりに転居することがあれば次もエコハウスにしたいと、両家とも答えてくださっています。

　羽根木テラスBIOと名づけられた、この2世帯棟割り2階建てのテラスハウス（イギリスでいえば、郊外によくあるセミディタッチト・ハウスですね）のエコハウスとしての基本は、徹底した断熱性能の確保（実測Q値は1.79）と屋外に広がる豊かな緑にあります。加えて、屋上には各家それぞれ2.8kW能力の太陽光パネルがあって、その電力を自家消費できますし、節電して余剰分をFIT制度で売電して収益とすることもできます。住んだ人は、手応えの感じられる形でエコライフを

羽根木テラスBIO各号の4年半太陽光実績 （図11）

＊絶対値は4年半の合計量

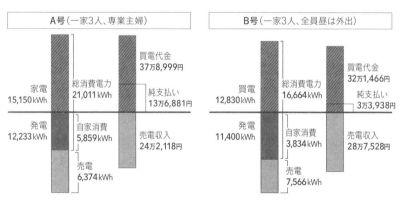

A号（一家3人、専業主婦）
家電 15,150kWh ／ 総消費電力 21,011kWh ／ 買電代金 37万8,999円 ／ 純支払い 13万6,881円 ／ 発電 12,233kWh ／ 自家消費 5,859kWh ／ 売電 6,374kWh ／ 売電収入 24万2,118円

B号（一家3人、全員昼は外出）
買電 12,830kWh ／ 総消費電力 16,664kWh ／ 買電代金 32万1,466円 ／ 純支払い 3万3,938円 ／ 発電 11,400kWh ／ 自家消費 3,834kWh ／ 売電 7,566kWh ／ 売電収入 28万7,528円

総消費量に対する発電量の単純対比で見た自給率は、80％（A号）、89％（B号）と、好成績。

楽しめるようになっています。ここ4年半の実際の発電実績や自家消費、売電の実績はグラフ（図11）のとおりです。太陽光発電はエネルギー的にもお財布的にも、相当なインパクトがあるのが見

緑の広い庭を持つ賃貸エコハウス。羽根木テラスBIO。

て取れます。また、7kWhもの容量のあるリチウムイオン電池を設けて、そこには共用部分に供給する電力を、大家（つまり私）所有の太陽光パネルで作ってためています。その供給先には、井戸ポンプもあって、大災害時でも電力や水のある家になっています。羽根木エコハウスではあらゆる環境対策を試してみましたが、羽根木テラスBIOでは大きく役に立つ対策に絞って、しかし、羽根木エコハウスよりは徹底した規模で取り入れる作戦で臨みました。

　賃貸住宅にエコハウスを普及させることの難しさと可能性は、次のCHAPTERで述べています。難しいのですけれども、賃貸住宅のエコハウス化は大家さんや借家経営者が決断すれば可能です。他方で、日本では人口の縮小に伴って空き家が目立ってきています。住み手が賃貸住宅を選ぶ時代になってきていますので、快適な住まいが競争力を持つ時代が来る、とも言えます。もし住み心地で勝負せずに低家賃競争をしていくと貸し家経営はぎりぎり薄利のものになってしまって大家さんがつまらないだけでなく、日本のGDPも増えません。住み手も寒さや結露・カビに悩まされ続けます。エコハウス競争が賃貸住宅業界で起こることを、私は期待します。そうなった場合には、この羽根木テラスBIOが生きた見本になれるに違いないと思っているのです。

集合住宅を
エコ物件に

執筆
豊貞佳奈子
写真　小林 光

集合住宅ならではの
高い環境性能

　この本ではここまで、一戸建て住宅でのリノベーションに焦点を当てて見てきました。しかし全国の世帯約5,200万戸のうち60％が持ち家で、貸家が40％です。そのうち、マンション数は約700万戸あります。筆者のひとりである、私、豊貞も、分譲集合住宅に住んでいます。この建物を選んだ理由は、福岡都市域では「エコ」な性能を謳って販売された草分けのものだったからです。後で述べるように、集合住宅だからこその高い環境性能や住み心地があると思います。新築時に高い環境性能となるよう設計された物件も増えてきました。しかし、そうではない既存の集合住宅でも、自然の力をもっと生かす形でリノベをして、快適な暮らしを手に入れることができるのです。

　環境性能を上げようとする場合、集合住宅には有利な点と不利な点があります。まずそこから見ていきましょう。

大きいことはよいことだ。集合住宅の有利な点

　集合住宅はビルですので、床面積に比べて外皮（建物の表面、外気に接している面）の面積が少ないために、熱の出入りが少なく冷暖房が効きやすいため、概して室内の熱環境は一戸建てよりも快適です。熱の主な出入り口は窓になりますので、そこの改善に注力すると、良い住み心地が比較的容易に得られます。

　そのほか、集合住宅では一般に建物や敷地の規模が大きいので、日当たりや風通しを最適に設計することができたり、あるいは住民の方々の共用スペースを十分に用意したりといったこともできます。さらに、電力を一括で購入して単価を下げたり時間帯別料金を利用したりして、全体としてエネルギー費用を節減するといった、戸数が多いことによる「規模の経済」の利点を享受することもできます。

　リノベーションの例ではありませんが、たとえば、ひとつの集合住宅街区を日当たりや風通しの観点で設計したものには、東京都府中市の「ソーラータウン府中」（右の写真）があります。ここでは、全戸にOM式の太陽熱給湯や床暖房の装置が装備され、また、太陽光発電パネルも設けられています。東京・世田谷区にある

太陽光発電パネルも設けられたソーラータウン府中。

「羽根木インターナショナルガーデンハウス」は、昔からこの敷地にあったケヤキの大木を共用の土地で存分に生かした、いわば森の中の低層マンションになっています（右の写真）。また、東京の世田谷区でいくつか建築例がある甲斐徹郎さんという方がコーディネートしたコーポラティブ形式のマンション「経堂の杜」は、大きなケヤキ5本を残した上に屋上に菜園を設けて壁面も緑被が覆うなど、緑化された共用部分の創出に大胆に挑戦しています。こうした例では、いかにも心落ち着く環境になっているのです。

羽根木インターナショナルガーデンハウスは、中庭を中心に全3棟で構成されるテラスハウス形式の集合住宅。

　大きな街区、広い敷地や棟数の多さをエネルギー節減の観点から利用した例としては、千葉県船橋市の広大な工場跡地を開発した「ふなばし森のシティ」(1,500戸）があります。ここでは、「エネコック（enecoQ）」と名付けられたエネルギーマネジメント・システム「スマートマンション・エネルギーサービス・システム」が約半数の700戸に導入されています。全体の電力需要が増えると電気料金が上がる仕組みになっていて、不要不急の電力需要は、電力が余って価格が安い時間帯に移すよう促されています。この仕組みで節電とCO_2削減に加えて家計の節約も達成しています。

　既存の大きな集合住宅においても、せっかくの規模の大きさを生かして、一戸建て住宅とは違った仕掛けとして、快適さを損ねずに省エネ・節約を実現するこうした先進のシステムをリノベで手にいれることができるはずです。

集合住宅リノベの困難は、皆で取り組んで克服

既存の集合住宅を、自然の力をもっと生かせる形に変えて住み心地を改善する——そういう技術はあります。けれどもいざ実施しようとすると、問題点もあります。住み手がそれぞれに区分所有している分譲集合住宅では、ご自分の住居内は、その人の所有財産ですから、自由に模様替えなどはできますが、ベランダや外壁は共有部分になるため勝手に手を加えることはできません。そのため、自分だけの太陽光発電装置を壁面に取り付けたり、隣家と隔てるベランダ上の境（パネル）を燃料電池でふさいでしまったりといったことは勝手にできないのが通例です。

でも、何も手が出せないわけではありません。まずは、自分だけでできるリノベから紹介しましょう。

すでに述べたように、窓の改良はそれほど難しくありません。窓枠を替えること、特に外観を変えてしまうような大きなリノベーションはマンションの管理組合に相談する必要がありますが、中に入っているガラスを取り替えることはできるでしょう。ガラスの種類と、種類に応じた性能の違いについては、98ページを参照してください。

筆者のひとりである大庭さんもマンション住民ですが、別のマンションに住み替えるときに、手放す方のマンションにあえて手を加えて、次の人に高く買ってもらえるよう投資をしたそうです。その投資は、これまたガラス窓。もとは単板ガラス、アルミのサッシであったのを、複層真空ガラスのスペーシアに交換したのです。売却時期は、ちょうど夏。次の買い手は、「涼しい」と住み心地を即座に評価してくださったそうです（282ページ参照）。

ガラスを取り替えることに加え、夏にはガラスの外側に、直射光を緩和するヨシズ、あるいは緑のカーテンを設けるのが効果的です。直射光は、家の中で遮蔽したのでは効果がありません。光が当たっているところが熱を持ち、そこから室内へ広く赤外線を放射するからです。したがって、ガラスの内側に遮光カーテンを引くのでは効果に乏しく、直射光を室内に入れないことはもちろん、できればベランダの床面にも熱を持たせない工夫が有益です。

　冬には逆の発想です。日中は直射光をなるべく室内に招き入れ、日が落ちたら、室内の内側のカーテンを引いて、今度は部屋の内側の熱を外に逃がさないように対処することが効果的です。

　さて、一戸建て住宅のケースで見たようなもっとドラスティックなリノベーションはできないのでしょうか。技術的には十分可能です。

　たとえば、屋上にはいろいろな機器類があるでしょうが、空いている空間があれば太陽光発電パネルを設置して、その電力をエントランスや共用廊下（通路）、会議室など共用部分の照明に使うこともできますし、蓄電池が購入できれば、災害に備えて電気を蓄えた上で、普段は住民の方々の共用に使うこともできます。また、集合住宅のビルをすっぽり覆うかたちで外断熱を施すことも、技術的には可能です。

　では、こうしたドラスティックな対策を実行するにはどうしたらいいのでしょうか。

　そこで重要になるのが、管理組合の力です。私たち筆者は、京都の西京極にある分譲集合住宅「西京極大門ハイツ」を訪れました。ここは、建築後45年も経った複数棟のマンション街区（総戸数190戸）ですが、外観もきれいで古さはありません。ここでは、定期的にリノベーションを行ってきています。太陽光発電設備の導入、高圧電力一括受電方式の採用などのエネルギー利用の合理化のための取り組みのほか、2014年には、ビル全体を包み込んで断熱を強化する外断熱の改

修を行いました。管理組合で克明な資料を用意し、住民皆でよく議論をして、修繕積立金をどの時期にどのようなことのために使うのがいいのかを決めているのです。特に重要なことは、住み心地がよくなり、そのことが広く知られると、手放す場合の売り値が高くなることです。また、売却しないまでも、暖冷房費が安くなれば、マンションで問題になりやすい修繕積立金の支払いも楽になり、それがさらに住み心地の改善につながる、という好循環をもたらす点です。分譲集合住宅の住み心地向上のための支出は、いわば報われる投資なのです。

この「西京極大門ハイツ」の取り組みについて、管理組合法人理事長の佐藤芳雄さんが書かれた寄稿を本節後にご紹介いたします。

こうした管理組合も主体的に取り組んでのリノベーションの成功事例では、ビスタセーレ向陽台のケースもあります。ここでは、2015年に窓の断熱性向上のための更新、19年、20年と屋上や壁面、そして床下の外断熱工事を行うなど、計画的な取り組みを着々と進めています。

分譲集合住宅のリノベーションは、住んでいる人たちの利益になります。修繕を行わず傷みが出てくると、不動産価値が下がったり、あるいはなかなか住み手が見つからないという事態となり、さらに修繕が遅れるといった悪循環も懸念されます。そうしたことにならないよう、管理組合でぜひ真剣にリノベの計画的な実施を検討してみたいものですね。

東京のビスタセーレ向陽台の外観。

賃貸集合住宅のグリーン・リノベは、大家さんと組めばチャンスあり

　さて、住宅には、分譲でなく賃貸のものもあります。マンションと呼ばれる集合住宅だけでも全国で約1,900万戸もあるそうです。こうした住宅のグリーン・リノベーションはどうしたらいいでしょう。住み手は部屋の所有者ではないので、リノベはそもそも難しそうですが、どうでしょうか。

　福岡市にとても面白い賃貸マンションがあります。家主さんはビンテージマンションと称していますが、確かに建築されてからだいぶ年月が経っています。けれども、外観的には時代を感じさせる雰囲気があって、クリエイティブな職業の人たちなどが好んで住んでいます（下の写真）。面白いのは外観だけでなく、室内もです。この「吉原住宅」のオーナーである吉原勝己さんは、住む人が室内に手を加えることをむしろ奨励しています。さらに、住み手が退去する場合も、その修繕や改造が次の住み手にとっても魅力的であると思われる場合は、前の住み手に原状回復などを求めないのです。このような工夫で、この古い賃貸マンションには、良い改修が積み重なっていくのです。

　私たち筆者が見学させていただいた賃貸集合住宅のリノベーションの事例には、もうひとつ、富山のYKK AP社が所有する賃貸住

リノベーションした吉原住宅有限会社の物件例。

宅である「YKKパッシブタウン」があります。ここは、もとはYKK AP社の社宅でした。三つの区画に分かれていて、第1と第2の区画は、古い建物を取り壊して最先端のエコ集合住宅に建て替えられましたが、第3の区画の2棟は、築28年の古い建物をリノベしたものです。設計者は、自然エネルギーを極力生かすパッシブハウスの考えと技術をドイツで学んできた森みわさんです。特徴的なことは、改修前の建物にあったバルコニーは切り落とし、性能の高い外断熱が施されたこと、そして、そのことによって建物の自重が減って、建物内部で重量を要する改良を行いやすくなったり、耐震性能を上げたりすることにもつながったことです。さらに窓は、何度も述べたように省エネの肝ですが、YKK AP社の本拠地ですから、最良の窓、すなわち3枚ガラス入り樹脂枠の窓が入れられています。またリノベーションであったため、建築費の軽減分をキッチンなど、借りて住む人が手を加えられない部分に回して住み心地の向上も大きく図ることができたということです。これからの時代、新築よりもこうした大規模リノベーションの方が、安い賃料で上質の賃貸物件を作る手法になるのでは、と感じさせられる事例でした。YKK AP社は、エネルギー大量消費でようやく快適性が得られるような暮らしを反省し、どうすれば自然の恩恵を十分に活用しながら快適で健やかな暮らしが営めるようになるのか、建材メーカーの使命として探求しようと考えたようです。それも、富山のように冬は日照の少ない土地でこそいろいろな発想が試せると、多様なアプローチに挑戦したとのことです。良い大家さんですね。

　同じく私たち筆者が見に行っ

©YKK REAL ESTATE CO.,LTD.

富山県にあるYKKパッシブタウン第3区画の全体リノベーションした賃貸マンション。左がビフォー、右がアフター。

た例として、大阪ガスの「NEXT21」
という集合住宅があります。ここは
大阪ガスの社員の人たちが住んでい
て、エネルギー消費のデータ収集な
どが行われている実験住宅です。建
築は1993年で、これまですでに大
きなリノベを1回していますが、2回
目のリノベも行いました。最近のリノ

大阪市にある実験的集合住宅、NEXT21の内
装を分かりやすく示したもの。躯体以外は後
から入れ替えらえる。

べのテーマは、老人の住み手などを意識した徹底した断熱とユニバー
サル化による健康住宅への移行です。このNEXT21は、リノベを行い
やすくするための構造であるスケルトンインフィルを採用しています。
これは、建物の構造躯体を長持ちさせる一方、その他の内装材や設
備は容易に更新できるように配慮がされた仕組みを言います。

　すでに見たように、集合住宅のリノベだからといって、技術的にで
きないことが多いわけではありません。特に賃貸集合住宅の場合のリ
ノベでは、所有者がひとりである点がかえって有利です。住み手と大
家さんの協力、そして理解があればリノベは可能になるのです。

　大家さんにとってみれば、リノベには不安があります。リノベにお金

駅からの距離で決まる賃貸料 （井の頭線・築浅）（図1）

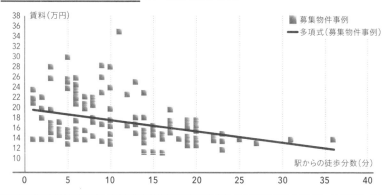

を使ってしまうと、それを回収するために家賃を上げなければなりません。家賃が上がると住み手が見つからなくなるのではと心配にもなります。

　実際、賃貸住宅の家賃相場は、駅からの距離、築年数、部屋の広さといった要素でほぼ決まってしまいます。図1は、筆者のひとりである小林さんがエコ賃貸「羽根木テラスBIO」を建てた、東京は井の頭線沿線での賃料相場を示すもので、SUMOに作っていただいたものです。良い物件だからといって高い賃料を設定するには勇気が要ります。現在の貸し家ビジネスでは空き家の数が過剰なので心配は理解できます。しかしそこで、家賃の値下げ競争をして安かろう悪かろうの賃貸住宅ばかりになってしまうと、大家さんは収入が上がらず、借りる人も満足のいく住み心地は得られません。図2（環境省調べ）は、住み手が住宅を選ぶときに重視した点と、実際に住んでみて気になった点とを比較したものです。

　住み手は、部屋の広さ狭さは十分覚悟して選んでいますが、住んでみて、窓の周りの結露やかび、冷暖房の効きの悪さ、などに気づいて大きな不満を持つのです。したがって賃料の安さを競うのではなく、住み心地の良さを競い、良質な住宅にこそ住み手が見つかる、という世の中をつくる必要があります。そうなれば、大家さんも住み手もともに喜ぶことができるのです。「羽根木テラスBIO」のデータによると、このエコ賃貸は住人が屋上の太陽光発電パネルを利用できる結果、太陽光発電を使えない場合と比べて、各

賃貸入居後に関心割合が高い事項 （図2）

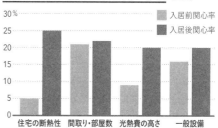

住居選択時は気にしなかったが、住んでみて不満が生じるのが、**住居の環境性能！**

出典：三菱総合研究所の調査（環境省委託「賃貸住宅における環境性能実測調査事業」による）

世帯共通に年間8万5,000円ほど電気代が節減されたということです。オーナーの小林さんが住んでいる方々にアンケートを取ってみたところ、皆さん、住み替えるならば次もエコ賃貸という回答だったそうです。

　借りる人の好意的な反応を受けて、太陽光発電付きであることを積極的に宣伝文句にする大家さんも出てきています。私がインタビューしたのは、北九州市に本拠を置く芝浦グループです。このグループでは分譲や賃貸のマンションをたくさん手掛けていますが、共通点は、屋根の上に、各世帯1.5kW強の能力の太陽光発電パネルが設置できるように建物の大きさを決めていることです。このことにより、すべての住み手が太陽光発電のメリットを受けることができます。電気代が大きく減ったことがニュースや口コミで伝わるため、賃貸物件では、次に住みたい人の順番待ちが起きているほどだそうです。空き家ができない——これが、賃貸経営の大家さんにとってはとてもありがたいということでした。

　住み心地の良さを競う仕掛けは、すでにヨーロッパでは制度として整えられてきています。EUでは改築の集合住宅へも省エネ税制が課され、また、賃貸取引にあたっては、エネルギー消費量を金銭表示することが義務づけられています（286ページ参照）。

　今、賃貸にお住まいの皆さん、もし住み心地で気になる点があれば大家さんに積極的に訴えて改善してもらいましょう。それが、その賃貸物件の競争力の強化につながります。また、この本をお読みの大家さんも、機会をとらえ、住み心地改善のグリーン・リノベーションに踏み切って、安かろう悪かろうの賃貸物件との差別化を図ってください。大手の賃貸物件検索サイトでも、最近はいろいろな環境スペックを検索できるようになっています。是非、投資の結果を、こうした検索システムを通じて見える化して、優位性を示してください。グリーン・リノベーションは、住む人と大家さんの双方にとって利があるのです。

今なお活気あるビンテージマンション
【京都市 西京極大門ハイツ】

〜管理組合運営の標準モデルの誤まりを正し、
省エネにも取り組む〜

特別寄稿、写真

管理組合法人理事長
佐藤芳雄

　2023年4月23日の日本経済新聞に3ページ全面を割いて「明日のビンテージマンションのために」という特集が掲載され、「億ション」の走りといわれている広尾ガーデンヒルズとともに西京極大門ハイツが取り上げられています。

　西京極大門ハイツは京都市の南西部に位置し、1976年2月に竣工。築48年目を迎えたRC造7階建て、戸数190戸。敷地面積6,783㎡、延べ床面積12,654㎡。1970年代の民間分譲で、どこにでもある庶民向けの物件であることは、そのたたずまいが示しています。

分譲マンションでも省エネ改修

　1997年にCOP3[*1] が開催され、京都議定書が締約された地である京都市は、これを契機に省エネ・環境活動を表彰する京都環境賞を設けました。西京極大門ハイツは2011年に市民活動特別賞を、2015年には省CO_2先導事業補助金を受けて関西の民間分譲マンションで初の外壁外断熱工事を施工し本賞を受賞。2019年にはマンション管理業協会のバリュ

---

*1　1997年12月に京都市で開催された気候変動枠組条約第3回締約国会議の略称。

ーアップアワードで「省エネ・創エネで共用部電気代を97%削減」として
グランプリを受賞しています。変わっていないところを探さなければなら
ないほど時代の要請に応えた改修工事が行われており、47年間の工事業
総額は11億5,211万円（1戸平均606万円）。このうち、通常の修繕工事費
は7億412万円、外断熱工事や窓ガラス工事、断熱扉への交換等の省エ
ネ関係を含めたグレードアップ工事に4億4,799万円をかけています。

長期修繕計画にとどまらない
発展系としての「まちづくりマスタープラン」

　時代の要請にあわせた住まいづくりの取り組みの推進力は、築後16年
目に作られてその後も改定を重ねている「まちづくりマスタープラン」。こ
の計画は、（公財）マンション管理センターが全国から9事例を抽出した
中で、ソフト・ハード両面の計画として高く評価されました。まちづくりマ
スタープランは、修繕履歴や前期計画の評価、今後目指すべき姿や修繕
計画などを記載して総会で採択され、組合の歴史と将来への指針となる
ものです。修繕計画部分は国交省のガイドラインに沿っており、2022年
から始まったマンション管理計画認定制度も難なくクリアし、全国で2番
目に認定されました。

負担感を生まず省エネ改修や建て替えに
備えた取り組みはどこでもできる

　組合財政は、四つの会計で成り立っています。それは、管理費会計
（24.5％）と修繕積立金会計（51.4％）に加え、景観条例の施行に伴っ
て現マンションの高さが不適格になったため将来の建て替えに備えて設
けた環境整備積立金会計（24.2％）、保険会計です。
　管理費と修繕積立金は月額16,908円で近隣マンションと同程度で、

そのほかに民間駐車場と同じく
収益の視点で運営する駐車場や
駐輪場の使用料や店舗、ATM
などの使用料、太陽光発電の売
電料などの事業収入があり収入
総額の約30.9%、また総額に占
める繰越剰余金の割合は78.1%
となっています。繰越余剰金を
生み出す仕組みとしては、築年
数を経たマンションであるため

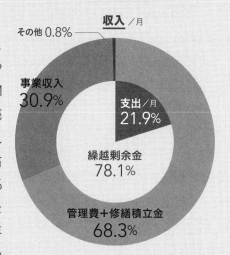

その他 0.8%

収入／月

事業収入
30.9%

支出／月
21.9%

繰越剰余金
78.1%

管理費＋修繕積立金
68.3%

修繕積立金会計は増大しましたが、省エネへの取り組みによって管理費
会計は減額し、総額では平均的なレベル以下に抑制できています。加え
て、運営の合理化による経費削減によって財源を確保し、将来の建て替
えに備える環境整備積立金会計への抵抗感を緩和しています。ちなみ
に環境整備積立金会計では、その一部を使って2008年には隣接地の建
物（680㎡）と土地（436㎡）を買収しコミュニティ施設として活用して
いるほか、太陽光発電設備を設置して共用部使用量相当の電力を発電
しています。この環境整備積立金会計は、2022年度末で2億9千万円
に達していますが、毎年1千万円を今後も積み増していく計画です。

運営の標準モデルの誤謬を修正し蓄積と積み上げを

　こうした運営は、管理組合運営の標準モデルでは外部委託や役員の
輪番制などによって人・物・お金・情報（経験）が内部蓄積できない形
になっていることに徐々に気づいたため、役員選出ルールなど運営体制
で改善を重ねるとともに、管理会社への総合委託から築17年目には自主
管理に移行することで実現しました。マンションの実情を認識し、それに

施設内の集会所は毎日活動の場として利用されています。

合った運営体制を構築するとさまざまな可能性が出てきます。西京極大門ハイツでは、管理組合総会には常に所有者の5分の4以上の参加があります。総会に多くの住民が参加する理由は独自の総会運営方法と、総会後に行ってきたイベントにあります。

　総会運営では、一般的なマンション管理組合で多用されている議決権行使書を、総会開催前に結果が見えてしまうため使っていません。ですから実際に出席してほかの人の意見も参考にしていただきながら、その場で議案への可否を決める必要があります。実際に採決を行うまでは可否は読めない状態のため、このことは参加者にとってもスリリングかも知れません。理事会にはプレッシャーがかかる方法ですが、今年も5分の4以上の出席を得て総会を終えていますが、全ての議案が全員賛成で可決されています。

　そしてイベントは、隣人同士のつながりやコミュニケーションの場ともなっており、すでに他に引っ越した方もおいでになることもあるほどです。コミュニティ施設内の集会所はほぼ毎日、サークル活動などで使われ、日曜喫茶などの活動も活発に行われています。

　すべての議案が全員賛成で可決され、役員のほとんどが輪番ではないためストレスフリーであり、理事5名の平均年齢は59歳。部屋を新たに取得した方々も年齢は30〜40代が中心で、活気も維持されます。このように運営の標準モデルの誤謬を修正すると風景が変わり、どこのマンションでも蓄積と積み上げが可能になります。

本寄稿は、(公社)日本建築士会連合会2023年度静岡大会の環境部会セッションで配布された冊子「ストック社会に寄り添う魅力 ある建築とは」中の原稿を一部再編し掲載しております。

CHAPTER 5

集合住宅をエコ物件に

執筆、写真
篠 節子

分譲集合住宅の 専用部分の改修

　ここでは、分譲住宅での共同大規模修繕ではカバーできない、住戸内（区分所有分）の環境配慮を含んだ改修についての事例を解説いたします。集合住宅でもいろいろできるのです。

　住戸全体の改修工事のタイミングは二つあります。築20年程度が経ち、住み続けて不都合が多くなったころに、今後も心地よく住み続けていくために思い切って住戸を改修しようとする場合と、中古マンションを購入して自分の住まいとしてふさわしい内容に改修する場合です。

　住戸内を大掛かりに改修する場合のこの二つの大きな違いは、住んでいる場合は工事中に他に引っ越しをしないと工事ができないことです。中古マンションを購入しての改修では、工事の日程に余裕をみて入居を計画する必要があります。

　私は新築分譲集合住宅を購入する人から、竣工検査の立ち会いや、家具デザイン等の設計を依頼されることがあります。その際購入者には、販売促進用の平面図だけでなく、工事用詳細図または建築竣工

時の平面詳細図面を渡してもらえるよう販売会社に求めることを勧めています。それらを入手しておくと、将来の改修のときにもスムーズに計画ができます。販売会社は詳細図面を快く渡してくれないことが多いのですが、粘ってお願いすると手に入れることができる場合があります。かなわなかった場合は、管理人室または理事会で竣工図を保管しているので、そこから自分の住戸の詳細図面をコピーするのもひとつの手です。住戸内の改修に際して部屋の詳細図を入手できない場合は、改修設計を依頼する建築士が床下や天井の上、設備配管などの現地調査を行って図面化することで、正確な見積もりと工事を行うことになります。

これまでの住まいと現在のマンションの概要

　住み続けた住戸の改修の事例を紹介します。これは筆者（篠）の住まいの改修で、木の香りのする住戸と省エネを目指しました。思い切って住戸内のリノベーションをしたのは新築時に入居してから20年目のことです。改修に至るまでの経緯を時間を追って説明いたします。

　現在の住まいに越す以前は、結婚を機に都内への交通の便が良い場所にあるマンションの小さな住戸を購入し、賃貸期間を含めて同じマンション内で5回の引っ越しをしました。そして、今のマンションに22年前の新築時に越してきました。

　マンションは南向きの横長の建物で、全200戸の14階建てです。ペントハウス以外の各階は15戸で、その15の住戸は床面積もプランも異なっています。1階から13階の縦方向では床面積は同じですが、基準プランに加えて間取りを洋室にするか畳の部屋にするかなどのバリエ

ーションプランがあり、そこから選ぶようになっていました。そのバリエーションプランから選ぶことが必須で、それ以外のプランに設計変更するのは無理ということでした。それでも、できたばかりの間仕切り壁を引き渡し後に壊すと無駄なゴミを出すことになるので良くないと力説して、北側の間仕切りの一部をなしにして、リビングとDEN（主寝室にしていた）の境の間仕切りの位置を変更してもらうことができました。キッチンにはオプションでドイツ製の食洗機を入れました。

そしてそれから20年が経ち、リノベーションを行うことにしました。

前述した図面については、わが家は幸いなことに、竣工後の手直しのときに建築詳細図と設備詳細図を入手できていましたので、それをもとに改修の図面（平面図、展開図、天井伏図など）を作図しました。

1か月間の工事中の仮住まいを探したところ、安い家賃の部屋でも敷金と礼金が必要といわれ、それだとかなりの費用になります。さらに引っ越し費用も2回分必要です。そこで、仮住まいを借りる場合より安い費用になるホテルのアパートメントを利用しました。この場合は荷物はほとんど置いていくため、床・壁・天井の改修を行うにはそれらの荷物を移す必要があります。家具や書籍などを移しながらの工事は、施工者にとって大変なことでした。

わが家の改修工事1：
木製内窓と壁の断熱強化

CHAPTER3（92ページ）でも触れたように外皮性能で最も弱点になる部分は断熱性能が低い開口部です。2002年竣工のわが家のマンションの開口部は、ビル用のアルミサッシでガラスはシングルガラスでした。そこで2005年に、太陽の恩恵を得られない北側の2部屋

に断熱Low-Eのペアガラスと樹脂製サッシの内窓をエコポイントを使って取り付けました。北側の2部屋の寒さは和らぎ、道路の音も窓を閉めていれば静かになりました。南向きのリビングとダイニングが連なる面の窓は、2枚のガラスが鈍角で付いているFIXのガラスで、その両側が引き違いの窓です(図1参照)。

　夏季はバルコニーが深いため直射日光が入らないので、猛暑日以外は北と南の窓を開けて通風を取ることでエアコンの冷房の利用を減らすことができます。そのため夏はそれほど不快感はありません。

　一方、冬は床暖房をつけっぱなしにしています。ガス方式の床暖房はつけたり消したりするより、長期の不在以外はつけっぱなしの方が省エネになるというデータが出ています。床暖房の温度設定を低くして連続運転させているとき、給湯器がガス漏れだと間違って反応しないように、月に1度は2〜3時間止めるのがよいようです。気温と床・壁・天井の表面温度が20℃以上でもガラス面は室外の温度に近く、非常に寒い日はガラス面が6℃になります。室内の熱がガラス面から奪われているのを実感していました。なお、冬季の太陽が照っている日中は、太陽の熱がガラスから入るため日だまりができ、窓に近いリビングとダイニングは暑いくらいでした。

　開口部は共用部分なのでサッシの取り替えは一戸建て住宅のようにはいきません。断熱だけを考えれば、窓ガラスを真空ガラスに替えることで室内の温度の差を少なくできますが、太陽熱によるダイレクトゲインでのポカポカ感は得られません。熱は奪われたくない、太陽のダイレクトゲインも捨てがたい、どうしたものかと悩みました。

　悩んだ結果、窓の内側に木製サッシ（キマド）の引き違い内窓を取り付けました。内窓を付けると既存の外窓と合わせてトリプルガラスの性能となります。木製サッシには5mm厚のフロートガラスのペアガラスをはめ、空気層は12mmです。内窓とした木製サッシの熱貫流率は

3.69W/㎡kで、樹脂製の内窓の熱貫流率と比べても遜色がありません。取り付けた木製サッシはメーカーの内窓より気密性能もしっかり確保できていました。

　最も悩ましいリビングとダイニングのFIX部分はガラスの取り替えは施工が難しく、内側に断熱性能の良いハニカムサーモブラインドを付けることで性能の向上を図ることにしました（図1）。

リビングダイニングの内窓部分の平面図（図1）

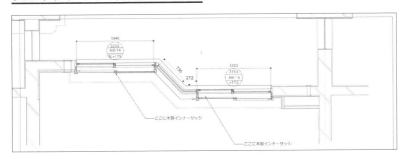

　これなら冬の太陽の出ているときは内窓を片方開けて一枚ガラスとして、FIX部分のハニカムサーモブラインドを引き上げればちょうど良いポカポカ感になります。

　夏は、内窓を閉めてFIX部分のハニカムサーモブラインドを下げていれば、外の熱を感じませんでした。冷房の効きも良好で、夏季にも内窓は有効であることがわかりました。

　冬になり、床暖房だけでも窓からの冷気は感じないように

リビングダイニングの内窓部分。

なり、室内温度はどこでも20℃以上をキープしています。太陽の照っている日中のリビングとダイニングはダイレクトゲインがちょうど良い暖かさでポカポカしています。

　木製サッシを選んだ理由は、設計者としてのチャレンジ精神と、このあとに何度かお話しさせていただきますが、化石燃料由来ではなく地上の素材でできていることが決め手です。室内の雰囲気が安心感のある気持ちの良いガラス面ができました。

　木製サッシの課題は、価格が高いことと、取り付けが樹脂製サッシに比べて難しいことです。内窓を取り付けるために額縁枠の取り替えも必要なため、事前に棟梁（とうりょう）が開口部周りに断熱材を入れて、結構難しい矩形（くけい）部分の収まりの額縁枠と、木製サッシの下地を作ってくれました。段取りが良かったため、木製サッシの取り付けは大工3人とキマドの職人によって約2時間程度の作業で終わりました。

　マンションの開口部を高断熱窓に取り替えることは、内外部の軀体（くたい）との収まりなどマンション共用部分にも工事が及ぶため、個別にすることは不可能です。ガラスだけアタッチメント付きのペアガラスや真空ガラスに替える方法がありますが、ガラスも共用部分のため、理事会の承認や、場合によっては管理規約の変更が必要になります。一方、内窓の取り付けは専用部分の範囲内であるためそれらの面倒な申請は不要です。サッシメーカーの内窓で2重窓にするほうが工事も容易でコストも低く抑えられます。既存の一重の窓と合わせてトリプルのガラスとなり、室内の温熱環境は格段に良くなるのでお薦めです。デメリットは開け閉めがツーアクションになることですが、季節の良い春秋は内窓を開けたままにしておくのが良いかもしれません。

　断熱窓への改修促進を目的にした高断熱窓への補助金制度は国や自治体にありますので、窓の改修をする際は調べて活用することをお勧めします。

　わが家の改修では新宿区の省エネの補助金を利用しています。断熱窓改修のキマド内窓施工費が高価であったので、上限の補助金が交付されました。併せて翌年度の固定資産税の省エネ化による軽減申請もしました[*1]。

1. 改修工事に要した費用が50万円以上であること。

2. 省エネ改修工事に要した費用の額から当該補助金の額を控除した額が1戸あたり50万円[*2] を超えていること。

3. 工事完了より3か月以内の申請であること。

――となっています。この申請では注意が必要なこととして、申請時には増改築工事証明書の提出が必要です。

　都税事務所に問い合わせをして、改修工事や断熱改修についての増改築等工事証明書を調べてもらったところ、国交省が公開しているものを利用するように、ということでした。増改築等工事証明書は、建築士事務所に属する建築士等が証明する必要があります。上記のように申請の時期が工事完了より3か月以内ということと、増改築等工事証明書の証明者には、建築士事務所に属する建築士等が証明することが必要であることを覚えておいてください。翌年の固定資産税は例年に比べて23％減でした。

　東京都の補助金は、国の二酸化炭素排出抑制対策事業費等補助金（断熱リフォーム支援事業）においてと同様に、補助対象となるための窓およびガラスの製品が指定されています。それには木製サッシのキマドは当てはまらないため申請ができませんでした。木製サッシは断熱性能がよく化石燃料も使っていません。ぜひ補助の対象に入れてほしいものです。

　寝室では壁の断熱性能の向上を行いました。寝室の東側の壁の外側はマンションの共用階段で、外気に接しています。仕事部屋にしていたときは本棚の本などの紙が断熱材の代わりになりましたが、寝室として

＊1　固定資産税の省エネ化による軽減申請については「省エネ改修に係る固定資産税の減額措置」下記URLや詳細p298を参照。
　　https://www.mlit.go.jp/jutakukentiku/house/jutakukentiku_house_tk4_000248.html#shoene2
＊2　このリノベを行った2022年時点の固定資産税減額を受けるための最低の自己負担額は本文のとおり50万円だが、現在は、60万円に引き上げられた。

の利用で書庫がなくなったため、既存の壁に貼り重ねるようにして断熱性能の良いネオマフォームを50mm入れ、杉板の壁に仕上げにしました。既存の壁の上に施工したのは施工ゴミを少しでも減らすためです。

わが家の改修工事2：
自然素材および木の無垢材の選択

　新築時のマンションの場合、仕上げ材はマンションの仕様通りの仕上げを受け入れざるを得ません。内装材は壁と天井にはビニールクロス、床は複合フローリング、水まわりは塩ビシートが一般的です。けれども、私が設計する一戸建て住宅では新築、増改築を問わず、施工主さんの同意を得て自然素材を採用しています。

　わが家は20年が経ち、汚れも目立っていました。この先の短い時間の終の住み処として快適な住まいを考えると、今改修するのが望ましく、これからは自然素材に囲まれた木の香りのする家に住みたい、という思いを実現するために改修をすることにしました。

　日本は基本的に湿潤で寒冷地から亜熱帯地域まで多様な気候があります。それに合わせた自然素材で、その地域にふさわしい家づくりの知恵を集合住宅でも取り入れるのが良いと私は考えます。

　音楽を生演奏で聴くことや、おいしい料理を味わうことなど、その心地良さは言葉では言い尽くせません。同様に、本当に心地よい室内環境というのは数字だけで語ることは難しく、温熱環境だけでなく、自然素材に囲まれた室内にじっくり身を置いてみることで、その違いが分かります。そのような良い室内環境を体験してみて、どうして心地よいのか？　自分が普段置かれている室内空間とどう違うのか？　そこから自分の住まいの改修を考えると良いと思います。

改修時の自然素材の採用において、人を迎え入れる玄関の廊下と、家具をよく動かすリビングダイニングの床材には堅い栗の無垢材を使っています。寝室と個室ははだしでも感触の良い杉の無垢材にしました。床材を供給してくれた埼玉県飯能市の岡部材木店の社長さんから「ヒノキもいいのがあるよ」と言われて、仕事部屋の床にはヒノキの無垢材を選んでいます。場所によってそれぞれの違いを体感できます。

　既存の床材の厚みは12mmでしたが、建具の下枠が3mmあったので工事前に現地調査で棟梁に見てもらい、「大丈夫、15mmに替えられるよ」との一声で15mmの無垢材にすることができました。玄関の三和土（たたき）との境の、大理石と栗材の3mm違いの部分の収まりはとても自然に仕上がっています。この3mmの違いが足触りの良さにつながり、長い目でみたときの耐久性も高めています。無垢の30mm厚みの床材も足触りがよく感じますが、床暖房を入れる場合は無垢の15mmの床材のほうが適しています。お薦めの材の厚みです。無垢の床材は素地のままとして、建築用のエゴマ油を自分たちで塗ることにしました。少し艶が出て木材の良さがさらに発揮されます。

　台所、洗面所、トイレは、剥がす手間と廃棄のゴミを減らすため、現状の床材の上に自然素材である亜麻仁油でできているリノリウム2.5mmを選択しました。下枠に3mmの差があったため問題なく貼れました。

　壁材は漆喰も良いと思いますが、マンションでは下地の石青ボードに薄くしか塗れないこと、工期がかかること、費用が高いことから、壁・天井は越前和紙の超撥水性和紙を貼りました。仕事部屋のみ壁・天井を塗装下地壁紙（オガファーザー）を塗装せず素地のままでこれから両者を比較してみようと思っています。和紙は同材に貼り替えるときには、上から貼れるので既存材を剥がす手間も要らず、廃棄のゴミも出ないというメリットもあります。重ね貼りで調湿性能も増すのでは

と思っています。超撥水性和紙は水に強く脱衣所にも使えます。和紙を貼ることで室内が柔らかな感じになりました。

リビングの西面の壁は、岩手県葛巻町の高吟製材所の、細かく凹凸加工を施した赤松の無垢材を貼り、寝室の東面の壁は杉の無垢材を貼っています。無垢の木の壁が部屋のポイントになり、全面真っ白な部屋より落ち着いた感じが得られました。

リビングの西側の壁の写真。細かく凹凸加工を施した赤松の無垢材。

細かな部分として、手すりのリフォームがあります。新築時はウレタン塗装で仕上げた長さ500mmのブナの木製手すりを、玄関の50mmの段差のあるところに付けました。入居以来使ってみて、今回は玄関に入ってすぐに頼れるよう長さ1,200mmでつかみやすいように八角形の杉の木製手すりを付けました。手すりは高齢者だけでなく、足をけがした場合や、靴を履くときの手がかりに重宝します。

壁のコーナーには杉の無垢檜材の丸棒を4分の1にカットしたガードを付けました。壁の角が掃除機などで傷つくのを防ぐだけでなく、手がかりにちょっと優しくつかめ、見た目も優しく、ポイントになっています。

八角形の杉の手すりと杉のコーナー材の写真。

以上のような室内の改修を行い、目的であった木の香りのする空間ができあがりました。

カーボンニュートラル社会を目指すときに、化石燃料を極力使わずに自然素材を使うことはCO_2の削減に寄与します。改修時に素材を選択するときに、それは地下のもの？　地上のもの？　と考える視点を持つこともひとつの方法です。

そうして地上のものでできた室内は、深呼

吸をしても気持ちの良い環境となります。新築時のマンションの場合、内装材はお仕着せの仕上げで受け入れるしかなく、できたばかりのものを剥がすのはゴミを増やすことになると考えると躊躇します。集合住宅に住み、時間を経て内装をリニューアルする際は、思い切って人にも地球にも優しい素材を選ぶことをお勧めします。

近年、建築界ではエンボディドカーボンを考えようという動きがあります。エンボディドカーボンとは建物の建設、維持管理、耐用年数終了までに至る、建物の「生涯」を通じて排出されるすべての温室効果ガスの総和です。建築や住宅を自然素材で造ることでCO_2排出量を少なくできるのです。

わが家の改修工事 3：
間取りと造作

空気の流れを視野に入れて、断熱性能が良くなると冷暖房を利用していない部屋の室温も良くなるように開放的な間取りに工夫し、改修をするのも良いと思います。

新築時に北側の二つの個室の間に設計されていた壁を取りつけないで済ませたので、間仕切り家具を家具屋さんに作ってもらい、ほぼ同じ面積で仕切って子ども部屋としました。

その後、2007年にリビングのカウンター周りに棚を作りました。暮らしていくうちに増えた書籍をその棚には収納しました。

2009年には、娘が独立したのを機に娘の部屋を仕事場に変え、外部に面した東側の壁一面にカラマツの3層合板を使った書棚を作りました。仕事を通じて増えた図面・資料・書籍を収納するためで、びっしりと入った紙によって断熱性能も向上させることができています。

2020年には、息子も独立して夫婦二人に。息子の使っていた部屋はゲストルームとしています。

　そして、今回の改修では仕事部屋と寝室を取り替えました。

　間仕切り壁は、現状の間取りで空気の流れができており問題ないことと、改修工事のゴミを少なくするため計画に入れていません。

ヒノキの木製ブラインド。

　北側の仕事部屋を寝室としたことで、リビングとの程よい距離になりました。一方、仕事部屋は動線上使い勝手のよい位置になりました。

　リビングと仕事部屋の境のガラス建具の開口部にはローマンシェードを取り付けていました。空気の入れ替え以外は開かずの状態でしたが、その部分をヒノキの木製ブラインドに取り替えたことでガラス建具を常時開けたままにできるようになり、広さと光と空気の流れを得ることができています。エアコンのない仕事部屋の温熱環境もリビングと同様になっています。

　キッチンの吊り戸棚は位置が高く、椅子を持ってきて上の段のもの

吊り戸棚の下の食器棚がついている写真。

を取っています。今後、背が縮んでいくであろうことと、年をとっても元気で好きな料理をしたいという願いをかなえるために、手が届く範囲に毎日使うものが取れるよう工夫しています。その工夫とは、ダイニングとの間のカウンタ

一の吊り戸棚の下に食器戸棚を作ったのです。なお、キッチンから外が見える状況は捨てがたいということで、食器戸棚のダイニング側になる背面には透明のアクリル板を使っています。大事にしまっていた食器を日常的に使えるようになって至極便利です。

わが家の改修工事4：高齢への備え

　グリーン・リノベーションに直接関わることではありませんが、中高年の住まいの改修では高齢化への対応も大事です。終の住み処としての備えも視野に入れて改修しましょう。

　私の場合、20年住んだこの家で、あと20年経つと90歳を超えます。誰でもそれまで元気でいたいと思うでしょうが先のことはわかりません。今後、今回の改修だけでは済まないことが起こった場合はそのときに考えるとして、できるだけ元気に過ごすために、空気環境が良く、ちょっとした住まいの工夫で日常のサポートができる家にリニューアルしたので、「元気に生きよう」と思いながら生活ができます。

　先に紹介した手すりやキッチンの棚に使用した木材や、書棚に使ったカラマツの3層合板の棚板がたくさん余っていたので、体力を保持するための昇降運動用の踏み台と、仕事椅子が高いので足乗せの小さな箱を作りました。小柄な97歳の叔母が家に来たとき、椅子に座る際に足置きの小さな箱を気に入っていました。こういうちょっとした小物が高齢になったときに必要ですね。

足置き台と踏み台。

わが家の改修工事５：
床暖房の取り替え

　既存の床材を剥がすときは下の床暖房のパネルも剥がれてしまうので、パネルを新しく取り替えなくてはいけません。わが家の給湯器は3系統の床暖房となっており、床暖房パネルはリビングとダイニングとキッチンに敷いてありましたが、キッチンの床暖房はこれまで一度も使わなかったため取りやめ、面積が増えても十分な暖房能力があることを確認して寝室に床暖房を入れました。冬季の寝室は、床暖房でエアコンなしのため音と風がなく、自然素材と相まって睡眠の質がよくなりました。

　寒い外から玄関に入るとホンワカと暖かく迎えてくれます。引き違いのサッシをすべて二重にしたこと、弱点の壁に断熱材を付加したことで、住戸内がほぼ均一の温度になりました。太陽の出ている時間のダイレクトゲインと、自然素材の利用も寄与していると思います。

　温度計を各室に置いてみると、暖房のない部屋で19℃から20℃。床暖房の入っている部屋の空気温度と表面温度は、22℃から24℃をキープしています。

改修した住戸の平面図

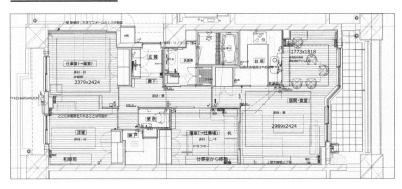

わが家の改修工事 6：
設備機器の交換と
コンセントなどの追加

　20年の経年の間、設備機器は不都合が起こるたびに取り替えてきました。これらは建物の躯体の影響なくできる取り替えです。

　2009年にリンナイのデリシアグリレのガスコンロと、それにセットできるガスオーブンに取り替えました。9年目での取り替えは必ずしもお勧めできませんが、家庭用機器のなかで最大の高火力で、安全性の高い機能が付いているのも魅力的でした。結婚30年記念として、最高の使い勝手に期待し思い切って替えました。タイマー機能が便利で、仕事をしながらの調理を楽しんでいます。以前の住まいはオール電化でしたが、現在の住まいではガスです。その両方を利用してみて、私は海苔や畳いわしをあぶるとかフランベなどをするので火を使う調理器具のほうが向いているようです。近年のガスコンロはIHに引けを取らない安全装置が付いています。キッチンコンロをガスにするか電気にするかは個人の好みですので、家族を含めた使い方を考えて選びましょう。

　2014年に調子の悪くなったAEGの食洗機をミーレの食洗機に替えました。45cm幅ですが庫内が大きい食洗機は食器だけでなく、鍋もまな板も高温で洗うことができ節水になります。副産物として冬季に手が荒れることもなくなりました。日本製はこれまで庫内が小さい食洗機のみでしたが、2022年にリンナイがドイツ製と同容量の食洗機の販売を始めました。家族の人数や調理方法で食洗機のタイプを選ぶことも大事です。

　2016年に故障した給湯器は、省エネ給湯器の潜熱型給湯器エコジョーズに取り替えました。給湯量は家族の人数で変わりますが、それ

だけでなく潜熱型給湯器に替えたことで確実にガス代が減りました。

　同じく、2016年に効きが悪く音がうるさくなったエアコン3台を、その当時最高の省エネ性能をうたう製品に取り替えました。掃除機能付きでドレーンも乾燥機能が付いているので、エアコン内にカビが発生しにくい仕様になっています。

　また、2016年に冷蔵庫を冷凍室の容量が大きい節電型に取り替えました。新鮮な野菜を食べることを考えると野菜室は大きくなくても不都合はありません。とはいえ仕事を持つ身での調理となると、冷凍室は大きいほうが料理したものをたくさん冷凍保存しやすいので便利ですし、家事の時間の短縮になります。新しい冷蔵庫は省エネ性が高いので電気使用量も確実に減ります。ところで、わが家の冷蔵庫には次のような変遷があります。最初に選んだ冷蔵庫は憧れのGEで、当時は容量も大きく、故障すると修理をして使っていたのですが、1980年代のGEの冷蔵庫の消費電力は1か月に7,000円ほどかかっていました。大きなGEはキッチンの入り口の幅では入らないため1998年に国産に替えました。今の冷蔵庫は3代目です。日本の電気製品は、故障した場合には買い替えたほうがいいですよといわれ、その通りにしてきました。洗濯機は4代目です。テレビは5代目です。修理して使えるならそうしたいところですが、家電の寿命は家の寿命のようには長くありません。電気製品の省エネ性能や使い勝手の工夫も時代とともに良くなってきます。購入するときは省エネ性能の良い製品を選び、正しく使って寿命が来たら買い替えることになります。

　2018年には、故障したキッチンの混合水栓をTOTOの省エネタイプのミキシング混合栓で、グースネックタイプの先端開閉式に取り替えました。水栓の先端部分で開閉ができるのでキッチンカウンターと水栓周りが汚れにくく便利でしたが、水漏れの故障が起こる可能性があるということで現在は廃番になっています。同様の製品の開発と販売を

期待しています。浴室の水栓はサーモスタット混合水栓で、シャワー水栓はクイックシャワーヘッドに替えました。便器は節水型の温水洗浄便座に取り替え、お掃除も簡単にできます。

省エネ製品への取り替えでは、上記以外に白熱灯の電球が切れるたびに順次LEDに替えてきました。現在は2か所のシーリングライトの蛍光灯のみであとはすべてLED照明になり、照明のエネルギーは削減されました。

この改修工事では設備機器の交換に加え、設備工事としてキッチンの換気扇を給排気同時型換気扇に取り替え、コンセントも増設しました。キッチンの換気扇はさすがに20年使用すると取り替え時期になります。これまではキッチンの天井に給気口が付いていて、キッチンの換気扇をつけると冬季は給気口から寒い風がリビングまで流れていました。夏の猛暑時は暑い風が給気口から吹き出してとっても不快でした。ガスコンロの換気をするときは排気のために給気が必要ですが、換気扇の機器のなかには、同時に給排気をするタイプの換気扇があり、それを給排気同時型換気扇といいます。もともとのダクトの径が大きかったので、問題なく給排気同時型に取り替えることができました。外気が直接家の中に入る不快感がなくなるとともに、冷暖房の効きにも効果があり省エネ化が進みました。新しい給排気同時型換気扇には24時間換気機能も付いているので、よりいっそう空気の汚染を防げます（136ページ参照）。

わが家ではコロナ禍のなかで、リビングに二酸化炭素濃度計を置きました。室内の二酸化炭素濃度は1,000ppm以下が求められますが、人が多くいる場合や、ダイニングでカセットコンロを使って鍋物や焼肉をすると1,000ppmを超えます。そのようなときは窓を開けるとあっという間に600ppmまで下がります。24時間換気に頼るだけでなく、窓の開閉も必要に応じてすることで部屋の空気の汚れを防ぐようにし

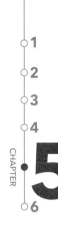

ましょう。

　電気の使用量を減らすために、わが家では電気炊飯器をやめてガスで炊く土鍋にしました。保温式電気ポットは電気式瞬間湯沸かし器に替えました。ヘアドライヤーは使いません。瞬間で高い電力を使用するのは、調理のために必須の電子レンジと電気オーブンと電気式湯沸かし器のみです。

　掃除は人がほうきでするのも良いですが、普段は電気掃除機を使っていましたが4年前から掃除用のロボットに切り替えました。家具の下やすみずみにある細かいチリまで吸ってくれるので仕事をしている身には便利な製品です。

　仕事部屋での作業のために、常時パソコン3台とプリンター2台をつなげています。一般の住宅でもコロナ禍でリモートの仕事が増え、PC関係の通信機器が増えたようです。マンションの購入時にコンセントの数を増やすことまでは思いが及ばず、これらを延長コードであちこちつなげていましたが不便です。そこで、2020年の改修で室内の電気コンセントとLANコンセントの追加を要所で行いました。無線LANを入れていますが、有線のほうが安定して確実につながるのでパソコンとプリンターは有線でつないでいます。

　ところで、一般的に家の中には家電製品が多くあります。寒冷地以外では冷暖房のための電気消費量よりも家電での消費量のほうが多いという実態調査の結果があります。主にキッチンには調理用の家電製品として電子レンジ、電気オーブン、保温電気ポット、保温もできる電気炊飯器などがあります。ヘアドライヤー、小型の電気ヒーターは消費電力が高く、同時に使うためには契約電力を高くする必要があります。消費電力の高い家電は極力同時使用をしない暮らし方をすると、ワンランクは契約電力を下げることができます。その場合の注意点は、一度変えると一年間は契約電力を変更できないことです。

わが家はブレーカーの落ちる危険を避けるため60Aの契約をしていましたが、東日本大震災後に50Aに変更しました。これでも普通の家より契約電力は高く、もっと低くしたいと思いますが、仕事でブレーカーが落ちる危険を回避するためには仕方がないことと考えています。

最後に

　集合住宅でもいろいろなことができます。長い間住んだ家の付加価値を上げる改修に加えて、自分たちの住み方や暮らしに向いた、そして環境に優しい内装を希望するのであれば、中古のマンションを購入して改修するという方法があります。

　私たちは省エネで快適に生活することだけでなく、地球を守ること、次世代の社会への負担を少なくすることを考えることも必要です。これからは自然環境と共生する自立循環型の社会の構築が求められています。化石燃料に過度に頼らず、地上の自然素材でつくり、建築ゴミをなるべく少なくする工夫としては、マンションの改修においてもできることがあります。集合住宅の個別の住戸の改修だけでなくマンション共用部分の改修についても、そのような視点に立って考えてみてください。

集合住宅をエコ物件に

執筆、写真
大庭みゆき

エコ集合住宅

資産価値を上げるリノベ
(資産価値が投資費用を上回る)

　住宅のリノベーションには二つの目的があります。ひとつは「より快適に住む」こと、そしてもうひとつは「資産価値を上げる」ことです。特に都心などにある住宅は、所有者にとって現在もこれからも大きな可能性を提供する重要なプロパティ（財産）です。

　しかしながら、日本の住宅の建物価値は新築時をピークとして数年を経るごとに下がり、築25年を超すと売却時の建物価値がゼロになる評価がほとんどです。そのため同じ地域でも築年数の違いで建物価値がまったく違います。その一方で、欧米では築100年以上の建物の方が建物価値は高いという、日本とは正反対の評価となっています。この差は何か？　それは建物に対する「お手入れ」の差だと考えます。

欧米では築年数が古い建物ほど隅々まで手入れが行き届き、その結果、建物価値が上がっています。

　日本では表面を新築当時のように戻すリノベーションが普及していますが、新築時の住宅性能、機能などについて新築時を超えるような性能にまでする抜本的な改修、すなわちリノベーションは、まだまだ十分とはいえない状況です。新築時を超えるリノベを行わない限り、住宅の資産価値は向上しません。

　そこで、篠さんの事例に続けて、私自身の経験に基づく資産価値を上げる住宅リノベについてお話します。2014年当時、住んでいたマンションは大規模修繕の時期を迎え、そのタイミングで私はマンション管理組合に対して、自宅の資産価値を上げる断熱改修リノベを実施するための提案を行いました。断熱改修の場合は、窓ガラスが最も重要な改修部位となりますが、そのときに大きな障害となったのが国土交通省のマンション標準管理規約[*1]の第22条でした。つまり、「窓は共有部分」であるため区分所有者が理事長の承認を得ずに改修できない決まりになっていたのです。

　この制約を乗り越えるためのキーワードがリノベによる「資産価値の向上」でした。理事会に対し、「高断熱住宅の推進は国の最重要施策であり、今後そう遠くない将来、建物価値の評価基準に"断熱性能"が含まれることは間違いない。断熱改修には国や自治体からの補助金も利用できる」と説明しました。断熱ガラスの実験や、実施した際のリノベ効果の計算値などさまざまな方法を使って、ついに管理規約の改定に成功しました。こうして、「断熱改修など資産価値や住宅の快適性を向上させる改修工事については、理事長の事前承認を受けることによって区分所有者が実施できる」こととなりました。

　リノベ効果の計算値は以下の通りです。この窓についての断熱改修に加えて、わが家では家電などの機器の更新も行いました。これらの

---

*1　国土交通省が作成しているマンション管理規約のガイドライン。これをもとに、それぞれのマンションは状況に合わせて内容を調整し、規約を定めている。

断熱改修と高効率機器への更新で、自宅は約38%の省エネになりました。（RCマンション、角部屋、北、東、西向き78 m²）。詳細は以下の通りです。

窓の断熱改修

			断熱改修による 暖冷房のエネルギー 削減量（MJ/年）
家全体の延床面積（㎡）		78	
空調面積（㎡）	LD	29	2,330.5
	洋室1	13	1.044.7
	計	42	
断熱改修する居室の合計面積		42	3,375.3 ……①
断熱改修後の消費エネルギー量（MJ/年）	22,500 ……Ⓐ		
窓断熱改修みなし削減率	15%		

全ての窓を
スペーシア⁽*²⁾に
改修

エアコン改修

エアコンを
高効率エアコンに
買い替え

断熱改修後の暖房する居室の合計消費エネルギー量（MJ/年）	15,764
暖房エネルギー削減率（%）	41.6
エアコン改修による暖房エネルギー削減量（MJ/年）	6,554 ……②
断熱改修後の冷房する居室の合計消費エネルギー量（MJ/年）	3,363
冷房エネルギー削減率（%）	69.2
エアコン改修による冷房エネルギー削減量（MJ/年）	2,326 ……③

給湯器改修

給湯器を
高効率給湯器に
買い替え

給湯の消費エネルギー量（MJ/年）	16,732 ……Ⓑ
既存する機器の効率	1.14
導入する機器の効率	1.36
給湯エネルギー削減率（%）	16.2
給湯エネルギー削減量（MJ/年）	2,707 ……④

全体のエネルギー削減量

住宅全体のエネルギー削減量（MJ/年）	①〜④の合計	14,962 ……⑤
住宅全体の改修部のエネルギー削減率（%）	⑤のⒶ＋Ⓑの割合	38.1

---

*2 「真空ガラススペーシア」は、日本板硝子株式会社の結露対策・高断熱性に優れた窓ガラスで、世界で初めてつくられた真空ガラス。

このリノベによってもたらされた価値は、エネルギー価値（光熱費の削減）だけではなく、西日で夏はとても暑かった寝室が快適になり、1時間ほどエアコンをかけるだけで一晩中快眠できるようになりました。また、冬は結露に悩まされていた東向きのリビングの窓がまったく結露しなくなり、カビの発生もなくなって、快適性（非エネルギー価値）が大幅に向上しました。

　このリノベ終了後に自宅を売却しようと考えていましたので、この部屋がいかに光熱費が安く快適性が高いかを分かりやすく資料にまとめて、オープンハウス時に用意しました。その結果、リノベをしなかった場合の売却価格（部屋の通常評価額）にリノベ費用を加えて、さらに100万円以上超えて売却することができました。その当時、同じマンションで同時に複数の物件が売りに出されており、来場者は他の物件もご覧になっていたようです。オープンハウスは夏でしたが、その方々が口をそろえて言われたのが「ここが一番涼しい！」でした。皆さん不思議がっていらっしゃいましたが、リノベのことをご説明すると、とても納得されていました。効果的なリノベによって自宅の資産価値を高めることができた例です。

パリの省エネ事情

　海外の省エネ事情はどのようなものでしょうか。ここではフランスのパリの例を挙げてみます。フランスでは住宅・建築分野でのエネルギー消費量が国内全体のエネルギー消費量の40%以上を占めており、建築物の省エネ化が喫緊（きっきん）の課題となっています。

　そのためにフランス政府は、建築法の一部に省エネルギー基準を規定しています。この規定は義務であり、強制力を伴っています。これによって、住宅や商業用建築物の売買・賃貸においては、対象となる建築物の年間エネルギーコスト証明を販売者・貸し主から購入者・借り手に提示することが義務づけられました。この基準への適合は建築許可の一部となっており、基準未達の場合は、建築許可と使用許可が下りません。ここが大きく日本と異なるところです。

　日本では、「建築許可確認」と省エネ基準への適合は、今のところ結びついておらず、別のこととして区別されています。また、日本にも住宅の省エネラベリング制度[*3]はありますが、あくまでも任意の制度であり、義務や罰則はありません。フランスをはじめEUでの住宅・建築物の省エネ評価は、1 m²当たりのエネルギー消費量（またはCO_2排出量。フランスではエネルギー消費量とCO_2排出量の両方の表示）が基準となっています。

　その評価例が右の図で、左の棒グラフがエネルギー消費量、右の棒グラフがCO_2排出量です。A（最高エネ効率）～G（最低エネ効率）までの7段階表示となっています。実際にパリの不動産会社では、個々の住宅の紹介POPの中に必ず省エネラベルが表示されており、表示制度は徹底されているようです。しかしながら私の経験では、表示さ

＊3　省エネ性能の違いが一目でわかるように星の数で相対評価したもの。

れていた住宅では、FやG評価表示の住宅が多く、また「調査中」という表示で、性能評価が示されていないものも少なくありませんでした。

　余談ですが、パリの賃貸料は東京の港区あたりと同じか若干高い感じがしました。日本と違ってパリでは築年数が古いから安い物件というわけではなく、古い（＝由緒ある）建物ほど高くなる傾向が見られます。5階建てのマンションでもエレベーターなしという物件も少なくありません。

À VENDRE - 1 PIÈCE
PARIS 75010

Appartement : 269 500 €
Environ 30 m²

左の棒グラフがエネルギー消費量、
右の棒グラフがCO₂排出量。

Aマンション	
広さ	30㎡
価格	約3,773万円
年光熱水費予定	約201,600円
住宅性能評価	B
設備等	6階建ての1階 広めのスタジオタイプ 独立キッチン・WC 静かなエレベーター2基つき 美しいマンションで商店・学校・駅が近い 賃貸なら月賃料は約126,000円

　フランスでは古いアパルトマン（家具付きのアパート）のエコリノベーションが進んでいて、2013年からエコリノベのプロジェクトを進めており、パリ市も積極的に協力しています。これを先導しているのが「パリ気候協会」というNPO団体です。このNPOがエコリノベに関するあらゆる事柄（補助金、業者選定、資金調達など）についてアパルトマンの管理組合を全面的にサポートしています。実際にエコリノベを行った建物を具体的に紹介するプラットフォームもあります。建物の建築年、部屋数などのほか、エコリノベの方法、費用やリノベ効果も「省エネ効果」の評価で示されていて、なかなか興味深いものがあります。

たとえばパリの戸数66戸、築52年のアパルトマンの場合は、エコリノベ前はエネルギー評価がE評価（312kWh／月、下から3番目）でした。けれども、エコリノベ後はB評価（87kWh／月、上から2番目)と、エネルギー消費量が約72％も削減されました。20年以上、暖房と給湯が課題となっていて、それがエコリノベで解決したそうです。

　また、別の1973年建築、211戸のアパルトマンでは、エコリノベによって約59％の省エネ（D評価からB評価にアップ）になり、エコリノベ費用は一戸当たり約180万円とのことでした。エコリノベ費用は建物によって幅があるようです。

　とはいえ、これらふたつの例のように大幅な省エネが実現すればかなりお得です。そして、このエコリノベによって快適性が向上します。暖かい部屋は風邪などの予防も期待できますし、安眠できるようにもなります。ご興味があれば、以下のサイトでご覧になれます。エコリノベをする理由や、エコリノベの経験者のインタビューなども動画を交えてわかりやすく説明されています。

古いアパルトマンほど人気のパリ。

パリ気候協会のウェブサイト

おまけ
賃貸集合住宅の長期修繕とエコリノベ

今、国では民間賃貸住宅の計画的な維持管理を推進するために、長期修繕委託方式 ^(*4) を検討しているようです。

これまでの賃貸住宅は、「建物が古くなる→空室が増える→家賃収入が減る→建て替える」という「建てては壊し、壊しては建てる」という繰り返しが多かったようです。ある調査では、オーナーが大規模修繕に踏み切れない理由として、「修繕しても空室が埋まるかどうか不安」「今以上の家賃収入が確保できる保証がない」などがありました。新築時に戻すだけの大規模修繕ならば、このオーナーの不安はもっともだと思います。

しかしご紹介したパリのエコリノベーションのように、新築時より建物価値が向上するような修繕を行うことができたら、まったく新しい付加価値がその建物に与えられることとなります。同じエリアの平均的なエネルギー消費量とエコリノベ物件のエネルギー消費を比較して示すというのも一つの方法です。また、乳幼児を持つ家庭や高齢者のいる家庭にとっては、住宅の温熱環境は特に重要です。

これは私の実体験ですが（p.282ページ）、以前住んでいたマンションが大規模改修をする際に、理事会でエコリノベのメリットについて説明し、マンション管理規則を変更していただいたことがあります。共有部分で今までリノベができなかった窓を高断熱エコガラスに変えることができ、ずっと悩まされていた結露が解消し、また真夏も外出から戻ってもムッとする暑さがなくなり、とても快適になりました。

賃貸住宅の長期修繕計画も、単に新築時を目指すのではなく、それよりも今後の価値観やニーズを予測し、それに見合った付加価値を得るためのエコリノベを取り入れていただければと思います。

---

*4　マンションのオーナーが長期修繕計画に基づいて賃貸管理会社に修繕を委託して賃貸管理会社が修繕工事の施工業者を選定し発注する方式。

リノベーションを助ける仕掛けを活用しよう

執筆
豊貞佳奈子

　2020年11月に菅首相（当時）が、2050年には日本も脱炭素を果たすことを宣言しました。そして、米国のバイデン大統領が主催した翌2021年の気候サミットを控えて菅首相はさらに踏み込み、2030年に達成すべき中間的な目標を決定しました。日本での温室効果ガスの排出が事実上一番多かった2013年の量に比べて46%を削る、という内容です。最新のデータは2022年度のもので、2013年からの10年間で、温室効果ガスは22.9%ほど減っていますので、残りは約23%分です。これからわずか数年でCO_2の排出量を4分の1近く減らす、

という荒業に日本は挑むわけです。この方針は、2021年末に就任した岸田文雄・新首相にも引き継がれ、引き継ぐだけでなく、一歩進めて、経済の成長戦略としての取り組み事項に、脱炭素を位置づけることになりました。脱炭素の取り組みの中で、いろいろな新しいビジネスが始まることが期待できるからです。

　脱炭素、というとても大変な取り組みを国を挙げて行うことになりますが、それは、グリーン・リノベーションやグリーン・リフォームをしようと思っていらっしゃる皆さまには、むしろ好機ともいえるのです。

　全国合計の温室効果ガス排出量の約15％分（家庭での電力消費に伴って火力発電所から出されるものも含む）が家庭から出されているので、家庭を対象とした温暖化対策は不可避になっています。そのため、その実施を後押しする政策などがどしどし行われるものと期待できるからです。

　この本では、皆さんが利用できる支援策をできるだけ書き出してみましたが、いずれも主に2023年度末時点での情報ですので、支援策はこれからますます増え、あるいは手厚くなることが予想されます。そうした新規の情報を手に入れられるよう、コンピューターで検索するのに便利なURLも298ページでは紹介しています。リノベを実行するときには、ぜひ参照してみてください。

金融機関からのローンを通じた支援

　大きな規模の改修工事をしようとすると金額もそれなり張って、手持ちのお金を使い切ってしまうことが心配になる場合もあります。そうしたときは、銀行などからお金を借りることになります。このローンで

すが、銀行や信用金庫などでいろいろな商品が出ていて、手軽に借りることができます。しかし残念なことに、住まいの環境性能を向上させるためのリノベーションだったりリフォームだからといって、一般のリノベーションへの融資に比べて金利が下がる、という商品は、寡聞にして知りません。でも、きっとそのうち登場すると思います。というのも、グリーン・リノベーションをすれば健康に良い効果があって、お金を貸す銀行の側からすれば返済の可能性が高まる（回収のリスクが減る）ことになり、良いお客さまなので囲い込みたいからです。ただし、自分の住んでいる住宅の修繕ではなく、中古住宅をリノベーションして購入する場合で省エネ性能が高い物件の場合は、助成があります。政策融資であるフラット35を借りた場合、当初5年間の金利が0.75％分低くなるのです。長持ちする住宅（長期優良住宅）に認定される物件なら、この5年分の金利の優遇幅は1％に広がります[*1]。

　グリーンなリノベーションを特別扱いするのではないですが、しかし、リノベーション、リフォームを積極的な融資対象にしている金融機関はあります。たとえば、東京の西武信金は、建物検査会社などの専門家がローン対象建物の耐久性について鑑定評価した場合には、建物の築年数などにかかわらず改修のためのローンを提供しています。しばしば言われるように、古い建築物の資産価値は日本ではほとんどゼロと扱われることが普通ですが、同信用金庫では、建物を改修すれば収益だって見込めると判断しているのです。そのため借り入れ可能金額も上限1億円と、アパート1棟分のリノベーションができるような金額に設定されています。さらに規模の大きなマンションのリノベ用には、管理組合が行う共用部分の修繕資金として上限2億円の融資の用意もあるとのことです。頼もしいですね。

---

*1　【フラット35】リノベ　詳細p298参照

グリーン・リフォームへの
公的な支援策を活用しよう

　個人が自由に行うリノベーション、リフォームではありますが、社会的な公益増進にも役立つグリーンなリノベーションやリフォーム支援の仕掛けとして、減税、そして補助金を紹介します。かつては、家の新築に対していろいろな支援がなされていましたが、その結果、家の絶対的な戸数は十分なほどになり、むしろ空き家などが目立ってきました。せっかくのストックが有効に使われないのはもったいないことですし、造っては壊し、といった高度成長期のビジネスモデルを続けられるほど日本経済に余力もなくなってきました。そこで、むしろ中古の住宅に着目し、たとえば子育て世代の若夫婦といった資金に余裕のない人たちにも手の届きやすい、しかも質の高い住宅が提供できるのではないかという考え方が広がっています。このため、既存物件のリフォームなどへの支援が盛んになる傾向が出てきました。

1. 減税

　ひとつは、リノベーション、リフォームの際のローンに伴う減税です。住宅を買い替えるときに合わせて思いきった省エネリノベを行う方もいらっしゃるでしょう。そのときに住宅購入のローンを組んで、その借り入れ額にリノベ分を加えることができますが、そうした住宅ローンを組んで返済をしていくときに、ローンの年末時点での未返済額の0.7％分を13年間に渡って所得税額から引くことができます。特に、新築の低炭素住宅を購入した場合だけでなく、既存住宅を低炭素住宅やZEH（ゼッチ）住宅に認定されるようにリノベなどして購入した場合でも、税額控除の対象になるローン残高の上限は、3,000万円から4,500万

円（省エネ性能が高いと上限額が高くなる）になります[*2]。この優遇は13年間使えますので、計算すると最大では210万円の、いわば補助金をもらってローンを返済することになり、とてもありがたいものです。

　借金は嫌いだ、住宅の購入も、そのリノベーションも、手元の資金でする、という方針の方もいらっしゃるでしょう。また、今住んでいる自宅のリノベーションなんで手持ち資金で行うよ、とおっしゃる方もいらっしゃるでしょう。そうした方でも、所得税額の控除を受けられます。工事の規模や内容に応じて決まる標準的な省エネ工事費（したがって、実際の支出額ではありません）を250万円と見込み、その10％分を、工事をしたその年の所得税額から控除することができます。1回限りですが、それでも25万円の税金が戻ってくるのはありがたいことです。さらに省エネだけでなく、長持ちする長期優良住宅化も行い、太陽光発電もこの際始めることとし、ついでにいろいろなリノベーションもするといった、いわばフルコースの改修をした方は、最大で62.5万円もの所得税の減額が受けられます[*3]。使わない手はありません。

　このように国税である所得税を軽減してもらえるほか、地方自治体が課する固定資産税の減税を受けることができます。この減税は、省エネになる改修を対象としたもので、建物に課せられる固定資産税の3分の1が減額されます[*4]。1年に限りですが、せっかく省エネのリノベーションをしたのなら忘れずに申告したいものです（筆者の一人の小林さんは、省エネリノベーションをしたのに固定資産税の減税の申告をし忘れてしまったことがあります。申告できるのは、リノベ実施年度の確定申告時の1回限り、それも工事実施から3か月以内の申請が必要なので、読者の皆さんは忘れないでくださいね）。単なる省エネを超えて、長期優良住宅の認定を得られる場合には、減額幅は3分の2まで増えます。そうした認定を得るには費用もかかりますが、トライしてみる価値はありますね。

＊2　住宅ローン減税　詳細p298参照
＊3 ＊4　省エネリフォーム税制（所得税・固定資産税）詳細p298参照

　CHAPTER 6　リノベーションを助ける仕掛けを活用しよう

2. 補助金

　家庭のグリーン・リノベーションを応援する補助金にはいろいろなものがあります。国の各省庁が全国を対象に設けているものに加え、お住まいの地方自治体（たとえば都道府県、そして市町村）に限ってその住民の方に用意しているものがあります。同じ内容のリノベーションに対して他の支援策と併せて適用してくれる場合もあります。これらのうち、後者の自治体による補助は、読者の皆さまが住んでいらっしゃる場所によって内容が異なりますので、この本では網羅的な紹介はできませんが、この章の筆者である豊貞が住んでいる福岡県と福岡市の場合を例として、後ほど紹介してみましょう。いずれにしても、お住まいの自治体のホームページを当たってみるのが一番確実です。

　さて、まずは国の補助金です。これも毎年中身が変わっていきますので、そのつどホームページなどを確認するのがいいでしょうが、2023年度時点のリノベーション関係の主だった補助金には次のようなものがあります。

　比較的長い間利用されてきている補助金は、断熱リフォーム支援事業です。この事業では、断熱材や複層断熱ガラスやサッシを利用して室内の温熱環境を改善する場合に、一戸建てなら補助対象経費の3分の1以内で上限120万円、マンションなら同じく経費の3分の1以内で1戸当たり15万円までの補助が受けられるものです。このリノベーションのときに併せて蓄電システムを導入する場合は、20万円の補助金積み増しが受けられます。これは環境省の事業で、事前申請が必要です[*5]。

　マンションのような集合住宅で、建物全体で断熱を強化しようといった場合は、経済産業省の補助事業である次世代省エネ建材の実証支援事業があります。蓄熱建材や断熱パネルといった新しい建材を導

---

*5　二酸化炭素排出抑制対策事業費等補助金 既存住宅の断熱リフォーム支援事業 詳細p298参照

入すると、集合住宅の各1戸当たり上限300万円から400万円（寒い地域の場合）(ただし支出額の2分の1まで）といった大きな金額の補助が受けられます[*6]。

　以上のような、使用する部材などに着目した補助のほかに、家全体の環境・エネルギー性能に着目した補助もあります。ZEH（ゼッチ）支援事業といい、環境省や経済産業省が連携して行っているものです。これは、ZEHビルダーとして登録されている専門業者が設計などしたものに限ります。そういう意味ではやや上級編ですが、金額にはありがたいものがあります。定額の100万円に加え、さらに導入した機器に応じて補助金が上乗せされます。蓄電システムについては、能力1kWhあたり2万円（たとえば、7kWh容量のものであれば14万円。最大20万円）が加算されます[*7]。

　この本では、グリーンでお得なリノベーションの第一の候補は窓のリノベーションであることを再三にわたって説明してきました。この窓に絞った国の補助があります。それは環境省の事業で「先進的窓リノベ事業」です。この事業では「窓リノベ事業者」に登録されている例えばガラス工事店に工事はもとより補助金の申請などを任せるので、施主である皆さんには比較的に手間が生じません。内容的には、リノベの工法は窓の大きさによって補助金額はかわりますが、たくさんの窓の断熱を行った場合の上限金額は200万円にもなり、とてもありがたいものです。とても人気なので、工事をして欲しい時期よりも早めに事業者に依頼するのが上策です[*8]。

　施工主や住む人がイニシアチブを取って申請する補助金の国レベルの主だったものは以上のとおりですが、いずれも申請に当たっては、ここにかいつまんで紹介した以上の細かい要件がありますので、よく調べて応募することが大事です。特に、先方の予算額に達すると受け付けてもらえなくなりますので、計画的に準備することも重要です。

＊6　次世代省エネ建材の実証支援事業　詳細p298参照
＊7　経済産業省と環境省のZEH補助金　詳細p298参照
＊8　先進的窓リノベ2024事業　詳細p298参照

さらに、施工主や住む人が申請する補助金ではなく、リノベーションする専門業者さんが申請する補助金もあります。そういうものを紹介されたときは、よくチェックして、乗れるものなら乗るということでよいでしょう。国土交通省系の事業の、長期優良住宅化リフォーム推進事業や地域型住宅グリーン化事業がそれにあたります。ちなみに、先にも触れた筆者のひとりである小林さんが長野県に新築した超エコハウスは、この地域型住宅グリーン化事業の補助金のうち、新築対象のものを得ることができました。

　地方自治体が行う補助事業もグリーン・リノベーションの大きな助けになります。一例ですが、豊貞の住んでいる福岡県では、福岡県既存戸建て住宅断熱改修費補助金があります。これは15％のエネルギー消費削減効果が見込まれるリノベーションに対して、経費の3分の1、上限120万円まで補助をするものです。福岡市では、住宅用エネルギーシステム導入促進事業というものがあります。基本は太陽光発電設備と家庭用のエネルギーマネジメンントシステム（HEMS）を導入することに加えて、少なくともひとつの先進的なエネルギー機器を整備すると補助金がもらえるものです。機器をひとつだけでなく、たとえばリチウムイオン蓄電池と家庭用燃料電池システム、さらに電気自動車に蓄えた電力を家庭に供給するV2H設備の3種の設備を導入するといった頑張ったケースでは、上限で75万円もの補助額になります。福岡市は2億円近い予算を用意していましたが、これも人気が高い補助金です。

　お住まいの場所によって支援策の種類や中身は違いますので、自治体のホームページで調べてみることをお勧めします。しかし、こうした助成はこれからも増えていくと思います。見過ごして使わなかったら損ですね。また、家に投資をすることは、自分の健康や安全のためになるだけでなく、家は経済を活性化するためにも役立ちます。一石何鳥もの利益がありますね。

リノベーションを助ける仕掛けを活用しよう
参考になる情報へのアクセス

p292 ◎【フラット35】リノベ
https://www.flat35.com/lp/19/rino_reform/

p293 ◎住宅ローン減税
https://www.mlit.go.jp/jutakukentiku/house/
jutakukentiku_house_tk2_000017.html

p294 ◎省エネリフォーム税制（所得税・固定資産税）
https://www.mlit.go.jp/jutakukentiku/house/shienjigyo_r6-10.html

p295 ◎二酸化炭素排出抑制対策事業費等補助金 既存住宅の断熱リフォーム支援事業
令和6年3月公募 公募要領（トータル断熱）
公益財団法人 北海道環境財団／PDF資料
https://www.heco-hojo.jp/danref/doc/danref_kohbo_R6_03.pdf

◎令和6年度 住宅・建築物需給一体型等省エネルギー投資促進事業費
（次世代省エネ建材の実証支援事業）
次世代省エネ建材の実証支援事業 公募要領（一次公募）
一般社団法人 環境共創イニシアチブ／PDF資料
https://sii.or.jp/meti_material06/uploads/R6METI_jisedai_kouboyouryou02.pdf

p296 ◎**2024年の経済産業省と環境省の
ZEH**（ネット・ゼロ・エネルギー・ハウス）**補助金について**
一般社団法人 環境共創イニシアチブ／PDF資料
https://zehweb.jp/assets/doc/zeh06_pamphlet1.pdf

住宅省エネ2024キャンペーン
◎**先進的窓リノベ2024事業**
https://window-renovation2024.env.go.jp/
◎**対象工事の詳細 外窓交換**（カバー工法）
https://window-renovation2024.env.go.jp/construction/outside-window-co.html

住宅省エネ2024キャンペーンではその他にも事業が展開されています。

◎**子育てエコホーム支援事業**
https://kosodate-ecohome.mlit.go.jp/reform/
◎**給湯省エネ2024事業**
https://kyutou-shoene2024.meti.go.jp/
◎**賃貸集合給湯省エネ2024事業**
https://chintai-shoene2024.meti.go.jp/

本書全体にとって参照先になる情報源

◎**長期優良住宅化リフォーム推進事業**
国立研究開発法人 建築研究所 ホームページ
https://r06.choki-reform.com/
◎**デコ活 ウェブサイト内 省エネ製品買換ナビゲーション しんきゅうさん**
https://ondankataisaku.env.go.jp/shinkyusan/
◎**環境省ポータルサイト「住宅脱炭素NAVI」**
https://policies.env.go.jp/earth/zeh/

あとがき

　気象災害をはじめとした気候変動や地震などによる災害の多発、人口の少子高齢化、脱炭素の必要性の高まりなどを背景に、住宅の質を向上させ、暮らしや、ひいてはまちを持続可能なものしていくことが日本の大きな課題となっています。この課題の解決は、他人任せではできません。私たち皆が、社会の主人公としてしっかり判断し、行動しながら取り組む必要があります。

　こうした問題意識から、2016年に木楽舎から『地球とつながる暮らしのデザイン』が出版されました。私、篠が同書を読み返してみると、その内容は書名にふさわしい多彩なもので、執筆者の諸先生の専門分野について一般の方にもわかりやすく書かれており、今でも新鮮です。その本の編者の小林先生から、もっと的を絞って一般生活者向けの環境配慮の実践に確実に結びつくガイドブックが必要だからと、豊貞佳奈子氏、大庭みゆき氏、そして私に声がかかりました。

　何が実践の対象になるべきでしょう。それは、既存の住宅です。日本の既存住宅のうち実際に人が住んでいらっしゃるものは約5,200万戸、その6割が持ち家で貸家4割です。また同じくマンションも世帯数にして約700万戸あります。大量にあるストック住宅を、時代に合った住宅、すなわち、災害時にも暮らしを守り、健康にも役立つ、環境に

配慮した住宅として改修することが今こそ役に立つ──と一決し、既存住宅の省エネ改修を主とした本をつくりましょうということになりました。

　建築物のエネルギー削減のための省エネ基準について2025年4月から新築のすべての住宅および非住宅に関して省エネ法が強化され、省エネ基準の適合義務化が施行されます。ところがその一方、現状では既存住宅の省エネ化は進んでいません。しかし、この数年で国交省や地方行政もやっとストック住宅の改修について本腰で取り組むようになりました。CHAPTER 6にあるように省エネ改修の補助金制度も設けられています。

　私たちのこの本の出版は当初2020年の予定でしたが、作業はコロナ禍をはさみ牛歩状態となって遅れに遅れました。その数年の間に、幸い、多くのサステイナブル建築と既存改修のよい事例を見学し学び、それらに取り組んでいらっしゃる方がたに話を聞く機会を得ることもできました。示唆に富む助言もたくさんいただきました。そのすべてを本書で紹介することはかないませんが、快く見学やインタビューに応じてくださった皆さまには深く感謝を申しあげます。ありがとうございます。

　印象に残っている1例をご紹介すると建築家の野沢正光氏の築30年を経てみがきがかかり居心地の良いご自宅の見学をし、その際うけたまわった野沢氏の「建物は1戸で完結するのではなく周りの環境とともにある」という簡単なようで難しいお話はズシンと心に響きました。野沢氏のさまざまな建築物の改修設計はトップランナーとして社会の先をいっていたのです。がしかし、これからさらに活躍されると思う中、野沢氏は2023年4月に永眠されてしまいました。この本が、先生の志もいくらかでも受け継ぐものになっていることを願うばかりです。

　多くの見学などから私に見えてきたことがあります。既存住宅を、省エネ性能が高く、心地よい空間を持つものへと改修することはもちろん

大切です。そしてさらに、世の中全体の環境を良くしていくためにはそれぞれの地域に合ったコミュニティや自然環境との共生が必要であって、こうした広い視野の取り組みが次世代にも誇れる社会の創生につながるとあらためて感じたのです。

　あとがきを書くにあたり全体を通読して、私の原稿では設計上の重要なことについては記載しましたが、皆さんと一緒にストック住宅・社会について考えるにあたっての手がかりや知識等で書き足りないことがまだまだあること、ストック住宅のリノベーションが進まない理由を深掘りできなかったことを反省しています。それらについても述べる機会がいつか来ることを願っています。

　当初の出版予定時期から延びた結果、行政やメーカー企業が既存住宅の改修に目を向けはじめたタイムリーな2024年の今に、より丁寧な役立つ内容となることができました。読者の皆さまによりいっそうの関心を持ってリノベーションの実践につなげていただけることを心から願っています。

　本書となるまでに、執筆を担当した各著者をここまで引っ張っていただいた小林光先生に深甚なる敬意の意を表します。

　また、原稿の進みが遅いため出版が遅れましたことを寛容に受け入れていただき、支援と執筆をしていただいた企業の専門家にはありがたく思っています

　さらに、ここまで忍耐強く支えてくださった木楽舎の皆さま、そして編集を担ってくださった大石美樹氏、笹浪万里江氏に厚く御礼を申し上げます。

新緑の美しい5月に

篠 節子

索引

303

環境コンシャスでお得

リノベとリフォームのツールボックス

発行日	2024年6月25日　第1刷発行
著者	篠 節子、大庭みゆき、豊貞佳奈子、小林 光
発行者	小黒一三
発行所	株式会社 木楽舎
	〒106-0031 東京都港区西麻布四丁目21番2号
印刷・製本	株式会社ディグ

©Setsuko SHINO, Miyuki OBA,
　Kanako TOYOSADA, Hikaru KOBAYASHI 2024

Printed in Japan
ISBN978-4-86324-177-0　C0052

カバー・本文デザイン・
図版制作協力 ─── 長尾純子
表紙イラスト ─── 山田博之

本書は、適切に管理されたFSC®認証林、再生資源およびその他の管理された供給源からの原材料で作られています。印刷に当たっては光化学大気汚染防止などの観点で植物油インクを用いました。

落丁本、乱丁本の場合は木楽舎宛てにお送りください。送料当社負担にてお取り替えいたします。
本書の内容を無断で複写、複製することを禁じます。定価はカバーに表示してあります。